초등 독서의
모든 것

초등 독서 전도사 심영면 교장 선생님이 알려주는

초등 독서의 모든 것

초판 1쇄	펴낸날 2012년 7월 10일
초판 4쇄	펴낸날 2014년 12월 5일

지은이	심영면
그린이	문수민
펴낸이	백종민
주 간	정인회
편 집	최새미나 · 김정현 · 김지혜
디자인	강찬숙 · 디자인숭
마케팅	서동진 · 김가영 · 최보배
관 리	장희정 · 봉미희
펴낸곳	꿈결
등 록	2011년 12월 1일 (제318-2011-000145호)
주 소	서울시 영등포구 당산로 50길 3 꿈을담는빌딩 6층
대표	전화 1544-6533
팩 스	02) 749-4151
홈페이지	www.ggumtl.co.kr
이메일	ggumgyeol@naver.com
블로그	blog.naver.com/ggumgyeol
트위터	twitter.com/ggumgyeol
페이스북	facebook.com/ggumgyeol

ⓒ 심영면, 2012

ISBN 978-89-967831-6-9 13020

- 이 책은 저작권법에 따라 보호받는 저작물이므로, 저작자와 출판사 양측의 허락 없이는 일부 혹은 전체를 인용하거나 옮겨 실을 수 없습니다.
- 책값은 뒤표지에 있습니다.

꿈결은 (주)꿈을담는틀의 자매회사입니다.

초등 독서 전도사 **심영면 교장 선생님**이 알려주는

초등 독서의 모든 것

심영면 서울소의초등학교장 지음

꿈결

| 프롤로그 |

'초등 독서'가 답입니다

인생을 살아가는 데는 많은 것이 필요합니다. 건강한 몸과 마음, 풍부한 지식과 이해력, 다양한 경험과 사회성, 타인을 대하는 감수성과 공감 능력 등등……. 하지만 이 모든 것의 바탕이 되는, 가장 좋은 삶의 밑천은 바로 '독서'입니다.

그런데 이 '독서 밑천'을 쌓기가 생각보다 쉽지 않습니다. 책 읽는 게 뭐 그리 어려운 일인가 싶기도 하지만, 실제로 많은 아이들이 책 읽기에 어려움을 느끼고 있습니다. 왜 그럴까요?

독서는 누구나 쉽게 할 수 있지만, 아무나 계속할 수 없습니다. 끈기와 인내가 필요한 일이기 때문입니다. 따라서 독서 밑천을 쌓으려면 어렸을 때부터 독서가 하나의 습관이 되어야 하고, 이를 위해서는 독서 능력을 키울 수 있는 결정적인 시기를 잘 보내야 합니다. 이 시기를 놓쳐버리면 독서하는 것 자체가 어렵고 힘들어지기 때문입니다. 대신 이 시기를 잘 보내면 독서는 아이의 인생에 가장 든든한 삶의 밑천이 될 수 있습니다. 부모의 역할은 이러한 과정을 아이 곁에서 지켜봐 주고 돕는 것입니다.

　본격적인 이야기로 들어가기 전에, 여러분에게 몇 가지 질문을 던져 보려고 합니다. 제가 던지는 질문에 망설임 없이 대답할 수 있다면 이 책을 여기서 덮으셔도 좋습니다. 하지만 조금이라도 망설이게 된다면 이 책을 끝까지 읽으시기 바랍니다. 이 책을 통해 바로 여러분과 아이들의 인생이 바뀔 수도 있기 때문입니다.

우리 아이, 제대로 가고 있을까?

먼 길을 떠날 때 가장 중요한 것은 무엇일까요? 쉽게 가는 것? 빨리 가는 것? 제시간에 출발하는 것? 필요한 짐을 잘 꾸리는 것? 함께 갈 사람을 정하는 것? 모두 맞습니다. 어느 것 하나 중요하지 않은 것이 없지요. 하지만 이보다 더 중요한 게 있습니다. 바로 어느 '방향'으로 갈지 정하는 일입니다.

　백두산을 가려고 하는데 한라산 쪽으로 방향을 잡았다고 생각해 보세요. 엉뚱한 곳에서 빙빙 돌며 고생만 하다 목적지에 도착하지도 못하고 여행을 포기할 게 뻔합니다. 설사 중간에 잘못을 깨닫고 방향을 틀

었다고 해도 원하는 시간 안에 도착하는 건 불가능합니다. 어디 그뿐인가요? 힘은 힘대로 들고, 가는 내내 불안하기만 할 겁니다. 빨리 가는 것, 제시간에 출발하는 것, 짐을 잘 꾸리는 것, 도움이 될 만한 사람과 함께 가는 것도 중요하지만 '방향'을 제대로 잡는 것만큼 중요하지는 않습니다.

그 다음으로 중요한 것은 '방법'입니다. 어느 '방향'으로 갈지 정했다면 어떤 '방법'으로 가고 있는지 살펴야 합니다. 너무 어렵거나, 힘이 많이 들거나, 돈이나 시간이 많이 드는 방법이 아닌지 확인하는 것입니다. 또 먼 길을 혼자 갈 때도 도움이 되는 방법인지 살펴보는 게 좋지요.

인생도 마찬가지입니다. 인간의 평균 수명을 80세로 가정하고 탄생에서 죽음까지의 여정을 한번 떠올려보세요. 사람의 일생은 아주 먼 여행길과 같습니다. 사람에 따라서는 끝이 보이지 않을 만큼 멀고 먼 길로 보일지도 모르지요. 인생도 여행처럼 어느 곳을 향해 어떻게 나아가느냐에 따라 전혀 다르게 펼쳐질 수 있습니다.

우리 아이는 어떤가요? 이 기나긴 인생 여정에서 자신이 원하는 목표를 향해 제대로 된 '방향'을 잡아 좋은 '방법'으로 가고 있나요? 혹시 아이가 잘못된 방향으로 가고 있다면, 또는 너무 힘든 방법으로 가고 있다면, 언제든지 바로잡아 줘야 합니다. 방향이 맞고 방법이 좋으면 천천히 가도 언젠가는 목적지에 도착할 수 있지만, 방향이 틀리고 더군다나 방법마저 좋지 않다면 빨리 가면 갈수록 많이 가면 갈수록 목적지에 다다르기가 더욱 어려워지기 때문입니다. 가더라도 아주 힘들게 가거나, 중간에 지쳐서 포기하게 될지도 모릅니다.

자녀가 인생의 먼 길을 제대로 가고 있는지 살피는 것이 부모의 역할입니다. 자신이 원하는 목표를 향해 좋은 방법으로 나아간다면 아무리 길고 먼 여정도 즐겁고 행복할 수 있습니다. 목적지에 도달했을 때의 기쁨은 더 말할 것도 없겠지요.

우리 아이는 지금 어떻습니까? 목적지를 향해 제대로 가고 있습니까? 눈앞의 결과나 부모의 만족을 위해 '나쁜 방향'과 '나쁜 방법'으로 힘들게 걸어가고 있지는 않나요?

우리 아이, 공부는 잘하고 있을까?

TIMSS(Third International Math and Science Study)라는 국제 학업 성취도 평가 결과를 보면 한국 학생들의 학업 성취도는 늘 상위권입니다. 이 평가는 전 세계 약 50개국의 중학교 2학년 학생들을 대상으로 수학·과학 실력을 측정하는 것으로, 4년에 한 번씩 실시되는 국제 비교 평가입니다.

가장 최근인 2007년도에 실시된 결과에 따르면 우리나라 학생들의 수학 학업 성취도는 2위, 과학 학업 성취도는 4위로 지난 10여 년 동안 계속해서 상위권을 유지하고 있습니다. 이 결과만 보면 우리나라 학생들의 학업 성취도에는 아무런 문제가 없어 보입니다. 미국의 오바마 대통령도 공식 석상에서 몇 차례나 언급해 가며 칭찬할 정도였으니까요.

그런데 현실은 어쩐지 좀 다르게 느껴집니다. 학생이나 학부모, 일반 시민 할 것 없이 현재 우리나라의 교육 현실에 만족하며 훌륭하다고 여기는 사람은 거의 없습니다. 오히려 문제가 많고 잘못되어 있다고 생각하는 사람이 대부분입니다. 그 이유는 무엇일까요?

TIMSS 평가 결과 중 학업 흥미도와 자신감 부분의 결과를 보면 그 이유를 짐작할 수 있습니다. 이 평가에 따르면 한국 학생들의 수학 학업 흥미도는 50개국 중에서 43위, 과학 학업 흥미도는 29위였습니다. 두 과목 모두 학업 성취도와는 정반대되는 결과로, 평가에 참여한 국가들 가운데 꼴찌 수준입니다. 이 결과가 우리에게 시사하는 바는 매우 큽니다. 학업 성취도는 높지만, 학업 흥미도는 매우 낮다는 것이니까요.

다른 면도 살펴보겠습니다. 한국 학생들의 평균 학습 시간은 50여 시간입니다. 다른 나라에 비해 10~20여 시간이 많지요. 이 정도면 일주일 내내 아무것도 하지 않고 공부만 하고 있는 수준입니다. 공부하는 데 드는 비용은 또 어떤가요? 2011년 정부 발표에 따르면 우리나라의 사교육비는 1인당 24만 원, 연간 20조 원으로 세계 최고 수준입니다.

자, 위 내용을 정리해 보면 이렇습니다. 공부는 그럭저럭 잘하는데 시간과 노력, 비용이 많이 드는 고비용 저효율 구조인 데다가, 학업 흥미도는 전 세계적으로 꼴찌라는 사실입니다. 이처럼 기형적인 구조는 누구도 원하지 않고 바람직하지도 않은 모습이 아닐까요? 게다가 웬만해서는 이 상황이 바뀌지도 않을 것 같습니다. 이러한 현실에서 우리 아이가 공부를 잘하는지 못하는지 어떻게 판단할 수 있을까요?

우리 아이, 진짜로 행복할까?

"엄마한테 가장 듣고 싶은 말이 뭐니?"라고 아이들에게 물었더니 가장 많이 나온 대답이 "뭐 먹고 싶니?"였다고 합니다. 엄마가 해주는 맛있는 음식을 떠올리면 누구나 행복한 기분이 들지요. 아이들은 행복을 느낌으로 압니다. 어른들은 때론 감추고 속이기도 하지만, 아이들은 자기 생각이나 느낌을 숨기지 못합니다. 아이들이 말하는 행복은 어른들보다 솔직하고 정확합니다.

2011년 어린이날을 맞아 한국방정환재단과 연세대 사회발전연구소는 우리나라 초등학교 4학년 학생부터 고등학교 3학년까지 6,400여 명을 대상으로 〈2011 한국 어린이·청소년 행복지수 국제비교〉에 관한 설문조사를 실시한 바 있습니다. 이 결과에 따르면 한국 학생들의 주관적 행복지수는 66점으로 2009년(64점), 2010년(65점)에 이어 3년 연속 OECD 23개국 중 최하위에 머물렀습니다.

주관적 행복지수는 주관적 건강, 학교생활 만족도, 삶의 만족도, 소속감, 주변 상황 적응, 외로움 등 6가지 영역에 대해 스스로 느끼는 대로 응답한 것을 수치화한 것입니다. 이 중 행복을 방해하는 가장 큰 이유는 '학업 스트레스'로 나타났습니다. 좀 더 구체적으로 살펴보면 문제는 더욱 심각합니다. 우리나라 학생들의 조사 결과는 행복지수가 높은 나라와 그 격차가 매우 크며, 비교 대상 국가들의 평균치인 100점에 한참이나 뒤처져 있고, 학년이 올라가면서 행복지수가 더 낮아지는 경향을 보입니다. 세계 여러 나라에 비해 월등히 높은 성인과 청소년 자살률은 이와 전혀 무관한 것일까요?

한번 생각해 보시기 바랍니다. 지금 우리 아이들은 아주 힘들게 공부하고 있습니다. 다른 나라의 또래 아이들보다 훨씬 더 많이 공부하고 있고, 돈도 아주 많이 듭니다. 공부에 대한 흥미는 거의 바닥 수준이지요. 그런데 그것도 모자라 행복하지도 않다면 이 노릇을 어찌해야 할까요? 이 아이들에게 우리는 무엇을 해줘야 하는 걸까요?

우리 아이, 제대로 바라보자

우리 아이들이 자기의 꿈을 이루고 행복하게 살 수 있도록 도와주려면 아이들을 제대로 바라보아야 합니다. 그러기 위해서는 먼저 아이들이 어떤 일을 하며 시간을 보내고 있는지, 무엇에 관심이 있는지 살펴봐야 합니다. 그런 다음 우리 아이가 어떤 방법으로 공부하고 있는지, 무엇을 좋아하는지 구체적으로 살펴보는 것이 중요합니다. 그래야만 아이들을 진심으로 이해하고 도울 수 있습니다.

무엇을 하며 시간을 보내나

2011년에 실시한 한 조사에 따르면, 우리나라 5세 어린이들의 65%가 컴퓨터를 사용하고 있으며, 아이들이 사용하는 프로그램의 대부분이 인터넷 게임이라고 합니다. 독서와 체험 활동을 통해 풍부한 사회적 경험과 지식을 쌓아가야 할 아이들이, 주변 사람들과의 충분한 대화 속에서 관계를 맺어가야 할 아이들이, 어렸을 때부터 컴퓨터 게임과 인터넷에 노출되어, 여가의 대부분을 컴퓨터 게임으로 보내고 있는 것입니다.

컴퓨터 게임은 도박과 같습니다. 컴퓨터 게임은 쉽게 접할 수 있고 쉽게 빠져들며, 들인 노력에 비해 큰 보상이 주어집니다. 한번 빠지면 쉽게 헤어나지 못하는 속성도 똑같죠. 그냥 좀 하다 그만두면 될 것처럼 보이지만, 하면 할수록 빠져들어 심각한 문제가 됩니다. 뇌가 한창 발달하고 있는 어린이와 청소년들에게는 백해무익하다 해도 과언이 아닙니다. 이러한 상황에서 우리 부모들은 무엇을 어떻게 해야 할까요?

여러분, 만약 TV와 인터넷 게임이 한편이 되어 독서와 싸운다면 누가 이길까요? 대부분의 학부모와 교사들은 TV와 인터넷 게임이 이길 거라고 대답합니다. 하지만 제 대답은 이렇습니다.

"먼저 시작한 것이 이긴다."

어떤 것이 이기고 질지는 정해져 있지 않습니다. 무조건 먼저 시작하고, 많이 한 것이 이깁니다.

따라서 우리 아이들의 생활 속에 TV나 인터넷 게임보다 독서와 같이 의미 있고 유용한 활동을 먼저 자리 잡게 하는 것이 중요합니다. 일찍부터 책의 재미와 의미를 깨닫고 독서의 기쁨을 알게 된 아이는 TV나 인터넷 게임에 무작정 빠져들지 않습니다. 이런 아이들은 게임을 한다고 해도 스스로 조절이 가능하며, 다른 아이들에 비해 관심도 적습니다. 중독은 예방이 최선입니다. 빠져든 뒤에는 백방이 무효입니다.

어떻게 공부하고 있나

'공부'란 무엇일까요? 우리 아이들은 '공부'에 대해 어떻게 생각하고 있을까요? 그리고 어떻게 공부하고 있을까요? 내버려 두면 알아서 하게 될까요? 혼자서도 잘해 낼 수 있을까요?

최근 가장 중요하게 여겨지는 학습 방법이 바로 '자기 주도 학습'입니다. 쉬운 말로 하면 '혼자 알아서 공부하기', 자기에게 필요한 공부가 무엇인지 알고 스스로 계획을 세워 공부하는 것입니다. 무엇을 할지, 얼마나 할지, 어떻게 할지 모두 스스로 정해야 하기 때문에, 자신이 왜 공부를 하며 어떻게 공부하고 있는지 가장 잘 인식할 수 있는 공부 방법이기도 하지요. 무조건 열심히 성실하게 공부하는 것도 나쁘다고 할 순 없지만 썩 효율적인 방법은 아닙니다. 자기에게 맞는 학습 방법은 저마다 다르기 때문입니다.

우리 아이는 어떻습니까? 자기가 해야 할 일을 정확히 알고 있고, 스스로 판단해서 계획적으로 공부할 만큼 자기 주도적인가요? 혹시 그렇지 않다면 어떻게 해야 할까요?

무엇을 좋아하고 잘하나

공부뿐 아니라 인생에서 원하는 것을 얻고 즐겁게 살아가기 위해서는 아이들이 무엇에 흥미가 있고 무엇을 좋아하는지 꼭 알아야 합니다. 그래야 행복한 삶을 살 수 있으며, 성공 지점에 도달하기도 쉬워집니다. 여러분은 어떻습니까? 내 아이가 무엇을 좋아하는지 알고 계십니까?

아이들은 좋아하는 일, 잘하는 일이 저마다 다릅니다. 그렇기 때문에 모든 학생을 '공부'라는 일정한 틀에 맞춰 측정·평가하고 비교하는 것은 적절하지 않습니다.

머리가 좋고 똑똑하다고 말할 때 우리가 흔히 떠올리는 것이 바로 지능지수(IQ)입니다. 원래 아이큐 검사란 정규학교에 입학하기 어려운 아이들을 가려내기 위해 만든 것이었는데, 언제부턴가 지적 능력을 평가하는 대명사가 되어버렸지요. 그러나 아이큐 검사가 인간의 지적 능력 중에서 극히 일부만을 측정한다는 점이 밝혀지면서, 감성지수(EQ)나 창의력지수(CG)에 이어 최근에는 다중지능(MI)까지 거론되고 있습니다. 개인의 적성이나 능력을 평가하기 위해서는 그만큼 다각적인 접근이 필요하다는 이야기겠죠.

한 다큐멘터리에서 네 명의 명사에게 다중지능 검사를 실시했습니다. 그 결과, 패션 디자이너 이상봉 씨에게는 공간감각지능이, 가수 윤하에게는 음악지능이, 세계 최고 흉부외과 의사로 손꼽히는 송명근 박사에게는 논리수학지능이, 국제 발레 콩쿠르에서 1위를 한 발레리나 박세은 씨에게는 신체지능이 매우 높은 것으로 나타났습니다. 모두 현재 자신이 일하고 있는 분야와 관련된 지능에 강점을 보인 거죠.

흥미로운 것은 네 사람 모두 자기이해지능과 언어지능이 높았다는 사실입니다. 사회적 성공을 거두기 위해서는 자기가 무엇을 잘하는지 스스로 잘 알고 있고, 이러한 장점들을 잘 표현하는 언어능력이 뒷받침되어야 한다는 것을 알 수 있습니다. 자신이 좋아하는 일을 해야 잘할 수 있고, 자신이 잘할 수 있는 일을 해야 즐겁게 해 나갈 수 있다는 사실도 말입니다.

초등 독서가 답이다

지금까지 여러 가지 질문과 함께 우리 아이들이 어떻게 가고 있는지 돌아보고 생각해 봤습니다. 고민만 더 깊어지셨나요? 아니면 문제가 무엇인지 발견하셨나요? 그렇다면 우리 아이들에게 무엇을 해줘야 할까요?

처음에도 이야기했다시피 이 모든 것을 관통하는 하나의 대답은 다름 아닌 독서입니다. 독서는 많은 것을 가능하게 하기 때문입니다.

책을 읽으며 아이들은 더 나은 삶을 꿈꾸고, 다양한 상황과 사람들에 대해 배우며, 고민과 갈등을 해결하고 더불어 살아가는 법을 깨닫게 됩니다. 또한 책 읽기를 통해 자연스럽게 습득한 어휘와 문장, 풍부한 지식은 공부의 가장 큰 밑바탕이 됩니다. 한창 자라나는 아이들의 뇌를 자극하여 이해력과 창의력, 상상력을 키워주는 것은 물론입니다.

그리고 독서는 스스로 공부할 수 있는 힘을 길러줍니다. 책 읽기를 통해 스스로 내용을 이해하고 파악하는 훈련을 한 아이들은 혼자서도 잘 공부합니다. 책 읽기를 통해 시각 주의력, 청각 주의력, 집중력을 길러왔기 때문에 집중하는 능력 또한 남다릅니다. 자기 주도 학습을 가능하게 하는 가장 쉬운 방법 역시 독서인 것입니다.

그렇기 때문에 독서를 '인생의 밑천'이라고 하는 것입니다. 독서는 선택이 아닙니다. 인생에서 독서는 필수입니다. 아이들이 행복해지는 길, 아이들과 함께 행복해지는 길이 바로 책 속에 있습니다. 자, 이제 저와 함께 그 길을 떠나봅시다!

| 얘들아, 함께 읽자 |

부모들의 추천 평

이 글은 저자와 함께 서울미동초등학교, 서울서교초등학교, 서울소의초등학교의 '책 읽어주기 프로그램' 〈얘들아, 함께 읽자〉에 참여했던 학부모들의 소감 중 일부를 발췌하여 수록한 것입니다.

"아이들에게 책을 읽어줄 때마다 귀를 쫑긋 세우고 듣고 있는 아이들의 모습에 행복했습니다. 무엇이 아이들의 눈을 그토록 반짝이게 했는지 신기하기만 합니다."

신은영 | 서울미동초등학교 김예지 엄마

"책 읽어주기 프로그램에 참여하고 난 뒤, 하루하루 변해가는 아이들의 모습에 놀라움을 금치 못했습니다. 책 읽는 아이로 키우기 위해서는 책을 좋아하는 아이로 키워야 한다는 단순한 진리도 깨달았습니다."

김해경 | 서울미동초등학교 정혁 엄마

"책 읽기가 아이와 자연스럽게 소통할 수 있는 중요한 통로가 된다는 걸 알았습니다. 또한 아이뿐 아니라 온 가족이 다 함께 책을 읽을 수 있는 집안 분위기를 만들어야겠다고 다짐했습니다."

김수연 | 서울미동초등학교 이지선 엄마

"초등 독서에 관한 교장 선생님의 열정적인 강의를 듣고 정신이 번쩍 들었습니다. 어떻게 하면 아이들이 독서를 생활화할 수 있는지 하나하나 예를 들어 알기 쉽게 설명해 주셔서 정말 좋았습니다."

고성희 | 서울미동초등학교 김하린 엄마

"처음 책을 읽어주러 교실에 들어갔을 때는 어찌나 떨리던지 땀으로 온몸이 흠뻑 젖었습니다. 하지만 매주 아이들을 만나러 갈 때마다 아이들이 늘 나를 기다린다는 느낌을 받았어요. 책 읽어주기는 너무도 즐겁고 행복한 경험이었습니다."

이은미 | 서울미동초등학교 졸업생 조영민 엄마

"아이들은 책을 읽으며 미처 경험하지 못했던 다양한 삶, 그리고 커다란 세상을 만납니다. 반대로 저는 아이들에게 책을 읽어주면서 아름다운 아이들의 세상을 만나고 이해하게 되었습니다."

이성원 | 서울서교초등학교 졸업생 엄마

"아이들이 책 읽어주기에 열중하며 눈을 반짝일 때, 그때의 희열이란 아마 느껴보지 않은 사람은 절대로 모를 겁니다."

이주원 | 서울서교초등학교 졸업생 엄마

"책을 읽어주며 점점 더 많은 책을 알게 되었습니다. 아이들과도 친해지고요. 정말이지 매일 매일이 행복했습니다. 이제 우리 아이는 졸업했지만 책 읽어주기 활동은 계속할 생각입니다."

홍승혜 | 서울서교초등학교 졸업생 엄마

"책 읽어주기를 시작한 지 1년 정도밖에 되지 않았는데, 학교 분위기가 1년 전과 사뭇 다릅니다. 학교에 갈 때마다 모든 교실에서 조용히 책에 몰두하는 아이들의 모습을 보고 감동받았습니다."

최정희 | 서울소의초등학교 백나리 엄마

"책을 읽어줄 때마다 아이들이 보여주는 초롱초롱한 눈망울과 해맑은 웃음, 진지함은 독서야말로 아이를 위한 최고의 교육이라는 사실을 절실히 깨닫게 합니다."

이유림 | 서울소의초등학교 김민주 엄마

"'아빠와 함께 책 읽기' 덕분에 온 가족이 독서에 관심을 갖게 되었습니다."

장미순 | 서울소의초등학교 황인서 엄마

"책 읽어주기를 경험한 아이들이 자연스럽게 책을 좋아하게 되는 것을 보고 깜짝 놀랐습니다. 우리 아이들이 책 읽는 사람으로 자라는 데 도움을 줄 수 있어 기쁘고 행복합니다."

배유정 | 서울소의초등학교 정찬우 엄마

"내 아이가 아닌 다른 아이들에게 시간을 정해 놓고 책을 읽어준다는 것이 처음에는 조금 부담스러웠습니다. 하지만 책 읽어주기를 통해 아이들과 교감하며, 어느새 즐거운 마음으로 책을 고르고 있는 나를 발견했습니다."

김수연 | 서울소의초등학교 이승재 엄마

"처음 해보는 일이라 긴장도 되고 떨리기도 했습니다. 하지만 부족한 책 읽어주기 선생님한테 귀를 쫑긋 세우고 들어주는 아이들의 모습에 힘이 절로 나더군요. 책 읽어달라고 보채는 아이들의 모습은 또 어찌나 귀엽던지……. 점점 더 책 읽어주기 시간이 기다려집니다."

김소영 | 서울소의초등학교 김동혁 엄마

"다른 아이들에게 책을 읽어주는 활동을 통해 내 아이에 대해서도 더욱 잘 이해할 수 있었어요. 책 읽어주기에 동참하게 해주신 심영면 교장 선생님께 진심으로 감사드립니다."

김혜연 | 서울소의초등학교 이상준 엄마

| 애들아, 함께 읽자 |

교사들의 추천 평

이 글은 저자와 함께 서울미동초등학교, 서울서교초등학교, 서울소의초등학교의 '책 읽어주기 프로그램' 〈애들아, 함께 읽자〉에 참여했거나, 저자의 강연을 듣고 학교에서 '책 읽어주기 프로그램'을 실시했던 교사들의 소감 중 일부를 발췌하여 수록한 것입니다.

"우리 학교 학생들은 등교하면 무조건 바로 교실로 들어가 책을 잡습니다. 아침 독서가 끝나면 바로 1교시로 이어지니 차분한 학습 분위기가 저절로 조성됩니다. 이러한 분위기로 시작하는 하루는 참 행복합니다."

홍경희 | 서울미동초등학교 교사

"6학년 학생은 생활지도가 어려워 담임을 맡지 않으려는 선생님이 많습니다. 그러나 '선배가 후배에게 책 읽어주기'를 실시한 후에는 아이들이 달라졌어요. 동생을 사랑하는 마음이 생기고 어른스러워지고 의젓해져서 생활지도에 저절로 도움이 되었습니다."

이현호 | 서울미동초등학교 교사

"'선배가 후배에게 책 읽어주기'를 시작한 후, 다가가기 어려웠던 선배가 다정한 언니로 변했답니다. 우리 반 아이들 모두 책 읽어주는 언니들 덕분에 학교에 든든한 내 편이 생겼다고 좋아합니다."

박재열 | 서울미동초등학교 교사

"아침 자습 시간에 책만 읽게 해도 괜찮을까 걱정도 했었지만, 아이들의 공부하는 태도가 달라지는 걸 보면서 아침 독서 시간의 효과를 톡톡히 보고 있습니다."

김성준 | 서울미동초등학교 교사

"아침 독서 시간 20분은 마술이었어요. 매일 아침, 전교에 정적이 흐르며 조용해지는 그 순간은 책 읽는 아이들에게도 하루를 시작하는 교사들에게도 행복이 시작되는 느낌이랍니다."

이수영 | 서울서교초등학교 교사

"학부모와 학생들이 참여하는 책 읽어주기는 효과 만점의 독서 지도 방법입니다. 스승의 날에 실시한 '졸업생이 방문하여 책 읽어주기'도 기억에 남습니다."

홍선경 | 서울서교초등학교 교사

"아이들이 그렇게 책을 좋아할 줄 몰랐습니다. 언니가 책을 읽어주니 더 귀 기울여 듣더군요."

정정남 | 서울소의초등학교 교사

"언니가 읽어주는 책을 초롱초롱한 눈빛으로 듣고 있는 아이들의 모습을 보다 보면 어느새 20분이 훌쩍 지나갑니다. 참으로 사랑스럽고 행복한 풍경입니다."

임정윤 | 서울소의초등학교 교사

"책 읽어주기를 실시한 지 몇 개월도 지나지 않았는데 벌써 아이들의 눈빛이 달라졌어요. 예전과는 달리 선생님이 무슨 이야기를 할까 궁금해하며 집중하는 모습을 보입니다."

이희전 | 서울서래초등학교 교사

"수업 중에 아이들과 대화를 나누다 풍부한 상식과 어휘력에 깜짝 놀랄 때가 많습니다. 지난 6년간 꾸준히 실시해 온 독서 교육의 효과라고 생각합니다."

조경은 | 서울녹번초등학교 교사

"수업 중에 가만히 앉아 있지 못하는 아이들이 있어 고민이었는데, 아이들에게 책을 읽어주니 다들 조용히 잘 앉아 있더군요. 아이들이 좋아하는 일을 할 때는 집중한다는 것을 느꼈습니다."

이은주 | 서울잠실초등학교 교사

| 얘들아, 함께 읽자 |

아이들의 추천 평

이 글은 저자와 함께 서울미동초등학교, 서울서교초등학교, 서울소의초등학교의 '책 읽어주기 프로그램' 〈얘들아, 함께 읽자〉에 참여했던 아이들의 소감 중 일부를 발췌하여 수록한 것입니다.

| 책 읽어주기를 듣고 나서 |

"책 읽어주기 선생님이 책을 읽어주시면 정말 실감나고 재미있어요. 선생님이 책을 읽어주실 때는 떠들지도 않고 딴청 피우지도 않아요."

홍나현

"언니가 읽어준 책의 이야기가 궁금해서 오늘 읽어준 책을 빌리러 도서관에 가요!"

장인애

"책 읽어주기 선생님이 다음에는 무슨 책을 읽어주실까? 다음 시간이 기다려져요."

이상준

"책을 읽어주시는데 종이 치고 말았어요. 아, 재밌었는데……. 하지만 괜찮아요. 도서실에서 빌리면 되니까. 꼭 빌려봐야지 (^.^)"

나영수

"혼자서 책을 읽을 때는 엄청 지루했는데 선생님이 읽어주시니 실감이 났어요. 귀에 쏙쏙 들어와요."

최지우

"책 읽어주는 언니를 급식실에서 만났는데 너무 반가웠어요. 언니가 다음에는 《공룡 할머니》 이야기를 읽어준다고 했어요. 빨리 수요일이 왔으면 좋겠어요."

이미소

"책 읽어주기 선생님이 《회색 눈빛 늑대》를 읽어주셨어요. 그리고 저는 《회색 눈빛 늑대》 책이 갖고 싶어져서 아빠한테 사달라고 하려고 필통에 적어놨지요."

이상화

책 읽어주기를 하고 나서

"아이들이 떠들다가도 책을 읽어주면 갑자기 조용해져요. 그럴 땐 제가 선생님이 된 것 같아 기분이 좋기도 하지만 좀 떨리기도 해요."

구본홍 | 서울미동초등학교 졸업생

"책을 읽어주고 나올 때 후배들이 저에게 '그 책 제목이 뭐예요?', '다음에 또 읽어줄 거예요?' 하고 물어보면 뭔가 좋은 일을 한 것 같아 마음이 흐뭇해요."

이재민 | 서울미동초등학교 졸업생

"책을 읽어주고 있으면 후배들이 나에게 집중하는 느낌, 뭔가 큰일을 한 것 같은 기분 좋은 느낌이 들어요. 다음 주가 더욱 기다려집니다."

이수진 | 서울서교초등학교 졸업생

"후배들에게 읽어줄 책을 고르다 보니 좋은 책이 있다는 걸 알았고, 만화 같은 것은 별로 읽을 만한 책이 아니라는 걸 알게 되었어요."

문지원 | 서울서교초등학교 졸업생

"부모님께서 '오늘 무슨 책 읽어줬니?', '아이들이 잘 들어줬니?' 하고 궁금해하시며 저에게 더 많은 관심을 가져주시고 대견스러워하세요. 저도 모르게 으쓱해져요."

이재우 | 서울서교초등학교 졸업생

차례

프롤로그 ▶ 004
얘들아, 함께 읽자 — 부모·교사·아이들의 추천 평 ▶ 016

| 1부 |
책 읽는 아이, 이것이 다르다

1장 독서와 이해력 — 책 읽는 아이는 이해력이 좋다

학교에서 환영받는 아이 vs. 환영받지 못하는 아이 ▶ 034
이해력을 키우려면 어떻게 해야 할까? ▶ 040
독서, 이해력을 키우기 위한 시작 ▶ 043
대화, 자연스러운 인간관계의 시작 ▶ 049
체험, 몸에 새겨지는 습관의 시작 ▶ 051
이해심을 키우려면 어떻게 해야 할까? ▶ 058
이해력과 이해심이 풍부한 아이들의 특성 ▶ 063

2장 독서와 뇌 — 책을 읽으면 뇌가 웃는다

책 읽는 아이가 공부도 잘한다 ▶ 070
독서로 두뇌를 자극하라 ▶ 077
책을 읽어주면 두뇌가 움직인다 ▶ 082
다독하면 워킹 메모리가 좋아진다 ▶ 091
속독은 정말 가능한가 ▶ 096

3장 독서와 교육 — 책을 좋아하는 아이로 키우자

아이들은 왜 책을 읽지 않는가 ▶ 100
책을 좋아해야 책을 잘 읽는다 ▶ 107
독서는 엄마의 무릎 위에서 시작된다 ▶ 110
책 읽어주기의 진정한 힘 ▶ 112
책 읽어주기, 어떻게 해야 할까? ▶ 114

4장 학교 독서교육 — 얘들아, 함께 읽자!

책 읽어주기 프로그램의 시작 ▶ 124
학생, 학부모, 교사가 함께하는 책 읽어주기 ▶ 130
책 읽어주기의 교육적 성과 ▶ 138
책 읽어주기 체험 사례 ▶ 142
지연이의 아주 특별한 책 사랑 ▶ 152

★ 책 읽는 아이로 키우기 위한 8단계 ▶ 162

| 2부 |

책 읽는 아이로 키우고 싶은 부모들의 질문 50

Part A Why – 왜 읽어야 할까?

책을 잘 읽는 아이는 어떤 아이인가요? ▶ 176   책을 많이 읽으면 어떤 점이 좋은가요? ▶ 177   책을 읽어주면 어떤 점이 좋은가요? ▶ 179   책을 많이 읽는 아이와 책을 읽지 않는 아이는 어떻게 다른가요? ▶ 181   초등학생 시기에 책을 많이 읽어야 하는 이유는 무엇인가요? ▶ 184   초등 독서에서 왜 3~4학년 시기가 중요하다고 하죠? ▶ 186   책을 많이 읽으면 머리가 좋아지나요? ▶ 188   독서와 자기 주도 학습은 어떤 관계가 있나요? ▶ 189   책 읽는 아이로 키우려면 어떻게 해야 하나요? ▶ 192   책 읽는 집안 분위기로 만들 수 있는 좋은 방법이 없을까요? ▶ 193

Part B What – 무엇을 읽을까?

어떤 책을 먼저 읽어야 하나요? ▶ 196   나이에 따라 읽어주는 책이 다른가요? ▶ 198   아이에게 책을 권할 때 어떤 기준으로 골라야 하나요? ▶ 200   아이와 함께 서점에 가서 직접 책을 고르는 것이 좋을까요? ▶ 202   아이들에게 좋은 책과 나쁜 책이 있나요? ▶ 204   같은 책을 계속 반복해서 읽는데, 괜찮은가요? ▶ 206   계속 한 종류의 책만 읽는데 어떻게 해야 하나요? ▶ 207   고학년인데 쉬운 책만 읽으려고 해요. ▶ 208   동시를 읽는 것도 독서인가요? ▶ 210   동시는 외우는 게 좋을까요? ▶ 211   이야기책만 좋아하는데 괜찮은가요? ▶ 212   역사책에 흥미가 없어 사줘도 잘 읽지 않아요. ▶ 214   판타지 소설에 빠져 다른 책은 읽지 않아요. ▶ 216   하루 종일 만화책만 읽는데 괜찮을까요? ▶ 218   학습 만화는 읽어도 되나요? ▶ 221

Part C How – 어떻게 읽을까?

다독보다 정독이 중요하다는데, 정말 그런가요? ▶ 224 하루에 몇 권 정도의 책을 읽는 게 좋을까요? ▶ 226 책의 종류에 따라 독서 지도 방법도 달라지나요? ▶ 227 독서 습관이 형성되었다는 것은 어떤 의미인가요? ▶ 228 책을 빠르게 읽는 게 좋은가요, 천천히 읽는 게 좋은가요? ▶ 230 책을 소리 내어 읽게 해야 하나요? ▶ 231 고학년이 되니까 책을 안 읽어요. ▶ 233 책을 띄엄띄엄 읽어요. ▶ 235 책을 읽다가 마는데, 괜찮은가요? ▶ 237 중얼중얼 소리를 내며 책을 읽어요. ▶ 239 음악을 들으면서 책을 읽는데, 괜찮을까요? ▶ 240 책 읽기 자체보다 몇 권 읽었는지에 더 관심이 많아요. ▶ 241 혼자서 책을 읽을 수 있는데 자꾸 읽어달라고 해요. ▶ 243 형과 동생에게 함께 책을 읽어줘도 되나요? ▶ 244 책을 읽어달라고 계속 보채는데 어떻게 해야 하나요? ▶ 245

Part D After – 읽고 난 후에는 어떻게 할까?

책은 잘 읽는데 성적이 오르지 않아요. ▶ 248 책은 잘 읽는데 글쓰기를 어려워합니다. ▶ 250 독후 활동을 많이 하는 게 좋을까요? ▶ 252 독후감 쓰기를 어려워해요. ▶ 254 부담 없이 할 수 있는 독후 활동을 추천해 주세요. ▶ 257 독서가 인성 교육에 도움이 되나요? ▶ 258 책에 나오는 등장인물의 나쁜 행동을 배우지 않을까요? ▶ 261 책의 내용과 현실을 구분하지 못하는 것 같아요. ▶ 262 책을 많이 읽으면 사회성이 떨어진다던데, 사실인가요? ▶ 264 아이가 책을 보다가 모르는 걸 질문할 때에는 어떻게 해야 하나요? ▶ 265

서울소의초등학교 학년별 책 읽어주기 도서 목록 ▶ 266
에필로그 ▶ 291

별책 ❶ 우리 아이 독서 흥미 태도 진단 평가지
별책 ❷ 엄마와 함께하는 〈초등 독서의 모든 것〉 워크북 30

| 1부 |

책 읽는 아이, 이것이 다르다

1장 · **독서와 이해력**
책 읽는 아이는 이해력이 좋다

2장 · **독서와 뇌**
책을 읽으면 뇌가 웃는다

3장 · **독서와 교육**
책을 좋아하는 아이로 키우자

4장 · **학교 독서교육**
얘들아, 함께 읽자!

1장

| 독서와 이해력 |

책 읽는 아이는 이해력이 좋다

학교에서 환영받는 아이 vs. 환영받지 못하는 아이
이해력을 키우려면 어떻게 해야 할까?
독서, 이해력을 키우기 위한 시작
대화, 자연스러운 인간관계의 시작
체험, 몸에 새겨지는 습관의 시작
이해심을 키우려면 어떻게 해야 할까?
이해력과 이해심이 풍부한 아이들의 특성

여느 때처럼 교사와 학부모들이 강의실에 가득 찼다. 시곗바늘이 강의 시작을 알리면 나는 언제나 똑같은 질문을 청중에게 던진다.

"여러분, 학교에서 가장 환영받지 못하는 아이는 누구일까요?"

처음엔 다들 조용하다. 하지만 이내 여기저기서 웅성거리며 저마다 생각해 낸 답을 내뱉는다. 대부분 예상 가능한 내용들이다. 말 안 듣는 아이, 떠드는 아이, 숙제를 안 해오는 아이, 다른 아이들과 싸우는 아이, 수업 시간에 돌아다니는 아이, 공부 못하는 아이 등등……. 말하는 사람마다 내용도 제각각이다. 강의실의 수런대는 소리가 잦아들면, 나는 청중을 바라보며 이렇게 대답한다.

"학교에서 가장 환영받지 못하는 아이는 바로 '말귀를 알아듣지 못하는 아이' 입니다."

학교에서 환영받는 아이 vs. 환영받지 못하는 아이

여느 때처럼 교사와 학부모들이 강의실에 가득 찼다. 시곗바늘이 강의 시작을 알리면 나는 언제나 똑같은 질문을 청중에게 던진다.

"여러분, 학교에서 가장 환영받지 못하는 아이는 누구일까요?"

처음엔 다들 조용하다. 하지만 이내 여기저기서 웅성거리며 저마다 생각해 낸 답을 내뱉는다. 대부분 예상 가능한 내용들이다. 말 안 듣는 아이, 떠드는 아이, 숙제를 안 해오는 아이, 다른 아이들과 싸우는 아이, 수업 시간에 돌아다니는 아이, 공부 못하는 아이 등등……. 말하는 사람마다 내용도 제각각이다. 그런데 가만히 답을 들어보면 대답마다 연관성이 있어 보인다. 각자가 머릿속에 떠올리는 '환영받는 아이'와 '환영받지 못하는 아이'의 모습이 어느 정도 일치하기 때문이다.

강의실의 수런대는 소리가 잦아들면, 나는 청중을 바라보며 이렇게 대답한다.

"학교에서 가장 환영받지 못하는 아이는 바로 '말귀를 알아듣지 못하는 아이' 입니다."

여기저기서 웃음소리가 터져 나오다가 이내 많은 사람들이 고개를 끄덕이며 잠잠해진다.

"좋습니다. 모두 제 대답에 공감하시는 것 같네요. 그럼 다음 질문입니다. '말귀' 라는 건 무슨 뜻일까요?"

이번엔 좀 더 많은 사람들이 질문에 답한다.

"무슨 말인지 알아듣는 것 아닌가요?"

"말의 속뜻을 이해하는 거죠."

그렇다. '말귀' 란 다른 사람의 말과 글을 이해하는 능력이라고 할 수 있다. '말귀' 를 '이해' 로 바꿔보면 좀 더 쉽게 알 수 있다.

이해(理解)의 두 가지 뜻

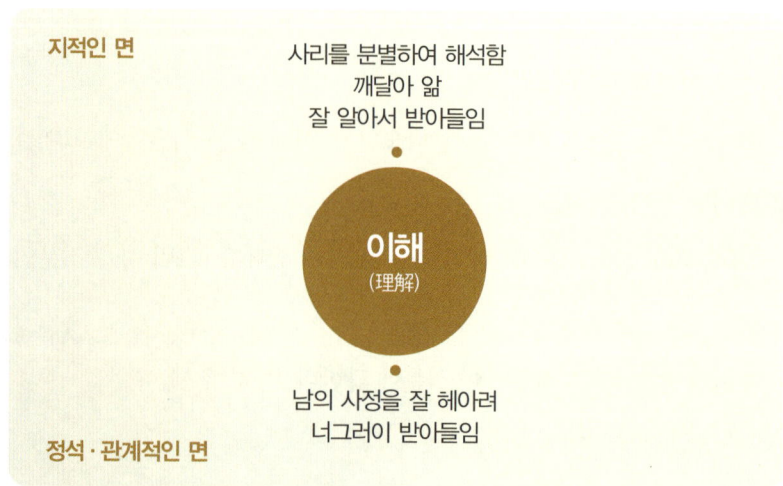

이해(理解) 1. 사리를 분별하여 해석함, 깨달아 앎, 잘 알아서 받아들임
예 철수는 프랑스 철학을 이해하기 어려웠다.
이해(理解) 2. 남의 사정을 잘 헤아려 너그러이 받아들임
예 영희와 수미는 서로의 처지를 이해했다.

'이해'라는 말은 크게 두 가지 뜻으로 쓰인다. 하나는 어떠한 사물이나 지식에 대해 깨달아 아는 것으로, '이해력'이라는 말로 단순화하여 표현할 수 있다. 예를 들면 '선생님의 설명이 이해가 안 돼.'라든지, '이 책의 내용을 이해할 수 있겠니?'라고 말하는 경우가 여기 속한다.

또 다른 하나는 다른 사람의 마음이나 처지를 헤아려 너그러이 받아

들이는 것으로, 이 경우에는 '이해심'이라는 말로 단순화해서 표현할 수 있다. 예를 들면 '네 마음을 이해해.'라든지, '네 행동을 언제까지 이해해야 하지?'라고 말하는 경우가 여기 속한다.

말귀를 못 알아듣는 아이가 환영받지 못하는 이유

이 두 가지 말뜻을 종합해 보면 왜 말귀가 어두운 아이가 학교에서 환영받지 못하는지 알 수 있다. 말귀가 어둡다는 것은 곧 '이해력'과 '이해심'이 떨어진다는 뜻이다. 다른 사람의 말을 잘 알아듣지 못하고, 책을 읽어도 이해하기 어렵고, 수업 내용도 알아듣지 못하는 아이. 그리고 다른 사람의 입장이나 처지, 마음을 알아주지 못하는 아이가 친구나 교사로부터 환영받을 수 있을까?

뿐만 아니다. 말귀를 못 알아듣는 아이에게는 환영받느냐 환영받지 못하느냐의 문제보다 더 심각한 문제가 있다. 바로 다른 아이들과 자주 충돌을 일으킨다는 사실이다. 이 아이들은 항상 '다른 사람들이 내 마음을 몰라준다'고 생각한다. '나는 그렇지 않은데 다른 사람들 때문에 문제가 일어났다'고 생각하는 것이다. 그러면서 다른 사람을 원망하고 자신의 욕구만을 충족시키기 위해 애쓴다. 그러다 자신의 욕구 충족이 좌절되면 욕하고 때리며 싸움을 일으켜서라도 욕구를 채우려고 한다.

의사 표현 능력이 떨어지는 데다가 자기중심적인 사고에 갇혀 있기 때문에 더더욱 그렇다.

말귀를 알아듣지 못하는 아이, 내 아이일 수 있다

학교 현장에서 이러한 아이들을 유심히 관찰한 결과, 아이들의 비뚤어진 욕구는 결국 부모로부터 충분히 사랑받지 못한 결핍에서 비롯된다는 결론을 내릴 수 있었다. 학교에서 환영받지 못하는 아이들, 말귀를 알아듣지 못하는 아이들, 이해력과 이해심이 부족한 아이들의 내면에는 어김없이 '부모에 대한 결핍'이 자리 잡고 있는 것이다.

이쯤 되면 여기저기에서 다시 질문이 터져 나오기 시작한다. 부모의 사랑이 충분하지 않으면 이해력과 이해심이 부족한 아이로 자라날 수 있다는 이야기가 조금 극단적이라고 생각하기 때문일 것이다. 나는 다시 말을 잇는다.

"무작정 열심히 공부한다고 공부를 다 잘할 수는 없습니다. 마찬가지로 무작정 아이를 사랑한다고 해서 아이들이 이해력과 이해심을 갖출 수 있는 건 아닙니다."

다시 침묵이 이어진다.

"왜냐하면 이해력은 풍부한 어휘력과 배경지식으로부터 생겨나고,

이해심은 다른 사람에 대한 관심으로부터 생겨나기 때문입니다. 때문에 아이들이 말귀를 잘 알아들으려면 부모의 관심과 사랑, 노력이 필요합니다."

말귀를 알아듣지 못하는 아이, 학교로부터 환영받지 못하는 아이는 바로 내 아이일 수 있다. 이해력과 이해심을 가진 아이로 키우는 것이 어디 그리 쉬운 일인가. 여기저기서 새어 나오는 한숨 소리를 들으며 나는 교사와 학부모들을 향해 이렇게 이야기한다.

"자, 그렇다면 내 아이를 말귀 잘 알아듣는 아이로 키울 수 있는 가장 좋은 방법을 알려 드리겠습니다. 여러분 누구나 마음만 먹으면 아주 쉽고 즐겁게 해낼 수 있는 방법입니다."

이해력과 이해심을 키울 수 있는 가장 좋은 방법을 지금부터 소개하겠다.

이해력을 키우려면 어떻게 해야 할까?

이해력의 핵심은 '어휘력'과 '배경지식'이다. 어떤 대상에 대한 어휘력과 배경지식이 풍부할수록 그것을 정확하고 분명하게 이해할 가능성이 높아진다. 학교에서 컴퓨터 수업을 한다고 가정해 보자. 컴퓨터의 작동 원리, 컴퓨터 부품의 이름, 부품의 기능과 성능, 소프트웨어의 기능, 사용 방법 등에 대해 잘 알고 있는 사람은 그렇지 않은 사람보다 훨씬 더 쉽게 컴퓨터를 배울 수 있다.

역사 수업을 할 때도 마찬가지다. 임진왜란 당시 이순신 장군의 활약에 대해 배운다면, 이순신 장군의 진법이나 거북선의 전투 능력, 무기 체계, 장수와 군사 조직, 시대적 배경 등에 대해 조금이라도 알고 있는 학생이 수업 내용을 더 잘 이해할 수 있다. 많이 알고 있는 사람이 더 잘 이해할 수 있는 것이다. 게다가 이미 알고 있는 내용에 대해 더 깊이 알게 되고, 수업에 적극적으로 참여하게 되는 효과까지 거둘 수 있다.

어휘력과 배경지식을 키우는 세 가지 요소

어떻게 하면 '어휘력'과 '배경지식'을 풍부하게 키울 수 있을까? 어휘력과 배경지식을 키우는 데 필요한 활동은 세 가지가 있다. 바로 독서, 대화, 체험이다.

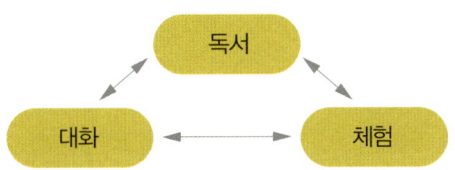

이 세 가지는 상호 보완적으로 작용하며, 아이의 지적 성장과 정서 발달을 돕는다. 그래서 어려서부터 이 세 가지를 골고루 많이 하게 해주는 것이 '아이를 잘 키우는 가장 확실한 방법'이다.

예를 들어 책에서 어떤 내용을 읽었으면(독서), 실제로 그것을 보거나, 먹거나, 찾아가는 등 직접 몸으로 경험하고(체험), 이러한 경험을 바탕으로 다른 사람들과 이야기 나누라는(대화) 것이다. 순서는 바뀌거나 뒤섞

여도 상관없다.

책에서 강아지풀을 봤으면 직접 강아지풀을 보러 공원에 나가 보고, 어느 날 길가에서 다람쥐를 봤다면 다람쥐에 대한 책을 읽어보면 된다. 그리고 나서 강아지풀이나 다람쥐를 보고 느낀 점을 이야기하며 아이와 경험을 공유하는 것이다. 이와 같은 경험은 아이에게 책 속의 내용이 현실 세계에 존재한다는 것을 알려주고, 반대로 세상에 존재하는 모든 것들이 책에 정리되어 있다는 것을 알려주며, 결국 책과 삶이 서로 연결되어 있다는 것을 깨닫게 해준다. 이것을 깨달은 아이에게 책은 활자로 된 무겁고 딱딱한 종이 뭉치가 아니라, 살아서 존재하는 모든 것들이 담긴 친근하고 생동감 넘치는 보물이 된다. 이러한 경험을 통해 아이는 자연스럽게 책을 좋아하는 아이로 자랄 수 있다.

프랜시스 베이컨은 "독서는 똑똑한 사람으로 자라게 해주고, 대화는 부드러운 사람으로 자라게 해주며, 글쓰기는 정확한 사람으로 자라게 해준다."라고 했다. 여기에 체험이 더해진다면 이해의 폭은 몇 배나 넓어지지 않겠는가.

독서,
이해력을 키우기 위한 시작

온 가족이 함께 서산으로 여행을 가던 중에 있었던 일이다. 서해안고속도로 톨게이트를 지나는데 파인애플을 파는 청년이 다가와 시식용 파인애플 조각을 나눠주었다. 나는 아무 생각 없이 파인애플 조각을 받아먹고 차를 출발시켰다. 그랬더니 뒷좌석에 앉아 있던 열 살 난 딸 지연이가 이렇게 물었다.

"아빠, 지금 마음이 어때요?"

"무슨 마음?"

"방금 전에 파인애플 얻어먹었잖아요. 어떤 마음이 들어요?"

"그냥 맛있는데."

"누구든 공짜로 무언가를 받거나 신세를 지면 그것을 갚으려는 마음이 생긴대요. 방금 전에 파인애플을 파는 아저씨들은 그런 심리를 이용해서 장사를 한 거예요. 그런 걸 '상호성의 법칙'이라고 한대요."

"그런 걸 어떻게 알았니?"

"아빠 책장에 꽂혀 있는 《설득의 심리학》이라는 책에서 읽었어요."

초등학교 3학년이었던 딸아이가 어떻게 '상호성의 법칙'이라는 단어와 개념을 알 수 있었을까? 아이가 '상호성의 법칙'이라는 개념에 대해 어느 정도 정확하고 깊이 있게 이해했는지는 알 수 없지만, 중요한 것은 자기 나름의 이해 과정을 거쳐 새로운 개념과 어휘로 받아들였다는 사실이다. 어렸을 때부터 닥치는 대로 책을 읽으며 수없이 많은 어휘와 배경지식을 빨아들였던 딸아이의 독서 습관이 어떤 결과로 나타나는지 확인할 수 있는 순간이었다.

어휘와 문장을 습득하는 가장 직접적인 활동

독서는 기본적으로 문자를 읽어내는 활동이다. 책이든 신문이든 잡지든 인터넷 기사든 어느 활자 매체를 대할 때나 똑같다. 우리는 독서를 통해 문자로 이루어진 어휘와 문장, 정보와 지식을 습득한다. 그리고 이것은 고스란히 이해력의 바탕이 된다. 독서는 이해력을 키우기 위한 시작이자, 가장 기초적인 활동인 것이다.

책을 통해 얻을 수 있는 것은 셀 수 없이 많지만, 그중에서도 어휘와 문장을 습득할 수 있다는 데 가장 큰 의미가 있다. 이야기를 즐기거나 배경지식을 얻는 일도 반드시 어휘와 문장을 읽고 해독하는 과정을 거쳐야 가능하기 때문이다.

어휘를 습득하는 과정에서 가장 중요한 것은 '핵심 어휘'를 습득하는 일이다. 《하루 15분, 책 읽어주기의 힘》의 저자 짐 트렐리즈는 '핵심 어휘란 아이들이 지적으로 성장하고 발달하는 데 꼭 필요한 어휘'라고 설명했다. 핵심 어휘가 풍부한 책을 읽거나 대화를 하는 것은 아이의 어휘 습득을 위해 꼭 필요한 활동이다.

독서 활동으로 얻을 수 있는 어휘와 배경지식은 다른 활동에 비해 질이 매우 좋으며, 양도 가장 많다. 질 높은 대화보다 평범한 책이 더 많은 어휘를 담고 있다는 연구 결과도 있다. 질 높은 대화란 전문가들이 참여하는 토론, 대담, 강연 등을 말하는데, 이런 활동 속에 들어 있는 핵심 어휘나 고급 어휘의 양이 아이들이 즐겨 읽는 책 속에 들어 있는 핵심 어휘의 양보다 적다는 것이다. 예를 들면, 전문가들이 화산활동에 대하여 토론을 할 때 쓰이는 어휘보다 화산활동에 대하여 쓴 책 속에 들어 있는 어휘의 양이 훨씬 많고, 질이 좋다는 뜻이다.

그러므로 책을 고를 때 책 속에 들어 있는 어휘와 문장이 아이가 읽고 배울 만한 수준과 내용인지 찬찬히 훑어보는 것이 좋다. 다채롭고 풍부한 어휘를 쓰고 있는지, 문법적으로나 실제 쓰임에서 정확하고 올바른

지, 아름답고 매끄러운 문장을 쓰고 있는지 살펴보는 것은 좋은 책을 고르는 아주 명확한 기준이다.

세상의 모든 지식과 만나는 첫 번째 통로

문자가 발명된 이래, 사람들은 자신이 알아낸 가장 중요한 정보를 문자로 기록해 놓았다. 그 대표적인 결과물이 바로 책이다. 그래서 책을 '사람이 알아낸 것, 사람이 알고 싶은 것을 기록해 놓은 것'이라고 정의한다. 결국, 사람이 알아낼 수 있는 모든 지식이 담겨 있는 것이 바로 책이다.

　프랑스의 철학자이자 작가인 사르트르는 "내가 세계를 알게 된 것은 책에 의해서였다."라고 말했다. 어디 그뿐인가? 프랑스의 철학자 데카르트는 "좋은 책을 읽는 것은 과거의 가장 뛰어난 사람들과 대화를 나누는 것과 같다."라고 했으며, 영국의 수필가 애디슨은 "책은 위대한 천재가 인류에게 남긴 유산이다."라고 말했다.

　이처럼 독서는 아이가 세상의 모든 지식과 만나는 첫 번째 통로이자, 과거와 현재를 넘나들며 가장 뛰어난 사람들이 남긴 지식의 정수를 맛보는 일이다. 세상을 이해하고 세계를 이해할 수 있는 가장 쉬운 방법인 것이다.

더 넓은 지식의 세계로 나아가게 하는 매개체

영국의 작가 제임스 보즈웰은 "인간은 한 권의 책을 쓰기 위해 도서관을 절반 이상 뒤진다."라고 말했다. 세상에 홀로 떨어져 존재하는 지식이란 없으며, 다른 책의 도움 없이 만들어진 책이란 없다는 이야기다.

세상의 모든 책과 지식은 서로 연결되어 있다. 하나의 지식이 여러 책에서 설명되거나 다뤄지기도 하고, 여러 가지 책이 하나의 지식을 만들어내는 바탕이 되기도 한다. 매일 쏟아져 나오는 신간 서적이나 최신 논문들도 마찬가지다. 거기에 사용된 어휘와 문장, 배경지식과 내용은 모두 다른 책과 지식으로부터 온 것이며, 그것을 읽고 고민하고 새롭게 자신의 것으로 만드는 과정에서 나온 것들이다.

이때 필요한 능력이 바로 '유추'다. 유추란 이미 알고 있는 어휘나 지식을 바탕으로 지금 읽고 있는 내용이나 앞으로 읽을 내용을 미루어 짐작하는 것을 말한다. 그리고 이 유추하는 능력을 키울 수 있는 가장 좋은 방법이 바로 독서다. 책을 읽는 행위 자체가 '유추의 과정'이기 때문이다.

예를 들어 아이가 공룡 백과사전을 읽는다고 가정해 보자. 트리케라톱스, 티라노사우르스, 브라키오사우르스 등 낯선 학명과 생태를 이해하기 위해 아이는 지금껏 보고 읽어온 공룡에 대한 모든 것을 떠올릴 것이다. 만약 이전에 만화책이나 그림책에서 공룡에 대해 읽어본 적이 있다면 내용을 이해하기가 훨씬 쉬울 뿐 아니라, 앞으로 읽어야 할 내용에 대해서도 쉽게 짐작할 수 있다.

이것이 바로 유추이며, 다양한 책을 계속해서 읽어온 사람일수록 유추의 과정을 통해 새로운 지식을 이해하고 받아들이는 속도가 점점 빨라진다. 독서가 이해력을 키우는 시작이자 기초가 되는 이유이며, 오늘 읽은 책이 내일 읽을 책의 바탕이 되는 확실한 이유다.

대화,
자연스러운 인간관계의 시작

미하엘 엔데가 쓴 동화 《모모》를 보면 좋은 대화가 사람과 사람 사이에서 얼마나 중요한 것인지 깨닫게 된다. 사람들은 모모와 만나면 마음이 편안해지고 고민이 해결되는 경험을 한다. 하지만 그것은 모모가 특별한 조언을 하거나 질문을 던져서가 아니다. 모모는 가만히 앉아 따뜻한 시선으로 상대방의 이야기를 들어주었을 뿐이다.

> 모모에게는 하나의 재주가 있었다. 바로 다른 사람의 말을 귀 기울여 잘 듣고 그 사람의 걱정과 고민을 다 없어지게 하였다. (중략) 진정으로 귀를 기울여 다른 사람의 말을 들어줄 줄 아는 사람은 아주 드물다. 더욱이 모모만큼 남의 말을 잘 들어줄 줄 아는 사람도 없었다.
> — 미하엘 엔데, 《모모》

대화란 사람과 사람이 마주 대하여 서로의 감정이나 생각, 이야기를 주고받는 것이다. 때때로 대화는 더욱 적극적이고 친밀한 소통을 필요로 한다. 독서가 혼자서 아무 때나 자기 주도적으로 저자와 나누는 소통이라면, 대화는 실시간으로 상대방과 교감하며 나누는 소통이기 때문이다. 그렇기 때문에 아이들은 대화를 통해 사람과의 관계에 대해 자연스럽게 배울 수 있게 된다.

대화를 할 때는 순서를 기다리는 것이 중요하다. 내가 말할 때는 상대방이 들어주고, 상대방이 말할 때는 내가 들어주어야 원만한 대화가 이루어진다. 내가 말하고 싶은 것이 있어도 상대방이 말하고 있다면 기다려야 한다. 그래야 대화가 이어질 수 있으며, 교감과 소통도 가능하다.

어렸을 때 자연스러운 대화를 통해 사람과의 관계 맺음을 충분히 경험하지 못한 아이들은 자기주장만 앞세우거나 다른 사람을 이해하지 못해서 자주 다투고 친구들과 원만한 관계를 유지하지 못한다. 문제는 대부분의 아이들이 이러한 행동을 하면서도 자신이 무엇을 잘못했는지 모른다는 것이다. 경청과 기다림, 존중과 교감을 배우고 느낄 기회를 얻지 못했기 때문이다. 물론 이런 것들을 맨 처음 보고 배울 수 있는 사람이 부모라는 것은 변함없는 사실이다.

독서가 풍부한 어휘와 문장, 배경지식을 통해 이해력을 키우는 바탕을 마련해 준다면, 대화는 타인과 관계 맺고 세상과 소통하는 능력을 길러준다. 그리고 이러한 능력은 오랜 시간 다양한 경험을 통해 자라난다.

체험, 몸에 새겨지는 습관의 시작

체험이란 간단히 정의하면 '몸으로 직접 경험해 보는 것'으로, 신체의 여러 감각기관을 통해 사물의 실제를 이해하고 받아들이는 활동을 말한다. 단순하게는 눈으로 보는 것, 귀로 듣는 것, 만지는 것, 먹는 것, 걷는 것부터 조금 더 구체적으로는 높은 산에 오르는 것, 친구들과 공을 차며 땀을 흘리는 것, 톱으로 나무를 자르는 것, 삽으로 흙을 파고 꽃을 심는 것, 길에 떨어진 쓰레기를 줍는 것, 강가에서 수영하는 것, 직접 요리하고 설거지하는 것, 내 방을 정리하는 것 등이 모두 체험이다.

체험을 대신할 수 있는 것은 없다. 누군가 맛있는 음식에 대해 쓴 글을 보고 그 맛을 머릿속으로 상상해 볼 수는 있지만, 직접 먹어보고 어떤 맛인지 느껴보는 것과는 차원이 다르다. 이처럼 머리로 아는 것이 아니라 직접 몸으로 느끼고 겪는 것이 체험이다.

체험은 몸에 새겨진다. 그래서 깊고 강렬하다. 지리산에 관한 책을 백 권 읽은 사람보다 지리산에 한 번 다녀온 사람의 경험이 훨씬 구체적이고 풍부할 수 있다. 여행을 준비하면서 느끼는 설렘, 함께 떠나는 사람들과 나눈 즐거운 대화, 온몸으로 느껴지는 날씨와 자연의 변화, 이마를 적시며 흐르는 땀방울, 물 한 모금의 청량감, 함께 나눠 먹는 맛있는 간식, 숨이 턱까지 차오르던 느낌, 정상에 올랐을 때의 기쁨과 상쾌함 등 헤아릴 수 없이 많은 기억이 몸에 새겨지기 때문이다. 이러한 기억을 '절차기억'이라고 한다. 뇌의 깊숙한 부분과 근육에 기억되는 절차기억은 쉽게 지워지지 않는다.

직접 해보지 않은 것은 구체적이지 않다. 막연하기 때문에 어렴풋하다. 하지만 한 번의 체험만으로도 책을 읽는 것과는 비교할 수 없는 어떤 것들을 깨닫고 느낄 수 있다. 그것이 체험의 위대함이다. 체험을 통해서 욕구는 충족되고, 지식은 더욱 강화된다. 이것이 독서, 대화, 체험 중 어느 것 하나 소홀히 할 수 없는 이유다. 독서, 대화, 체험이 균형 있게 이루어져야 아이들은 지적·정서적으로 건강하게 자랄 수 있다.

좋은 습관이 바로 '능력'이다

체험 활동은 우리 몸에 다양한 기억과 느낌을 새겨놓는데, 오랫동안 같은 체험이 되풀이되어 몸에 새겨지면 이것이 바로 '습관'이 된다. 체험을 통해 몸에 새겨지는 것들이 반드시 좋은 것만 있는 것은 아니다. 의미 있고 좋은 일이 새겨지면 '좋은 습관'이 되고 나쁜 일이 새겨지면 '나쁜 습관'이 되는 것이다. 습관은 한두 번의 시도와 경험으로 이루어지지 않는다. 같은 체험을 여러 번 반복할 때 몸에 새겨지기 때문에, 좋은 습관을 가지려면 좋은 생각을 갖고 오랜 기간 꾸준히 계속해야 한다.

우리는 흔히 나쁜 습관을 '버릇'이라고 표현하고, 좋은 습관을 '능력'이라고 표현한다. 두 가지 모두 체험에 의해 몸에 새겨지는 과정을 거치기 때문에, 모습은 달라도 생성 과정은 똑같다.

그렇다면 좋은 습관을 '능력'이라고 표현하는 이유는 뭘까? 예를 들어 '운동을 꾸준히 하면 좋다'는 사실을 알고 있다고 가정해 보자. 운동을 어떻게, 얼마나 꾸준히 하면 좋은지에 대한 정보를 많이 안다고 해서 우리는 그 사람에게 '능력 있다'고 말하지 않는다. 알고 있는 것과 몸을 움직여 규칙적으로 운동하는 것은 별개의 문제이기 때문이다. 운동을 하기 위해 시간을 내는 것, 몸을 움직여 운동하는 것, 귀찮게 느껴지더라도 계속해서 꾸준히 하는 것은 생각만으로 되는 일이 아니다. 운동을 규칙적으로 하기 위해서는 정신적인 능력과 신체적인 능력이 뒷받침되어야 한다. 때론 귀찮아도 해낼 수 있고, 시간에 쫓겨 바쁘거나 다른 일이 많아도 해낼 수 있어야 한다. 그래야 주변 사람들이 '아, 저 애는 운동 습관이 좋아!'라고 이야기할 것이다. 그리고 '그 일을 꾸준히 해낼 수 있는 능력이 있는 아이'라고 말할 수 있게 될 것이다. 해야 할 일이 있다면 어떤 어려움이 있더라도 해낼 수 있는 힘, 우리는 그것을 '능력'이라고 말한다. 그것은 습관으로 보일 만큼 손쉽게 해낼 수 있는 힘이다.

초등학생 시기에 체험이 중요한 이유

체험 활동은 여러 개의 감각기관을 동시에 사용하기 때문에 뇌와 몸을 강하게 자극한다. 이러한 기억은 몸에 새겨지는데, 이렇게 새겨진 기억은 쉽게 사라지지 않는다. 그래서 신체적으로 정신적으로 급속한 성장이 이루어지는 초등학생 시기에는 뭔가를 알고 외우는 것보다 몸으로 익히고 느끼는 체험 활동이 중요하다.

서울대학교 소아정신과 김붕년 교수는 뇌 발달과 관련하여 이런 이야기를 했다.

사람의 뇌는 끊임없이 변하고 발달한다. 뇌의 여러 부위 중에서도 전두엽은 인간의 고등정신 기능을 종합적으로 지휘하는 통제소 역할을 하는데, 이 전두엽이 가장 크게 변하는 때가 바로 청소년기인 12~17세이다. 이 시기에 뇌는 새롭게 태어나거나 완전히 리모델링된다고 할 정도로 크게 변한다.

그런데 이 시기 뇌의 변화는 아주 커다란 특징을 하나 가지고 있다. 그것은 바로 초등학생이었던 7~12세까지의 시기에 경험한 것, 경험한 것 중에서도 의미가 있다고 스스로 인정한 것을 중심으로 뇌가 변한다는 사실이다. 초등학생 시기에 활동했던 것이나 경험한 것 중에서 의미가 있다고 인정된 것과 관련된 뇌의 중추는 남겨져 청소년기에 아주 크게 발달하고 변하지만, 의미 있는 활동이라고 인정받지 못한 것과 관련된 뇌의 중추는 없어져(솎아져) 버린다는 것이다.

그러므로 초등학생 시기의 다양하고 의미 있는 활동과 경험은 아이들의 성장 발달에 반드시 필요하다.

초등학생 시기의 다양한 체험과 경험이 왜 중요한지에 대해 이보다 더 뚜렷한 이유와 근거는 없을 것이다.

체험 활동을 할 때 기억해야 할 점

첫째, 체험 활동을 하거나 시킬 때는 양(量) 못지않게 질(質)이 중요하다는 사실을 잊지 말기 바란다. 일부 학부모들은 체험이 중요하다는 말만 듣고 아이의 입장이나 의견은 묻지도 않은 채 무리하게 체험 활동을 시키기도 하는데, 절대로 바람직하지 않다. 아이들이 책에서 보고 배운 것을 스스로 체험해 보고 싶다고 할 때, 부모가 곁에서 이를 도와주는 마음으로 체험 활동을 해야 아이들에게 의미 있는 경험이 되고 체험의 질도 높아진다.

둘째, 어려운 활동은 반복해서 할 수 있도록 도와준다. 어떤 일을 꾸준히 하다 보면 차츰 그 일이 쉬워지는 경험을 하게 되는데, 이것은 뇌의 기능과 관계가 있다. 어떤 일을 처음 할 때는 뇌의 여러 가지 중추가 동원되어야 하지만, 오래 하다 보면 뇌의 특정 중추가 그 일을 담당하게 되고, 이 담당 중추가 발달하게 되면서 일을 훨씬 수월하게 해낼 수 있게 되기 때문이다. 자전거 타기, 테니스 치기, 공기놀이, 뜨개질을 떠올리면 쉽게 이해할 수 있다. 처음에는 어렵지만, 하면 할수록 잘하게 되고 잘하게 될수록 더 쉬워진다. 남을 돕거나 친구들과 어울려 그림을 그리는 일, 등산이나 축구를 하는 일도 다르지 않다. 몸에 새겨진 일은 오래가고 쉽게 지워지지 않으며 영향력 또한 막강하다.

셋째, 체험은 체험을 낳는다는 사실을 기억하자. 설악산에 가서 좋은 느낌을 몸으로 받아들인 사람은 다른 산에 가거나, 설악산에 다시 가고 싶은 마음이 생긴다. 좋은 느낌이 또 다른 체험을 하고 싶게 만드는 것이다. 그래서 어른들이 아이에게 해줄 수 있는 가장 큰 일 중 하나가 세상에 다양한 것들이 존재한다는 것을 알려주고, 아이들로 하여금 그것을 해보고 싶어지게 만드는 것이다.

넷째, 체험 활동을 하기 전이나 끝낸 뒤에는 그 경험을 반드시 독서와 연결시켜 주자. 갯벌에 갈 때는 갯벌에 관한 책을 읽어보고, 섬에 다녀왔다면 섬에 관한 자료나 책을 읽어보는 것이 좋다. 책 속에서 누에를 봤으면 직접 누에를 키워보거나 만나보고, 자연 속에서 지렁이를 봤다면 책에서 지렁이를 찾아보는 것이다. 이러한 과정을 통해 아이들은 책 속의 내용과 현실 세계가 동떨어져 있지 않고 서로 연결되어 있다는 사실을 깨닫게 된다. 아이들의 지적, 정신적, 신체적 성장 역시 균형 있게 이루어질 것이다.

이해심을 키우려면 어떻게 해야 할까?

다른 사람의 마음이나 입장, 처지를 잘 알아주는 마음가짐을 우리는 '이해심이 많다'고 표현한다. 이해심은 타인에 대한 관심에서 출발한다. 상대방이 무슨 생각을 하고 있는지, 어떤 마음 상태인지, 어려움이나 슬픔은 없는지, 무엇 때문에 기쁜지 아는 데서 타인에 대한 이해가 시작되기 때문이다.

타인에 대한 관심에서 출발한다

타인을 이해하기 위해서는 '공감 능력'을 키워야 한다. 공감 능력이란 말 그대로 타인의 감정에 공감하는 능력을 말한다.

연쇄살인이나 아동 성폭행 등 끔찍한 범죄를 저지르는 사람들 중에는 '사이코패스(psychopath, 반사회적 인격 장애)'라는 정신적 특성을 가진 사람들이 있는데, 이들의 가장 큰 특징 중 하나는 다른 사람의 감정에 대해 공감하는 능력이 전혀 없다는 것이다. 예를 들어 '기쁜 얼굴'과 '슬픈 얼굴'이 찍힌 사진을 보여주고 나서 사진 속의 사람이 어떤 감정 상태냐고 물으면 어린아이들도 쉽게 구분하는 모습을 구분하지 못한다고 한다. 상대방이 기뻐하는지, 슬퍼하는지, 즐거운지, 아파하는지, 웃는지, 우는지를 구분하지 못하는 것이다. 내가 끔찍한 짓을 저지르는 동안 상대방이 어떤 기분일지 공감할 수 없기 때문에 그런 범죄를 저지를 수 있다는 것이다. 그들이 왜 그런 성향을 갖게 되었는지 성장 배경을 연구해 보니 대부분의 사이코패스들이 어렸을 때 가정 학대를 겪으며 공감 받지 못했고, 사랑받지 못했다는 공통점이 있었다고 한다.

공감 능력을 키우는 것이 관건이다

공감 능력은 어떻게 기를 수 있을까? 공감 능력을 기를 수 있는 가장 좋은 방법은 '공감'을 받는 것이다. 어렸을 때부터 부모로부터 충분한 공감과 사랑을 받는 아이는 다른 사람을 공감하고 인정하는 능력을 자연스럽게 습득할 수 있다.

아이에게 가장 큰 영향을 미치는 사람은 바로 부모다. 부모는 아이의 거울이며, 아이의 성장은 엄마의 양육 방식에 큰 영향을 받는다. '몸으로 가르치니 따르고, 말로 가르치니 반항심만 생긴다.' 라는 말이 있다. 이해심도 마찬가지다. 부모나 다른 사람들의 행동을 통해 배우는 것이다.

감정적인 욕구도 신체적인 욕구와 같다. 사랑을 덜 받아서 사랑에 굶주린 것은 밥을 충분히 먹지 못해서 배가 고픈 것과 같다. 열흘 동안 굶은 사람에게 밥 한 그릇이 생긴다면 그 사람은 그 밥을 하루 굶은 옆 사람에게 쉽게 나눠줄 수 있을까? 절대 불가능한 얘기다. 그것은 인간의 영역이 아니다. 성자나 신의 영역이다. 평범한 사람의 경우 내 배가 불러야 남이 배고픈 것을 돌아볼 수 있다. 감정적인 욕구도 마찬가지다. 사랑을 많이 받지 못한 아이가 다른 사람을 많이 사랑하기란 어려운 일이다. 사랑을 많이 받은 사람은 감정적으로 안정되어 있으며, 사랑을 주는 대상으로부터 자연스럽게 사랑하는 방법까지 배운다.

이런 일이 가능한 것은 우리의 뇌 속에 비밀이 있기 때문이다. 우리의 뇌에는 거울뉴런(Mirror Neuron)이 있다. 이 뉴런은 '함께 느끼고 따라 하기'를 통해서 행동을 모방하거나 언어를 습득할 수 있게 해준다. 또 내가 어떤 행동을 직접 경험하지 않고, 보거나 듣고만 있을 때에도 그 행동을 직접 할 때와 동일한 반응을 한다. 이 뉴런이 바로 다른 사람의 행동을 보면서 다른 사람의 마음 상태를 알 수 있게 해주는 공감 능력과 관계된 뉴런이다. 이 뉴런은 공감을 받으면서 발달하고, 사회 안에서 다른 구성원들과 의사소통하면서 발달한다. '공감'을 받는 것이 중요한 이유다.

독서를 통한 간접경험은 풍부할수록 좋다

책 속에는 무수히 많은 '사람에 관한 이야기'가 들어 있다. 가난, 성공, 가족, 불행, 전쟁, 좌절, 성공, 음모, 배신, 사랑, 친구, 우정, 죽음, 삶, 결혼, 이혼, 성장, 탄생, 고독, 우애, 효도, 부부애, 박애, 갈등, 화해, 오해, 상처 등 사람들의 삶에 관한 모든 것이 들어 있다. 사람들은 책을 읽으며 다른 사람의 삶에 대해 알게 되고, 다른 사람의 삶을 배운다. 부모가 가르쳐주지 못한 것, 가르쳐줄 수 없는 것을 채우는 것이 책이다.

우리가 살면서 직접 만날 수 있는 사람들이 과연 몇 명이나 될까. 저마다 살고 있는 환경에 따라 제한적으로 만날 수밖에 없다. 반면 독서를 통해 만날 수 있는 사람은 무궁무진하다. 그뿐인가. 수많은 사람들 사이에서 벌어지는 다양한 사건과 사고, 인간관계와 감정들을 경험하고 공감할 수 있다. 좌절을 딛고 일어서는 사람을 통해 희망을 얻을 수 있고, 꿈을 이루는 사람을 통해 새로운 도전을 계획할 수 있다. 성공을 축하하고 함께 나누는 법과 다른 사람을 위로하며 마음을 어루만져 주는 법도 배우게 된다.

　이처럼 독서는 수많은 간접경험을 통해서 다양한 상황에 대한 이해의 폭을 넓히고 자연스럽게 이해심도 자라게 해준다.

이해력과 이해심이 풍부한 아이들의 특성

지금까지 '학교에서 환영받는 아이는 어떤 아이일까?'라는 질문에 대한 대답으로 말귀를 잘 알아듣는 아이, 즉 이해력과 이해심이 풍부한 아이로 키우는 법에 대해 이야기했다. 그렇다면 이런 아이들에게는 어떤 특성이 있을까?

학업 성취도가 높다

학업 성취도가 높다는 것은 학교 성적이 웬만큼 좋다는 말인데, '다른 사람의 도움을 거의 받지 않은 상태에서 학교에서 배운 내용만 가지고도 혼자 공부해서 80~90점 내외의 점수를 받는다.'라는 의미로 해석하면 된다. 혼자 공부해서 90점 정도의 점수를 받는 아이는 매우 건강하고 우수한 아이다. 부모가 이에 만족하지 못하고 욕심을 부려 100점을 받는 것에 집착하거나 남보다 앞서려는 마음이 더해지면 여기에 사교육이 끼어든다.

사교육은 어려서부터 학원이나 과외 등 남의 도움을 받아야만 공부할 수 있는 의존적인 태도를 낳는다. 눈앞의 결과에 급급하여 점수에 집착하게 되면 의존심은 더 커지며, 학년이 올라갈수록 끊기 힘든 상태로 빠져들게 된다. 일종의 악순환 구조다. 좋은 점수를 맞는 것도 중요하지만, 그 점수를 얻는 방법이 더 중요하다. 그 점수가 온전히 자신의 능력으로 인한 결과라야 진짜 실력으로 인정될 수 있다.

이때 필요한 능력이 바로 이해력이다. 혼자 공부하더라도 이해력이 좋으면 정보를 잘 받아들이고, 잘 처리하고, 잘 기억할 수 있기 때문에 충분히 좋은 성적을 얻을 수 있다. 이것이 바로 자기 주도 학습의 핵심이기도 하다.

다양한 분야에 관심을 보인다

이해력과 이해심이 풍부한 아이들은 여러 방면에 관심을 보이며, 또 여러 분야에서 높은 성취를 이룬다. 무언가를 새롭게 시작하고 도전하는 것을 즐기기 때문이다. 이해력은 국어, 영어, 수학, 과학, 음악, 체육, 미술 등 모든 영역에 영향을 미친다. 악기를 배우거나 운동을 할 때도 도움이 되고, 영어를 배우거나 로봇을 조립할 때도 도움이 된다. 언어를 배우거나 수학 문제를 풀 때, 심지어는 글쓰기를 할 때도 관련이 있다. 이해력이 좋은 아이는 더 쉽게, 더 빠르게, 더 정확하게 정보를 받아들이고 처리하기 때문에 여러 방면에서 능력을 발휘할 수 있다.

이해력이 풍부하고 자아존중감이 강한 아이들은 더욱더 새로운 일에 도전하려는 의지가 강해진다. 이런 마음을 '실행 의지'라고 하는데, 어떤 일을 해보려는 마음가짐을 일컫는다. 실행 의지가 강한 아이들은 어떤 일의 결과에 연연해하지 않으며 도전 그 자체를 즐기기 때문에, 그렇지 못한 아이들보다 성취의 기회가 훨씬 많다. 실행 의지를 '용기'라고도 볼 수 있는데, 용기가 있는 아이들은 실패를 두려워하지 않고 씩씩하게 도전을 거듭한다. 물론 이런 마음이 아무리 충만하더라도 이해력이 뒷받침되지 않으면 성과를 얻을 수 없다. 용기로 시작하지만 이해력으로 완성되는 것이다.

인간관계가 좋고, 자아존중감이 높다

말귀를 잘 알아듣는 아이들은 당연히 인간관계가 좋다. 학업 성취도가 좋으니 부모와 교사에게 인정을 받고, 여러 사람의 관심과 사랑을 받으니 인간관계가 좋을 수밖에 없다. 반사회적인 성향을 보이는 사람들의 특성 중 하나가 바로 대화나 접촉의 단절이다. 인간관계가 좋은 사람들은 타인과의 대화가 언제 어디서나 자연스럽게 이루어지기 때문에 사회적으로 매우 바람직한 모습을 보인다. 이런 사람들은 다른 사람들과 어울려 살아가는 모습을 보인다. 서로 이해하고 배려하며, 서로의 마음을 살필 줄도 알고, 고통은 나누며 기쁨은 함께할 줄 안다. 사람들의 마음을 살필 줄 아는 사람들은 다른 사람들의 환영을 받는다. 그러니 더 잘 어울려 살 수 있게 되고, 더욱 큰 사랑과 관심을 받게 된다.

다른 사람에게 많은 사랑과 관심을 받게 되면 '자아존중감'도 높아진다. '자아존중감'은 '스스로 자신을 중요한 사람이라고 생각하는 마음'이다. 이 자아존중감이 사람을 주저앉히기도 하고, 사람을 일으켜 세우기도 한다. 내가 나를 중요하게 생각하지 않는데 누가 나를 중요하게 생각하겠는가? 자아존중감이 낮은 아이들은 계획적이고 의미 있는 행동보다는 즉흥적이고 감정적인 행동을 취하는 경우가 많다. 다른 사람을 욕하거나 비난하는 말을 하며, 자신의 의사나 욕구를 거친 행동이나 거친 말로 표현한다. 이 모든 것은 '나를 사랑하지 않는 마음'에서 비롯된다.

　자아존중감은 사랑을 많이 받을 때 생겨난다. 갓 태어난 아이는 엄마의 애정 어린 눈길과 손길을 받으며 자신이 중요한 사람이라는 것을 느낀다. 깊고 충만한 사랑을 받으면서 아이 스스로 '중요한 사람'이라고 느끼는 것이다. 자기 스스로를 중요한 사람이라고 느끼는 마음이 있어야 어떤 일을 해보고 싶어 하는 마음, 무언가 해보려는 마음, 즉 용기가 생긴다. 마음속에 용기가 생기면 무엇이든 할 수 있게 된다. 자아존중감은 사람이 의미 있는 일을 시작하게 하는 출발점인 것이다.

2장

| 독서와 뇌 |

책을 읽으면 뇌가 웃는다

책 읽는 아이가 공부도 잘한다
독서로 두뇌를 자극하라
책을 읽어주면 두뇌가 움직인다
다독하면 워킹 메모리가 좋아진다
속독은 정말 가능한가

독서가 아이들에게 아주 익숙한 활동이 되면 전두엽이 발달할 뿐 아니라 좌뇌와 우뇌의 넓은 부위가 활성화된다. 그것은 곧 뇌가 성숙해진다는 것을 의미하며, 성숙해진 뇌는 빠른 시간에 더 많은 정보를 더 정확하게 전달할 수 있게 된다. 초보 독서가의 뇌는 많은 시간과 노력을 들여 정보를 전달하는 반면, 숙련된 독서가의 뇌는 쉽고 빠르게 이해하며 복잡한 추론도 빠르게 할 수 있는 것이다.

숙련된 독서가의 뇌가 고속도로라면 초보 독서가의 뇌는 차선 구분 없는 비포장도로다. 고속도로에서는 쌩쌩 달릴 수 있지만 비포장도로에서는 빠르게 달릴 수 없다. 또 고속도로는 많은 차들이 왕복할 수 있지만 비포장도로는 한 대의 차만 간신히 달릴 수 있다. 차 한 대가 지나갈 때면 반대 방향의 다른 차는 마주 오는 차가 지나갈 때까지 기다려야 한다. 시간이 오래 걸릴 뿐만 아니라, 길이 울퉁불퉁하기 때문에 전달해야 할 정보가 서로 섞이기도 하고 중간에 사라지기도 한다.

책 읽는 아이가 공부도 잘한다

앞서 말했듯이 독서는 아이들의 이해력과 이해심을 키워주는 가장 기본적인 방법이자 세상을 살아가는 데 필요한, 가장 중요한 밑천이다. 그런데 가끔 보면 아이들에게 "책은 그만 읽고 공부해!" 라고 이야기하는 부모들이 있다. 책 읽는 것도 좋지만, 일단 학교 공부를 열심히 해서 좋은 성적을 내는 것이 더 중요하다는 생각 때문일 것이다. 그렇다면 책 읽기와 공부는 별개일까?

교과서만으로는 부족하다

일반적으로 어떤 아이가 공부를 잘한다거나 학습 능력이 좋다고 할 때 '독서 능력'은 빼놓고 이야기하는 경우가 많다. 흔히 공부라 하면 대부분 교과서 중심의 공부, 시험 위주의 공부만 생각하기 때문이다.

하지만 생각해 보자. 세상에 존재하는 수많은 책들 중에 교과서가 차지하는 비중은 극히 일부에 지나지 않는다. 물론 모든 학교에서 교과서로 수업하고, 교과서에 들어 있는 내용을 중심으로 시험을 치르므로 교과서가 학교 공부에서 가장 중요한 책임에는 틀림없다. 그런데 과연 교과서만 들여다본다고 해서 좋은 성적을 얻을 수 있을까?

2003년 〈월간조선〉에서 수능 시험 수석 학생들의 공통점을 분석한 결과를 보면, 이들은 어려서부터 책을 좋아했고 종류를 가리지 않았으며 늘 책을 가까이하는 습관을 유지했다고 한다. 대표적으로 수능 사상 첫 만점자인 오승은 양의 만점 비결을 소개하면 다음과 같다.

> 만점의 배경에는 많은 독서를 통한 지식 습득과 사고력의 향상이 주효했다. 시간 날 때마다 읽은 32권이나 되는 백과사전은 폭넓은 지식을 쌓아주었다. 오승은 양은 부모님이 어린 시절 사준 문학전집과 위인전 등을 하나도 빠뜨리지 않고 다 읽었다. 부모님은 뉴스 외의 TV 시청은 하지 않고 다양한 책 읽는 모습을 오승은 양에게 보여주었다고 한다. 사회비평 서적, 수필집, 신문 칼

럼집 등이 가득한 책장과 주변에 널려 있던 책들이 자연스레 그녀가 책을 자주 접하도록 만들어준 것이다.

수능이나 논술 시험은 교과서에 나온 내용을 잘 알고 있는지 측정하는 시험이 아니라 종합적인 사고력을 측정하는 시험이다. 따라서 교과서만 달달 외우는 식의 공부로는 분명히 한계가 있다. 그렇다면 이러한 한계를 극복할 수 있는 방법이 무엇일까? 바로 '독서'다. 다양한 분야의 책을 읽는 것이야말로 교과서 중심의 편협한 공부를 넘어설 수 있는 유일한 방법이다.

초등학생 시기에 독서 능력을 완성하라

하지만 고등학생 시기에 독서에 열을 올릴 수는 없다. 우리나라 교육 현실의 특성상 고등학생 때는 당장 대학 입시에 필요한 내신과 수능, 논술 준비 등에 시간을 더 많이 써야 하기 때문이다. 따라서 고등학생이 되기 전에 많이 읽어 두어야 한다.

독서와 관련된 흥미, 태도, 능력은 사실상 초등학생 시기에 완성해야 한다. 초등학생 시기에 독서 능력을 완성한다는 것은 초등학교에 입학하기 전에 독서를 시작해야 한다는 뜻이며, 적어도 초등학생 시기가 지나기 전에 충분한 독서량을 확보해야 한다는 뜻이다. 중학교에 진학한 후에 일부러 시간을 내서 많은 양의 책을 읽기란 현실적으로 쉽지 않다. 그러므로 비교적 학업 부담이 적은 초등학생 시기에 독서 흥미와 독서 태도, 독서 능력을 다져놓는 것이 중요하다.

초등학생 시기에 이러한 준비를 해놓으면 중·고등학교에 가더라도 틈틈이 책을 읽을 수 있다. 그러면 중·고등학생 시기에도 원하는 책을 찾아 읽을 수 있는 능력이 생기며, 이런 독서 능력은 학업 성취도에 큰 영향을 미친다.

독서를 할 때 뇌에서 무슨 일이 일어날까

독서를 하면 학습 능력이 좋아진다. 독서의 과정이 우리 뇌를 활발하게 자극하기 때문이다. 독서를 하고 있는 뇌를 촬영해 보면 굉장히 넓은 부위가 활성화되어 있는 것을 확인할 수 있다. 우리의 뇌 속에는 읽기만 담당하는 특정 중추가 없다. 곧 뇌의 여러 부위가 동원되어야 책을 읽을 수 있다는 뜻이다.

그럼, 독서를 할 때 뇌에서 어떤 과정이 일어나는지 조금 더 구체적으로 살펴보자.

첫 번째, 시각을 이용하여 글자나 단어를 본다. 독서의 첫 번째 단계는 눈으로 글자를 보는 것에서 시작된다. 물론 시각 기능을 상실한 사람들은 촉각을 이용하여 점자를 인식하는 것으로 시작할 것이다.

두 번째, 단어를 하나의 덩어리로 읽는다. 우리는 책을 읽을 때 글자를 한 자 한 자 떼어서 보지 않고 하나의 덩어리, 즉 단어 단위로 읽는다. 독서를 많이 하면 할수록 이 속도는 빨라진다. 영어 문장을 읽을 때를 떠올려 보면 이 단계를 쉽게 이해할 수 있다. 영어 문장 안에 아는 단어가 있으면 문장이 단번에 읽히지만, 잘 모르는 단어가 들어가 있으면 문장을 쉽게 읽지 못한다. 그럴 때는 어떻게 하는가? 모르는 단어를 들여다보면서 자꾸 읽으려고 하며, 알파벳 하나하나를 읽어가며 뜻을 헤아리려고 노력한다. 그래도 잘 안되면 소리 내어 읽어보기도 한다. 이런 과정이 계속 반복된다면 독서 속도는 굉장히 떨어질 것이다. 하지만 자꾸 하다 보면 자연스레 단어를 알게 되고, 단어가 입에 붙을 정도로 많이 읽으면 나중에는 단어들이 덩어리로 눈에 들어와 문장을 빠르게 읽을 수 있게 된다. 단어를 덩어리로 읽을 수 있으며, 빠르게 읽을 수 있다는 것은 단어를 알고 있다는 뜻이다.

세 번째, 단어를 보는 것과 동시에 머릿속에서 그 글자의 소릿값이 재생된다. 글자나 단어에 해당하는 소리가 머릿속에서 번쩍하고 떠올랐다가 사라진다는 뜻이다. 입으로 소리를 내는 과정과 똑같은 과정이 뇌 속에서 일어난다고 보면 된다. 어떤 글자를 봤는데 소리가 재생되지 않는다면 그 단어나 글자를 읽을 수 없다는 뜻이다. 뒤에서 이야기하겠지만, 책을 직접 읽어주는 것이 독서를 시작하는 아이에게 얼마나 큰 도움이 되는지 알려주는 대목이다.

네 번째, 머릿속에 저장된 어휘 목록에서 단어의 뜻을 찾아온다. 어떤 단어를 읽으면 이것의 대표적인 뜻과 함께 이 문장에서 어떤 뜻으로 쓰였는지 알아내기 위해 부지런히 뇌가 움직인다. 이 과정에서 알아낸 새로운 어휘의 뜻이 머릿속에 추가되기도 한다. 그렇기 때문에 독서를 어휘력 향상의 가장 좋은 방법이라고 말하는 것이다.

다섯 번째, 알아낸 뜻을 뇌의 각 부분으로 보내서 활용한다.

위의 다섯 단계가 뇌 속에서 진행되는 독서의 과정이다.

책을 읽지 않는 아이는 책을 이해하지 못하는 아이다

이 모든 과정이 일어나는 데 걸리는 시간은 얼마나 될까? 예를 들어 '강아지'라는 단어를 읽고 뜻을 파악하는 데 얼마나 시간이 걸릴까? 1초? 2초? 아니다. 그보다 훨씬 짧은 시간 안에 이루어진다. 정확히 표현하면 '순식간'이라는 말이 더 어울린다. 그리고 이처럼 순식간에 이해할 수 있어야 책을 잘 읽을 수 있다.

보통 우리가 읽는 책 한 페이지에는 수많은 단어가 들어 있다. 그 단어 하나하나를 해독하는 데 1초, 2초가 걸린다면 한 페이지를 다 읽는

데는 너무 많은 시간이 걸릴 것이다. 이렇게 되면 힘들고 지루해서 책을 읽을 수가 없다. 책 한 쪽 읽는데 천천히 해독해야 할 단어가 열 개씩 들어 있다면 그 책은 잘 읽을 수도 없고 이해하기도 힘들어진다.

그래서 어휘력이 좋아야만 이해력을 높일 수 있다고 말하는 것이다. 지금 읽고 있는 책 속에 아는 어휘가 많다면 그 책을 훨씬 빨리, 잘 이해할 수 있게 된다. 그것이 곧 책을 잘 읽는다는 의미이기도 하다.

책을 읽지 않는 아이는 책을 이해하지 못하는 아이다. 저학년 때는 이해하는 차원이 아니라 좋아하느냐, 좋아하지 않느냐의 문제로 볼 수도 있다. 하지만 고학년이 되어서도 책을 읽지 않는다면 독서 능력에 대해 의심해 봐야 한다. 독서 능력은 이해력과 분명하고도 밀접한 관계가 있다.

독서로 두뇌를 자극하라

우리 머릿속에는 뇌의 여러 가지 기능이 제대로 발휘될 수 있도록 지휘하는 곳이 있다. 말하자면 두뇌의 사령관, 두뇌의 CEO와 같은 역할을 하는 곳인데, 이곳이 바로 '전두엽'이다.

두뇌의 사령관 전두엽의 기능

전두엽은 뇌의 앞쪽에 해당하는 부분으로, 포유류 중에서도 고등동물일수록 잘 발달되어 있다. 과제를 할 때 집중을 유지하는 기능, 감각기관으로부터 전달된 정보를 분석하는 기능, 어떤 행동을 하기 전에 준비하는 기능, 복잡한 행동을 계획하는 기능, 어떤 일을 시작하는 기능, 억제하는 기능, 실수를 인식하는 기능 등 원숭이가 아닌 인간이기 때문에 가능한 모든 행동을 할 수 있도록 돕는 것이 바로 전두엽이다. 또한 기억과 사고, 판단 등 고도의 정신 작용을 관장하기 때문에 뇌에서 가장 중요한 부위라고 할 수 있다.

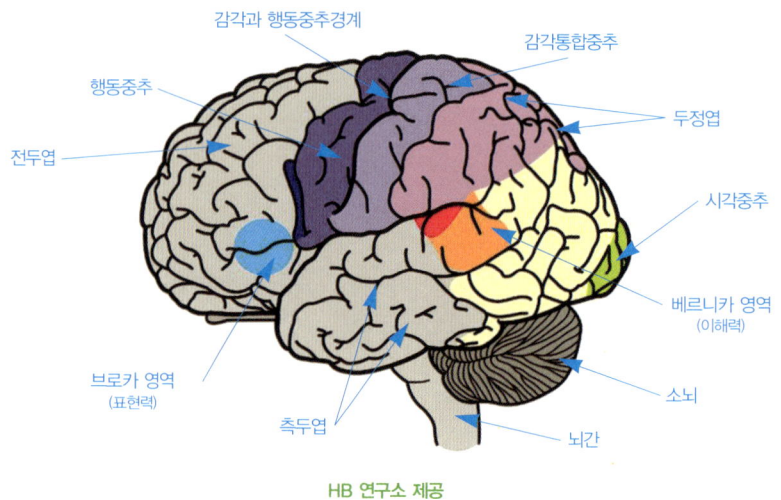

HB 연구소 제공

우리가 알고 있는 ADHD(주의력결핍 과잉행동장애)를 의학적으로 '전두엽 실행 기능 이상'이라고 부르는데, 전두엽에 이상이 생기면 일상생활이나 공부에 집중하지 못하고 행동을 억제하지 못하며 계획을 세우거나 아이디어를 구상하는 일이 불가능해진다. 그만큼 전두엽의 기능은 대단히 중요하다.

두뇌 발달을 위해 필요한 세 가지 조건

우리의 뇌는 훈련을 통해 얼마든지 발달시키고 단련시킬 수 있다. 전두엽의 기능도 마찬가지다. "뇌는 플라스틱과 같아서, 우리의 행동에 따라 모양이 달라진다."라고 말하는 과학자도 있다.

뇌를 단련하려면 기본적으로 적절한 운동과 균형 잡힌 식사, 그리고 정신적 자극이 필요하다.

〈HB 두뇌학습클리닉〉을 운영하는 정신과전문의 박형배 박사는 '신체 운동은 빠른 두뇌 기능을 유지하고, 기억력 감퇴를 막아주는 신비의 약'이라고 말한다. 운동할 때 분비되는 화학물질이 신경전달물질인 세로토닌의 수치를 높이고, 혈관을 통한 두뇌 영양공급을 늘리기 때문이다. 땀이 날 정도로 운동을 하면 전두엽 부분의 기능이 향상되어 지적 능력이 향상된다는 실험 결과도 있다.

좋은 식습관 역시 중요하다. 과다한 지방 섭취는 두뇌 작용을 감퇴시키지만, 영양소가 골고루 포함된 균형 잡힌 식단은 뇌 발달에 많은 도움이 된다.

마지막으로 두뇌에 끊임없이 적절한 자극을 주어야 한다. 새로운 단어를 암기하고 있는 사람의 뇌를 촬영해 보면, 기억 중추인 해마뿐 아니라 전두엽 좌측이 활발하게 활동하는 것을 확인할 수 있다. 두뇌에 자극을 주는 활동은 그림 그리기, 노래 부르기, 놀기 등 다양한데 그중에서도 제일 좋은 것이 바로 독서와 글쓰기다. 특히 꾸준한 독서는 두뇌의 사령관인 전두엽을 자극하고 발달시키는 데 가장 좋은 활동이라는 사실을 잊지 말자.

뇌 안에 고속도로를 만들어라

우리 뇌 속에는 미엘린(myelin)이라는 백색피막이 있다. 이 물질은 뇌신경을 겹겹이 둘러싸고 있는데, 이 물질이 많고 두꺼울수록 뇌신경의 정보 전달이 빠르고 정확하다고 한다. 미국 피츠버그 대학의 마르셀 저스트 박사는 "아이들이 책 읽기와 같은 사고 과정을 반복하면 뇌신경이 자극되어 더욱 많은 미엘린이 생산된다. 그렇게 되면 신경 신호를 전달하는 속도가 매우 빨라지고 중요한 신호를 더 잘 전달할 수 있게 된다."라고 말했다.

독서가 아이들에게 아주 익숙한 활동이 되면 전두엽이 발달할 뿐 아니라 좌뇌와 우뇌의 넓은 부위가 활성화된다. 그것은 곧 뇌가 성숙해진다는 것을 의미하며, 성숙해진 뇌는 빠른 시간에 더 많은 정보를 더 정확하게 전달할 수 있게 된다. 초보 독서가의 뇌는 많은 시간과 노력을 들여 정보를 전달하는 반면, 숙련된 독서가의 뇌는 쉽고 빠르게 이해하며 복잡한 추론도 빠르게 할 수 있는 것이다.

숙련된 독서가의 뇌가 4차선, 8차선 고속도로라면 초보 독서가의 뇌는 차선 구분 없는 비포장도로다. 고속도로에서는 씽씽 달릴 수 있지만 비포장도로에서는 빠르게 달릴 수 없다. 또 고속도로는 많은 차들이 왕복할 수 있지만 비포장도로는 한 대의 차만 간신히 달릴 수 있다. 차 한 대가 지나갈 때면 반대 방향의 다른 차는 마주 오는 차가 지나갈 때까지 기다려야 한다. 시간이 오래 걸릴 뿐만 아니라, 길이 울퉁불퉁하기 때문에 전달해야 할 정보가 서로 섞이기도 하고 중간에 사라지기도 한다.

후자의 뇌를 가진 학생들은 공부할 때 남들보다 더 많은 시간과 노력이 필요하며, 들인 시간과 노력에 비해 효과도 떨어진다. 적은 시간과 노력으로 훨씬 더 많은 일을 할 수 있도록 만드는 일, 뇌를 고속도로로 만드는 일은 바로 독서에 달려 있다.

책을 읽어주면 두뇌가 움직인다

어렸을 때 중이염을 앓게 되면 책 읽기가 어려워진다는 말이 있다. 왜 그럴까? 독서는 소리와 관계가 깊다. 내가 읽고 있는 글자의 소릿값을 알아야 그 글자를 정확히 읽을 수 있기 때문이다. 말을 배울 때와 같은 이치다. 청각장애인처럼 선천적으로 귀가 들리지 않는 사람은 말을 배우기가 매우 어렵다. 어떤 소리인지 들어본 적이 없기 때문이다. 마찬가지로 청력의 손상이나 결함으로 소리를 듣지 못하면 글자의 정확한 소릿값을 알지 못하기 때문에 글자를 어떻게 읽어야 할지 모른다.

책 읽기도 노래 배우기처럼 '듣기'로 시작한다

나는 매주 일요일 오전 성당에서 성가대 활동을 한다. 성가대 활동을 막 시작했을 때는 악보도 읽을 줄 몰랐고, 연습 때마다 쩔쩔 매며 다른 성가대원을 따라가기에도 바빴다. 옆 사람이 소리를 낸 뒤에야, 그 소리를 듣고 간신히 노래를 따라 부를 수 있는 정도였다. 그런데 성가대 활동을 시작한 지 2년이 지난 지금, 조금씩 놀라운 변화가 생기기 시작했다.

조금이나마 악보를 읽을 수 있게 된 것이다. 이제는 옆 사람의 소리를 듣지 않아도, 악보를 보며 거기 그려진 음표에 해당하는 소리를 스스로 낼 수 있게 됐다. 물론 모든 음표의 소리를 다 낼 수 있는 것은 아니지만, 이러한 변화 자체가 나에게는 매우 기쁘고 신기했다.

그러면서 깨달은 것이, 책 읽기도 말 배우기나 노래 배우기처럼 '소리 듣기'로 시작된다는 사실이다.

다음 악보를 살펴보자. 이것은 무슨 노래일까?

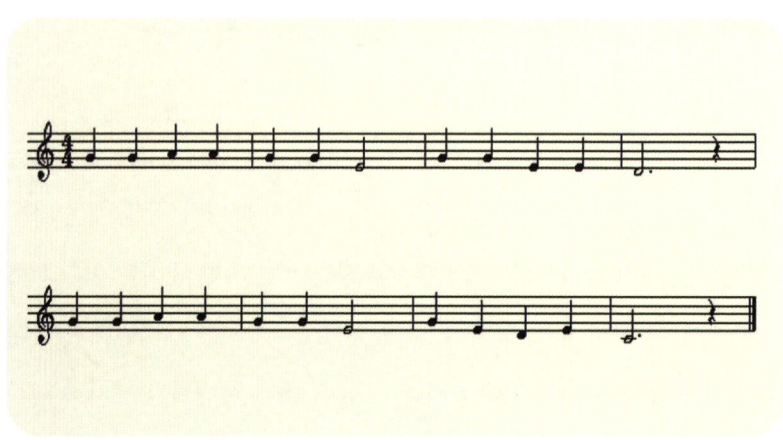

이것은 '학교 종이 땡땡땡, 어서 모이자~'로 시작하는 〈학교 종이 땡땡땡〉의 악보다. 온 국민이 다 아는 노래이지만, 악보만 보고 이 노래가 무슨 노래인지 단번에 알아맞힐 수 있는 사람은 많지 않다. 악보를 보고 음표의 정확한 소리를 떠올리기란 악보 보는 훈련이 되어 있지 않은 사람에게는 어려운 일이기 때문이다. 그러나 누가 옆에서 슬쩍 허밍으로 힌트만 주면, 우리는 악보를 보든 보지 않든 〈학교 종이 땡땡땡〉을 부를 수 있다. 어렸을 때부터 수없이 많이 들어봤기 때문이다.

자, 그럼 다음은 무슨 노래일까?

2장 독서와 뇌 – 책을 읽으면 뇌가 웃는다

앞서 살펴본 악보보다 훨씬 복잡해졌다. 학교 다닐 때 음악 시간에 배웠던 지식을 총동원해서 음표, 쉼표, 각종 기호, 용어를 다 따져봐도 무슨 노래인지 모르겠다. 볼 수는 있어도 읽을 수는 없다. 글자를 보고 있어도 무슨 뜻인지 모르는 까막눈처럼 말이다. 하지만 〈학교 종이 땡땡땡〉의 경우처럼, 이 노래가 무슨 노래인지 알게 되면(참고로 이것은 〈애국가〉의 악보다.) 이야기는 달라진다. 왜 그럴까?

우리는 어떤 노래를 배울 때 처음부터 악보를 갖다 놓고 계이름이 어떠니, 쉼표가 어떠니, 마디가 어떠니 하며 배우지 않는다. 그저 가르쳐 주는 사람이 불러주는 노래 소리를 잘 듣고 따라 부를 뿐이다. 그리고 '듣기, 듣고 소리 내기, 듣고 따라 부르기'를 반복하며 노래의 음정이나 박자, 음의 높낮이, 리듬 등을 몸으로 익힌다. 새로운 노래를 배울 때도 마찬가지다. 이전에 익혀뒀던 음감을 되살려 적용하는 과정을 되풀이하는 것이다. 그러면서 점점 더 어려운 노래도 부를 수 있게 된다.

책 읽기도 마찬가지다. 노래를 배우거나 말을 배울 때처럼 소리로 시작한다. 책 읽어주는 소리를 많이 들으면 노래가 기억되는 것처럼 각 글자의 소리, 어휘, 문장이 머릿속에 각인된다. 그러다 머릿속에 새겨진 어휘와 문장을 말로 표현할 수 있게 되고, 결국 소리와 글자를 연결시키는 과정을 거쳐 책을 읽을 수 있는 능력을 갖추게 된다.

태어나자마자 바로 책을 읽는 사람은 아무도 없다. 어려서부터, 혹은 엄마 뱃속에서부터 책 읽어주는 소리를 들으며 조금씩 조금씩 독서 능력을 키워가는 것이다.

독서는 소리와 관계가 깊다

난독증의 예를 살펴봐도 독서와 소리의 관계가 얼마나 중요한지 알 수 있다. 학생들의 학습 발달과 학습 장애 개선을 위해 〈HB 두뇌학습클리닉〉을 운영하고 있는 박형배 박사는 난독증에 대해 다음과 같이 설명한다.

> 난독증의 가장 큰 원인은 소리를 처리하는 능력이 떨어지는 것입니다. 청각 기능 중 가장 중요한 기능은 들어야 할 소리에 집중하는 선택적 경청과 불필요한 다른 소리를 걸러내는 소리 방어 기능입니다. 이 기능이 안 좋으면 조그만 소음에도 쉽게 집중이 깨지고 주의가 흐트러지는 경향이 있습니다. 이런 증상을 겪는 아이들은 수업 시간에 다른 아이들보다 더 많은 에너지를 써야 합니다. 그래서 다른 아이들보다 집중하기 어려우며 집중이 끊어지는 순간에 딴 생각을 하거나 졸게 됩니다. 이처럼 선택적 경청 능력, 소리 방어 능력, 명료하게 듣는 능력에 문제가 있는 것을 '청각적 난독증'이라고 합니다. 이러한 증상이 있으면 읽기와 듣기에 큰 영향을 미칩니다. 듣기가 곧 읽기입니다. 우리 두뇌에는 각각의 기능을 담당하는 부위가 정해져 있습니다. 말을 조합하

는 가능, 다른 사람의 말을 이해하는 기능, 계산을 하는 기능 등을 담당하는 부위가 있죠. 물론 한 부분에서 담당하기도 하고 여러 부분이 연계되어 담당하기도 합니다. 그런데 '읽기'를 담당하는 특정 부위는 존재하지 않습니다. '읽기'라는 능력 자체가 뇌의 여러 기능이 조합되어 이루어지는 복합 작용이기 때문입니다.

난독증이란 단순히 책을 읽지 못하는 증상을 말하는 것이 아니라 어떤 이유에서건 책을 지속적으로 읽기가 어려운 증상이라고 정의하는 것이 맞습니다. 책 읽기가 힘들면 장기적인 결과로 학습 부진 및 성적 저하가 나타날 수밖에 없습니다. 실제로 학습 부진인 아이들을 살펴보면 난독증이 있는 경우가 많습니다. 이런 아이들은 주변에서 책을 싫어하는 아이, 또는 공부를 못하는 아이로 치부되곤 합니다. **이것을 막으려면 어려서부터 책을 읽어주는 것이 가장 좋은 방법입니다.**

책을 읽어주면 뇌가 움직인다

사람의 뇌는 어떠한 소리를 들으면 이 소리의 실체를 알아내기 위해 부지런히 움직인다. 소리는 모양도 색깔도 맛도 냄새도 없고, 볼 수도 잡을 수도 없기 때문에, 이미 갖고 있는 정보를 바탕으로 상상해 내야 한다. 이러한 과정을 '시각화'라고 한다.

아인슈타인은 "당신의 아이가 뛰어난 재치를 갖기 원한다면 상상력을 자극하는 이야기를 많이 들려줘라."라고 말했다. 풍부한 어휘와 문장, 다양한 등장인물과 줄거리가 담긴 이야기를 들으며 아이의 머릿속에서 자연스럽게 '상상'의 과정이 일어나기 때문이다. TV나 영화보다 책이 상상력을 키우는 데 더 효과적이라고 이야기하는 것도 이 때문이다.

읽기보다 듣기가 익숙하다

듣기와 읽기 중 어느 쪽이 사람에게 더 친숙할까? 사람의 청각 기능은 엄마 뱃속에서 임신 6개월이 지나면 완성되는데, 여느 감각기관보다 먼저 발달한다. 태교를 위해 음악을 듣거나 태아와 대화를 시도하는 것도 이 때문이다. 반면 시각 기능은 생후 6개월 이후에 발달한다. 더구나 글자를 읽을 수 있으려면 태어난 지 적어도 3~5년 정도는 지나야 한다. 아이들이 듣기를 읽기보다 쉽고 편안하게 느끼는 것도 이 때문이다.

듣기 능력이 선천적이라면 읽기 능력은 후천적이다. 읽기 능력이 후천적인 능력이란 사실은 문자의 발생과 연관 지어보면 쉽게 이해할 수 있다. 인류가 문자를 발명한 것은 약 5천 년 전이다. 그런데 인류는 그로부터 훨씬 전인 몇 백만 년 전부터 지구에서 살아왔다. 문자 없이 아주 오랜 시간 동안 살아왔다는 이야기다.

기린이나 얼룩말은 태어난 지 얼마 지나지 않아 걷는다. 시간은 좀 더 걸리지만 사람도 어느 정도 시간이 지나면 걸을 수 있다. 특별한 연습을 하지 않아도 대부분 걸을 수 있게 된다. 이런 능력을 선천적인 능력이라고 한다. 특별한 이상이 없으면 듣기, 보기, 소리 내기 등도 연습 없이 할 수 있게 된다. 이에 반해 읽기는 오랜 시간 동안 연습과 훈련의 과정을 거치지 않으면 할 수 없다. 이처럼 읽기는 후천적으로 길러지는 능력이다.

선천적인 말하기와 후천적인 읽기, 어느 쪽이 사람에게 더 쉽고 친숙한 일인지 가려내기란 어렵지 않다.

다독하면 워킹 메모리가 좋아진다

몇 년 전 모 방송국에서 〈공부 잘하는 법〉이라는 프로그램이 방송된 적이 있다. 공부를 잘하기 위해 필요한 능력이 무엇인지 알아보는 프로그램으로, 권위 있는 교육학자들의 이론을 바탕으로 많은 학생들을 놓고 다양한 실험이 전개되었다.

공부 잘하길 원하는 사람이 얼마나 많으면 방송에서 이런 프로그램을 기획하고 방영했을까 생각하면서도, 방송 내용 가운데 공감하는 부분이 있었는데, 바로 '워킹 메모리가 좋아야 공부를 잘할 수 있다'는 내용이었다.

워킹 메모리(Working Memory)란 말 그대로 '작업 기억 능력'을 뜻한다. 더 구체적으로 말하면 어떤 것을 잘 기억하는 능력, 기억한 것과 기억한 것들의 관계를 잘 아는 것, 그리고 그것을 잘 가져다 쓰는 것을 말한다. 워킹 메모리가 좋다는 것은 곧 기억 능력이 좋다는 뜻이다. 그렇다면 워킹 메모리는 어떻게 발달시킬 수 있을까?

워킹 메모리를 발달시키는 가장 좋은 방법은 '다독'이다. 세상의 모든 책과 지식은 서로 이어져 있으며 연관되어 있다. 최첨단 논문도 다른 지식과 논문을 바탕으로 만들어진다. 설령 A라는 책과 B라는 책이 서로 직접 연결되어 있지 않더라도, 두 책을 연결해 주는 다른 책이 반드시 있게 마련이다. 책을 읽는다는 것은 이처럼 서로 연결된 지식을 습득하며 새로운 지식을 유추해 나가는 과정이기 때문에, 워킹 메모리 발달에 큰 도움이 된다.

빈 방에 책을 던져 쌓는 모습을 떠올려 보자. 처음에는 책들이 서로 포개지지도 않고 쌓이지도 않을 것이다. 하지만 계속해서 책을 던져 쌓다 보면 포개지는 부분이 많아지고 높이도 점점 높아지게 된다. 이것이 바로 워킹 메모리의 양이다. 독서를 계속하여 서로 포개지고 쌓이는 책이 많아질수록 워킹 메모리의 질도 높아진다.

고등학교 때 밤새워 시험공부를 했는데도 그 다음날 시험에서 정답을 알아맞히지 못한 경험이 있을 것이다. 그런데 친구의 설명을 들으니 나도 모르게 이런 말이 흘러나온다. "아, 그게 그거였어? 나 그거 알고 있었는데……." 알고 있는데 어디에 쓸지 몰랐던 것이다. 이것이 바로 워킹 메모리가 떨어지는 상태를 말한다.

왜 열심히 공부했는데도 워킹 메모리가 떨어지는 것일까? 지식을 받아들이는 방법, 지식을 쌓는 방법이 잘못됐기 때문이다. 이제까지 우리가 공부할 때 주로 쓴 방법은 암기, 그것도 '단순 반복 암기'였다. 단순히 반복하여 따로 따로 외운 것이 서로 연결될 수 있을까? 지식과 지식이 서로 연관되어 있음을 인식하고 서로 비교하여 새로운 지식을 만들어낼 수 있을까? 절대 불가능한 일이다.

그리하여 다시 결론은 독서다. 풍부한 어휘력과 배경지식, 이해력과 이해심, 전두엽의 활성화와 워킹 메모리 발달까지 공부 잘하는 데 필요한 모든 요소를 한꺼번에 길러주는 활동은 독서밖에 없다. 이처럼 손쉬운 방법이 어디에 또 있을까?

독서의 환상적인 짝꿍, 주산

앞서 소개한 방송에서 워킹 메모리에 이어 중요하게 소개한 것이 있다. 바로 '청각 주의력'이다. 청각 주의력이란 들려오는 소리에 집중하는 힘, 즉 들은 대로 말하고 전하고 행동할 수 있는 능력을 말한다. 청각 주의력이 부족하면 아무리 들어도 무슨 소리인지 알아듣지 못하고 이해하지 못해서 청각 신호에 대해 적절한 반응을 보이지 못한다. 난독증이 생기고 언어 장애가 생기는 것도 청각 주의력과 관계가 깊다. 공부를 잘하려면 이러한 청각 주의력이 좋아야 한다. 소리를 잘 들을 수 있어야 한다는 뜻이다.

워킹 메모리를 키우기 위해서 책을 많이 읽어야 하는 것처럼, 청각 주의력을 키우기 위해서는 책 읽어주기처럼 꾸준히 소리를 듣는 활동을 해야 한다. 청각 주의력을 키울 수 있는 특별한 방법이 하나 더 있다. 바로 독서의 환상적인 짝꿍, '주산'이다.

주산의 역사는 매우 오래되었다. 조선 중기부터 주산에 대한 기록이 나타나는데, 실제로는 그 이전부터 사용했을 것으로 생각된다. 주산은 1960년대 모든 초등학교에서 주산 교육을 실시하면서 매우 활성화되었다가, 1990년대 이후 컴퓨터가 보급되면서 자취를 감췄다. 이웃나라 중국과 일본에서 여전히 주산 교육을 활발히 펼치고 있는 것과 대조적이다.

주산은 여러 감각을 동시에 활용한다는 점에서 매우 유용한 활동이다. 주산을 가르치는 전통적인 방법은 '호산'이다. 선생님이 숫자를 불러주면 잘 듣고 기억하여 주판알을 튀겨 셈을 하는 것인데, 이 과정을 살펴보면 매우 흥미로운 사실을 발견할 수 있다. 눈으로는 주판을 보고, 귀로는 불러주는 숫자를 들으며, 손으로는 주판알을 튀긴다. 뇌에서는 불러주는 소리를 일시적으로 기억하는 동시에 연산이 일어난다. 이 모든 감각을 동원하기 위해 뇌는 매우 부지런히 움직인다. 이러한 과정을 반복하면서 다양한 감각이 발달하고, 이러한 감각을 동시에 활용하는 능력이 자라난다.

초등학생들이 수학 문제를 풀 때 가장 많이 사용하는 능력은 무엇일까? 바로 연산(더하고 빼고 곱하고 나누는) 능력이다. 연산 능력이 뒷받침되면 셈이 빠르고 정확해진다. 문제를 빨리 풀게 되니까 다시 한 번 살펴볼 수 있는 여유도 생긴다. 남들보다 한 번 더 검산을 하게 되니 문제를 틀릴 가능성도 줄어든다. 주산을 통해 이러한 연산 능력을 크게 발달시킬 수 있다.

주산은 청각 주의력뿐만 아니라, 연산 능력, 기억력, 속독 능력, 속청 능력, 정보 처리 능력 등을 한꺼번에 길러주는 활동으로, 학습 능력 향상과 두뇌 개발에 큰 도움을 준다. 초등학생 시기에 관심을 갖고 시작해 볼 만한 활동이다.

속독은 정말 가능한가

아이들은 처음 글을 읽을 때 한 글자 한 글자씩 모든 글자를 읽는다. 독서를 처음 시작하는 아이들은 어떤 낱말이 더 중요하고 덜 중요한지 가려낼 수 있는 능력이 없기 때문에, 보이는 글자를 전부 다 읽지 않으면 안 된다고 생각한다. 따라서 중심 어휘나 핵심 어휘가 무엇인지도 모르고, 혹시 찾는다 해도 무슨 뜻인지 모를 수 있다.

그러나 독서를 계속하다 보면 읽지 않아도 되는 어휘와 의미 해석에 꼭 필요한 어휘를 가려낼 수 있는 능력이 생긴다. 이런 능력이 갖춰지면 읽지 않아도 되는 어휘는 읽지 않고, 꼭 읽어야 할 핵심 어휘(키워드) 중심으로 글을 읽게 된다. 그리고 이러한 과정에 익숙해지면 독서 속도가 빨라지면서 속독이 가능해진다.

숙련된 독서가들은 의미 있는 어휘를 중심으로 빠르게 글을 읽어내며, 이렇게 입력된 키워드를 중심으로 문장을 빠르게 재해석하여 의미를 정확하게 파악해 낸다. 고도로 숙련된 독서가들은 책을 읽을 때 사진을 찍듯이 읽는다고 한다. 마치 스캐너로 문서 이미지를 스캔하듯이 책의 내용을 찍어 뇌로 보내면 뇌 안에서 어휘와 문장들을 조합하여 의미를 파악한다는 것이다. 보통 사람들은 상상하기도 힘든 일이지만 실제로 벌어지는 일이다.

독서의 과정은 '이전의 독서를 통해 얻은 어휘력과 배경지식으로 앞으로 읽게 될 내용을 미루어 짐작하는 과정'이다. 과거의 독서, 대화, 체험을 통해 쌓아놓은 것들이 많다면 지금 읽고 있는 책도 쉽게 이해하고 받아들일 수 있다. 속독이 가능한 이유도 여기 있다. 어휘와 문장, 지식을 이해할 수 있는 밑바탕이 되어 있기 때문에 가능한 것이다. 많이 알고 있기 때문에, 빠르게 읽어낼 수 있기 때문에, 쉽게 이해할 수 있기 때문에 가능한 것이다.

3장

| 독서와 교육 |

책을 좋아하는 아이로 키우자

아이들은 왜 책을 읽지 않는가
책을 좋아해야 책을 잘 읽는다
독서는 엄마의 무릎 위에서 시작된다
책 읽어주기의 진정한 힘
책 읽어주기, 어떻게 해야 할까?

사람은 누구나 좋아하는 것을 잘하고, 잘하면 더 좋아하게 된다. 독서도 공부도 취미 활동도 다 마찬가지다. 특히 아이들은 먹는 것도 입는 것도 자는 것도 공부하는 것도 재미있어야 한다. 흔히 엄마들이 아이 밥 잘 먹이려고 좋아하는 캐릭터가 그려진 밥그릇을 사거나, 잠 잘 재우려고 알록달록한 이불을 사는 것도 이 때문이다.

그런데 왜 유독 공부나 독서와 같은 교육 활동에 있어서는 아이들의 흥미를 고려하지 않는 걸까? 아이들은 의무와 책임감, 또는 정치적인 판단에 의해 행동하지 않는다. 공부든 운동이든 청소든 봉사활동이든 그저 재미있어서 또는 마음이 끌려서 하는 것뿐이다. 독서도 마찬가지다.

아이들은 왜 책을 읽지 않는가?

2011년 2월 문화체육관광부에서 발표한 〈2010 국민 독서 실태 조사〉 결과에 따르면 학생들의 한 학기 평균 독서량은 약 17권 정도다. 더 구체적으로 살펴보면 초등학생은 약 30권, 중학생은 약 12권, 고등학생은 약 8권 정도를 읽는다고 한다. 수치상으로 보면 그리 적은 숫자는 아니라고 느껴질 수 있다.

하지만 내용을 들여다보면 걱정이 앞선다. 가까운 예로 한일 청소년들의 독서량을 비교해 보니, 일반 도서는 양국이 흡사하나 잡지 열독량은 일본이 한국보다 10배 이상 높은 것으로 나타났다. 우리나라 초등학생들이 즐겨 읽는 책의 대부분이 만화책과 학습 만화라는 사실도 매우 큰 문제다. 다매체 환경임에도 불구하고 우리나라 학생들의 독서 편식

성향이 심각하다는 뜻이다. 게다가 중학교, 고등학교로 올라갈수록 독서량은 현저하게 줄어드는 것으로 나타났다.

〈2009년 국민 독서 실태 조사〉 결과와 비교해도 크게 달라진 것은 없다. 달라진 것이 있다면 초등학생의 독서량이 약 두 권 정도 늘었을 뿐이다. 그나마 희망적인 변화이긴 하지만 독서량, 독서 시간, 학생들이 읽고 있는 책의 종류를 살펴보면 절망적이다. 독서량이 절대적으로 적고, 공부에 쫓겨 독서 시간도 턱없이 부족하며, 만화책 위주로 읽고 있는 것이 현재 우리 아이들의 독서 실태다. 아이들이 제대로 된 독서를 하지 못하고 있을 뿐 아니라, 제대로 된 독서교육이 이루어지지 않고 있다고 해도 과언이 아니다.

겉으로 볼 때 초등학생 시기에는 굉장히 많은 양의 책을 읽는 것처럼 보인다. 그러나 문제는 읽고 있는 책의 수준이다. 안타깝게도 여전히 많은 부모들이 자기 아이의 흥미나 적성, 선호도와 상관없이 추천도서나 권장도서를 기준으로, 혹은 전집을 중심으로 무분별하게 책을 구매한다. 심지어 한 학기에 무조건 100권의 책을 읽어야 한다며 책의 권수를 정해 놓고 책을 읽히는 엄마들도 있다. 그런 모습을 보면 몹시 안타깝다. 물론 그렇게 해서라도 읽게 하면 얼마간의 효과는 있을 것이다. 시금치를 싫어하는 아이들에게 억지로라도 먹이면 시금치의 영양을 섭취할 수 있는 것처럼 말이다. 그러나 장기적으로 봤을 때 절대로 효과적이지 않다.

학교 독서교육의 문제점은 없는가?

초등학교 교장이 되기 전까지 나는 20년 넘게 초등학교와 교육청에서 교사와 교감, 장학사로 근무해 왔다. 오랜 시간 현장에서 일하면서 나름대로 의지와 목표를 갖고 노력한 결과, 학교 교육 활동 중에서 좋은 것과 나쁜 것, 꼭 해야 하는 것과 하지 않아도 되는 것, 지금 당장 해야 하는 것과 나중에 해도 되는 것을 구분할 수 있게 됐다. 교육청에 있으면서 학교 평가 위원과 각종 심사 위원으로 활동하다 깨달은 것들도 있다. 여러 학교의 교육 활동을 자연스럽게 비교하며, 그 결과에 대해서 의미 있는 분석도 내릴 수 있었다.

대부분의 학교에서 많은 교사와 학부모들이 성심성의껏 교육 활동을 펼치고 있다. 굉장히 열정적인 분들도 많이 봤다. 하지만 아쉬운 것은 열정이 높다고 해서 그 방법이 모두 옳은 것은 아니라는 사실이었다. 그중에서도 특히 독서교육에 관한 활동은 학교마다 사람마다 천차만별이었다. 더 정확하게 표현하면 정말 '문제가 많았다'.

다른 학교를 방문했을 때 내가 가장 먼저 살펴보는 것은 독서와 글쓰기 교육 활동이다. 사실 교과 교육은 정해진 내용, 정해진 방법, 정해진 시간 안에서 지도되기 때문에 큰 차이가 나지 않는다. 그렇지만 시간표에도 나와 있지 않고, 교과서와 같은 표준화된 교재도 없는 분야의 교육 활동은 학교마다 차이가 크다. 독서와 글쓰기가 여기 해당한다.

그동안 여러 학교를 방문하며 독서와 글쓰기 교육 활동에 대한 계획과 실제 운영 내용을 비교해 본 결과, 다음과 같은 문제점이 있다는 것을 알 수 있었다.

첫째, 정규 교과 운영 계획에 독서와 글쓰기에 대한 시간 운영 계획이 들어 있지 않다. 학교에서 시행하는 모든 교육 활동의 계획은 '학교 교육과정 운영 계획'에 들어 있다. 그런데 여기에 시간 배정이 되어 있지 않으면 하고 싶어도 하기가 힘들다. 이는 곧 독서와 글쓰기 교육에 대한 의지가 없다는 뜻이다. 시간 배정이 되어 있지 않은 계획은 신기루다. 독서와 글쓰기가 중요하기 때문에 계획은 세워 놓았는데 정작 시간 배정을 하지 않고 아침 시간, 쉬는 시간에 틈틈이 한다고 한다면 그건 안 하는 것과 마찬가지다. 독서와 글쓰기가 중요하다면 시간 배정을 많이 하고, 철저하게 해야 한다.

둘째, 독후 활동 위주의 교육 활동이 많다. 독후감 쓰는 것이 부담스러워 책을 읽지 않으려는 아이들이 정말 많다. 독후감 쓰는 것 자체가 나쁘다는 이야기는 결코 아니다. 음식을 꼭꼭 씹어 먹어야 소화도 잘 되고 몸에 필요한 영양소도 충분히 흡수할 수 있는 것처럼, 독후감 쓰기는 독서의 효과를 극대화한다. 그렇지만 아무리 몸에 좋은 음식도 맛있어야 먹고 싶어지는 법. 책 읽는 재미는 뒤로하고 독후감 쓰기만 강조하니 책 읽기도 싫고 읽어도 재미가 없는 것이다.

독후감 쓰기뿐만이 아니다. 모든 학교에서 독서 인증제, 독서 기록장, 독서 퀴즈 대회, 독서 골든벨, 독서 통장 등 헤아릴 수 없이 많은 독후 활동을 한다. 하지만 이 모든 활동은 말 그대로 '독후 활동'이다. 책을 스스로 즐겁게 읽고 나서 해야 하는 활동이라는 뜻이다. 그런데도 대부분의 학교에서는 아이들이 책을 '읽었다 치고' 독후 활동에만 열을 올린다. 책을 읽지 않은 아이들이 얼마나 되는지, 책을 읽었다면 어느 정도 이해하며 책을 읽었는지, 끝까지 읽었는지, 재미있게 읽었는지 등은 중요하지 않다. 학교에서 열리는 무수한 독서 행사에서 상을 타는 아이들에게는 이것이 잔치요 축제겠지만, 그 밖의 아이들에게는 남의 얘기요 그저 먼 산 구경일 뿐이다. 잘하는 아이들의 들러리가 되는 것은 물론이고, 독서 흥미를 이끌어내지도 못한다.

독후 활동 위주의 독서교육의 가장 큰 맹점은 학생들의 독서 흥미를 높일 수 없다는 점이다. 독후 활동 위주의 독서교육으로는 해낼 수 없는 것들이 너무 많다.

셋째, 독서교육의 구체적인 실천 방법이 없다. 독서에 대한 인식이 부족하다 보니 많은 학교에서 구체적이며 실제적으로 쓸 수 있는 교육 방법을 찾아내는 데 어려움을 겪는다. 그래서 구호만 거창한 경우가 많다. 실제로 무엇을 했는지 살펴보면 독서 관련 행사, 독후 활동이 주된 활동이다. 분명히 한계가 있다.

넷째, 독서교육의 목표가 불분명하다. 독서교육의 목표는 분명해야 한다. 책을 스스로 찾아서 읽는 단계에 다다를 수 있도록 하는 것이 독서교육의 최종 목표이다. 나는 이것을 '독서 독립'이라 부른다. 아이들의 독서 독립을 위해서는 부모와 교사의 노력이 정말 많이 필요하다. 만만히 볼 일이 절대 아니다. 독서를 단지 '하면 좋은 것'이라고 생각하면 안 된다. 모든 교육 활동의 밑바탕이 되는 기초공사라는 생각을 갖고, 아이들이 스스로 책을 찾아 읽을 수 있을 때까지 관심과 노력을 기울여야 한다.

다섯째, 읽는 양이 절대적으로 부족하다. 독서는 양이 매우 중요하다. 많이 읽는 것보다 깊이 있는 독서가 중요하다는 주장이 있는데, 이 말은 맞는 말이기도 하고 틀린 말이기도 하다. 가장 바람직한 것은 깊이 있고 충분한 양의 독서가 이루어지도록 하는 것이다. 질이 아무리 좋더라도 양이 채워지지 않으면 안 된다. 아무리 고열량 고단백 식사라 하더라도 배고프지 않을 만큼 충분히 먹어야 하는 것처럼 말이다. 그런 의미에서 독서량이 부족하다는 것은 매우 심각한 문제다.

여섯째, 가정과 교실에 읽을 책이 적다. 아이들 주변에 책이 많아야 하는데 학급문고도 충분하지 않고, 집에도 책이 많지 않다. 아이들에게는 멀리 있는 책보다 가까이 있는 책이 더 중요하다. 아이들 주변에 책이 차고 넘쳐야 하는데 현실은 그렇지 않다.

아이들이 왜 책을 읽지 않는가? 왜 책 읽기를 싫어하는가? 왜 책으로부터 자꾸 멀어지는가? 그 중심에는 바로 이런 문제들이 자리 잡고 있다.

책을 좋아해야 책을 잘 읽는다

　나는 테니스를 좋아해서 주말이 되면 어김없이 테니스를 치러 간다. 주중에도 시간이 나면 테니스를 치고 싶다. 더 잘 치고 싶어서 레슨을 받기도 한다. 자꾸 치다 보니 어느새 실력이 늘어 게임을 즐길 수 있는 정도가 되었고, 게임을 즐기다 보니 이기는 경우도 늘었다. 게임에서 이기게 되니 더 치고 싶어지고, 대회에도 나가고 싶어졌다. 대회에서 상을 받게 되면 어떨까? 할 만큼 했으니 이제 덜 하고 싶어질까? 아니다. 당연히 더 하고 싶어 몸이 근질근질해질 것이다.

　이러한 과정은 어른과 아이 모두에게 똑같이 적용된다. 아니, 오히려 아이들에게 더 잘 들어맞는다. 아이들에게는 재미를 **빼면** 아무것도 없기 때문이다.

재미가 없으면 의미도 없다

사람은 누구나 좋아하는 것을 잘하고, 잘하면 더 좋아하게 된다. 독서도 공부도 취미 활동도 다 마찬가지다. 특히 아이들은 먹는 것도 입는 것도 자는 것도 공부하는 것도 재미있어야 한다. 흔히 엄마들이 아이 밥 잘 먹이려고 좋아하는 캐릭터가 그려진 밥그릇을 사거나, 잠 잘 재우려고 알록달록한 이불을 사는 것도 이 때문이다.

그런데 왜 유독 공부나 독서와 같은 교육 활동에 있어서는 아이들의 흥미를 고려하지 않는 걸까? 아이들은 의무와 책임감, 또는 정치적인 판단에 의해 행동하지 않는다. 공부든 운동이든 청소든 봉사활동이든 그저 재미있어서 또는 마음이 끌려서 하는 것뿐이다.

독서도 마찬가지다. 어휘력이 좋아지고 이해력을 기를 수 있어서 스스로 책을 읽는 아이는 없다. 재미있어서 읽는 것뿐이다. 좋아하지 않는 일을 자주, 많이, 오래 하기란 누구에게나 어려운 일이다. 그러므로 아이 옆에서 독후감을 제대로 쓰는지, 독후 활동을 제대로 하는지 감시할 것이 아니라, 책 자체를 좋아하고 책 읽는 즐거움을 스스로 깨달을 수 있도록 도와줘야 한다. 그래야 지속력이 생긴다.

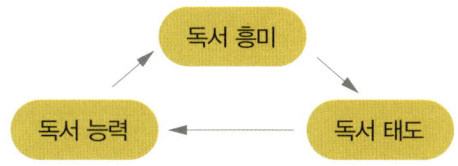

　독서 흥미가 높아지면 독서에 대한 적극적인 마음 상태가 되기 때문에 독서 태도가 좋아진다. 독서 태도가 좋아져서 더욱 책을 많이 읽다 보면 독서 능력이 좋아진다. 독서 능력이 좋아지면 독서를 더욱 좋아하게 된다. 이 모든 것이 책을 좋아하는 것에서 출발한다는 점을 명심하자.

독서는 엄마의 무릎 위에서 시작된다

미국 터프츠대학교 엘리엇–피어슨 아동발달학과 교수인 매리언 울프는 "독서는 엄마의 무릎 위에서 시작된다."라고 말했다. 엄마 무릎 위에서 책 읽어주기를 경험한 아이는 엄마에게 사랑받고 있다는 느낌과 함께 책 읽기를 즐겁고 행복한 일로 받아들인다. 그리고 이러한 경험은 아이가 독서를 긍정적으로 인식하는 데 큰 도움이 된다. 책 읽어주기는 아이를 책 속으로 이끄는 사랑의 손짓인 셈이다.

《하루 15분, 책 읽어주기의 힘》의 저자 짐 트렐리즈는 어린 시절 아버지가 책을 읽어주던 때의 행복한 느낌을 잊지 못해서 자신의 두 아이에게도 매일 밤 책을 읽어주었다고 한다. 그리고 매주 한 번씩 학부모 자원봉사자로 여러 교실을 방문하면서 많은 아이가 책을 멀리한다는 사실을 알게 되었고, 그 이유가 부모와 교사에게 있음을 깨달았다. 그녀는 부모가 책 읽어주는 시간을 즐거운 경험으로 받아들일 때 아이는 책과 즐거움을 연관시키게 되고, 자연스럽게 책을 가까이하게 되며, 학습 능력이 급격히 향상되어 좋은 대학에 진학하고 사회적으로 성공할 확률이 월등히 높아진다는 것을 풍부한 사례와 연구 결과를 통해 증명하고 있다.

미국의 명문 대학교에서 입학사정관으로 활동하고 있는 톰 파커는 자녀의 성적에 급급해하는 부모들에게 "이 세상 최고의 SAT 준비는 아이가 어릴 때부터 침대 머리맡에서 책을 읽어주는 것이다. 아이가 행복을 느끼면, 스스로 책을 읽기 시작할 것이기 때문이다."라고 말했다. 또한 미국 독서학계를 대표하는 버클리대학교 교육대학원 학장 데이비드 피어슨은 "책 읽어주기는 아이들이 책에 흥미를 갖게 하고, 어휘나 문장을 배울 수 있는 기회를 주며, 언어에 대한 경험과 지식을 확장시킨다."라고 말했다.

아이에게 있어 부모가 자신을 무릎 위에 앉히고 책을 읽어주는 것보다 훌륭한 경험은 없다. 책을 읽어주는 것은 아이에겐 상당히 중요한 감정적 경험일 뿐 아니라 관찰과 질문을 통해 내용을 이해하는 데 큰 도움이 되기 때문이다. 책 읽어주기는 독서에 대한 흥미를 이끌어낼 뿐 아니라, 든든한 인생 밑천을 마련하는 데 가장 중요한 경험이 될 수 있다. 책 읽어주기를 '엄마의 행복한 무릎'이라고 부르는 것도 이 때문이다.

책 읽어주기의 진정한 힘

 고등학생들에게 황순원의 《소나기》를 가지고 실험을 했다. 한 모둠은 영화 《소나기》를 보여주고, 다른 한 모둠은 소설 《소나기》를 읽어준 뒤, 각 모둠의 학생들에게 그림을 그리게 했다. 결과는 어땠을까? 다들 예상했겠지만, 두 모둠의 그림에는 확연한 차이가 있었다. 영화를 보여준 학생들은 모두 비슷한 구도와 내용의 그림을 그렸고, 책을 읽어준 학생들은 저마다 다른 구도와 내용의 그림을 그렸다.

 우리의 뇌는 눈으로 본 것에 대해서는 더 이상의 사고 활동을 하지 않는다. 색깔이나 모양을 눈으로 모두 확인했기 때문에 더 이상 생각하지 않아도 되는 것이다. 궁금한 것이 없는데 뇌가 움직일 이유가 없지 않은가? 실제로 텔레비전을 보고 있는 사람의 뇌를 촬영해 보면 뇌의 지극히 일부분만 활성화되어 있고, 뇌 활동은 거의 일어나지 않는다고 한다.

그러나 소리는 다르다. 소리는 모양이나 색깔이 없다. 냄새도 없고, 그릇에 담아둘 수도 없다. 실체가 없는 것이다. 그냥 공기의 울림으로 우리에게 전해지는데, 우리의 뇌는 소리를 듣는 순간부터 반응하고 움직인다. 소리에 모양이 없으니 모양을 떠올리려고 하고, 소리에 색깔이 없으니 색깔을 떠올리려고 하며, 지금 들려오는 소리에 얽힌 얘기며 소리를 내는 사람이 누구인지 떠올리려고 하고, 소리를 내는 이유를 궁금해할 것이다. 그러면서 우리의 뇌는 움직인다.

소설 《소나기》를 읽어준 학생들의 그림은 참으로 다양했다. 구도와 등장인물은 물론 배경이나 사용한 색깔까지 모두 달랐다. 이들의 그림은 서로 다를 뿐 아니라 창의적이고 개성적이어서 보는 사람들을 감동시킬 정도였다. 저마다 듣고 느낀 그대로를 그림으로 표현해 냈기 때문이다.

이처럼 책 읽어주기의 가장 중요한 의미는 바로 뇌를 활성화시키는 '소리'를 지속적으로 들려준다는 것이다. 그리고 이렇게 활성화된 뇌로 상상력과 창의력을 발휘하게 해준다는 것, 이것이 바로 책 읽어주기의 진정한 힘이다.

책 읽어주기, 어떻게 해야 할까?

책을 읽어주는 것은 생각보다 쉽기도 하고, 생각보다 어렵기도 하다. 정반대의 특성을 모두 가지고 있기 때문이다.

책 읽어주기는 쉽고도 어렵다

책 읽어주기는 정말 쉽다. 특별히 연습하거나 훈련하지 않아도 아이들에게 책을 읽어줄 마음만 있으면 누구나 할 수 있다. 방법이 정해져 있는 것도 아니다. 읽어주려고 고른 책을 처음부터 끝까지 그냥 읽어주면 된다. 감동적인 장면은 부드럽게 읽어주고, 극적인 장면은 긴박하게 읽어주면 더욱 좋지만, 꼭 그렇게 하지 않아도 된다. 성우처럼 실감나게 읽어주면 좋을 것 같아도 꼭 그렇지 않다. 아이들은 크게 개의치 않는다. 아이들은 이야기의 내용이나 줄거리, 구조, 인물의 심리 변화, 사건 전개 등을 더 중요하게 생각한다.

하지만 책 읽어주기가 쉬운 일만은 아니다. 책을 읽어주는 방법이 정해져 있지는 않지만, 다음과 같은 특징을 갖고 있기 때문이다.

첫째, 육체적으로 힘든 일이다. 책을 읽어줘 본 사람들은 20~30분 동안 책을 읽어주는 것이 만만한 일이 아니라는 것을 안다. 더구나 우리 학교처럼 40분 동안에 30여 명의 아이들에게 두세 권을 읽어주다 보면 목도 아프고 집중력도 흐트러지기 쉽다. 아이들의 반응도 신경이 많이 쓰이는 부분이다. 집에서 읽어주는 경우도 마찬가지다. 일반적으로 책 읽어주기는 일과가 끝난 저녁에 이루어지기 때문에 아이도 부모도 육체적으로 피곤할 수 있다. 그렇기 때문에 쉽게 거르게 되거나 다른 일보다 우선순위에서 밀려날 가능성이 크다.

둘째, 짧은 시간에 효과를 거두기 어렵다. 책 읽어주기는 오랜 기간 진심을 담아서 꾸준히 해야만 효과를 거둘 수 있다. 물론 중간에 그만둬도 하지 않은 것보다 나을 수 있겠지만, 기대하는 만큼의 효과를 거두기 위해서는 상당한 시간과 노력이 필요하다. 책 읽어주기는 탑 쌓기나 저수지 메우기처럼 기초공사에 시간이 오래 걸린다. 하지만 오랜 시간을 들일수록 크고 튼튼한 탑을 쌓을 수 있는 것처럼 책 읽어주기도 오래 지속할수록 그 효과가 크게 나타난다.

셋째, 책 읽어주기 교육을 받아본 경험이 없는 교사나 부모에게는 낯설거나 어려울 수 있다. 현재 책 읽어주기를 실천하고 있는 교사나 부모 세대는 어렸을 때 부모나 교사로부터 책 읽어주기 교육을 받지 못했다. 직접 경험해 보지 않았기 때문에 낯설거나 어렵게 느껴질 수도 있고, 자신은 누려보지도 못한 것을 해줘야 한다는 게 조금은 부럽고 억울할 수 있다. 책 읽어주기가 만만치 않은 시간과 노력이 필요하기 때문에 더욱 그렇다.

책 읽어주기의 세 가지 형태

책을 읽어주는 방법에는 일반적으로 '소리 내어 읽어주기', '함께 읽기', '책 소개하기'의 세 가지 형태가 있다. 아이의 수준과 책의 종류에 따라 선택해서 읽어주면 된다.

❶ **소리 내어 읽어주기** ─── 가장 일반적인 책 읽어주기 형태로 말 그대로 또박또박 정확한 발음으로 책을 읽어주는 것을 말한다. 주로 유아나 아직 책을

좋아하지 않는 아이들을 대상으로 하기 때문에, 그림책으로 시작하는 경우가 일반적이다. 그림책을 읽어줄 때는 아이들이 글과 그림을 함께 보며 들을 수 있도록 해줘야 한다. 그림책의 경우 글 못지않게 그림에도 중요한 의미가 담겨 있기 때문이다. 또한 읽는 도중에 대화를 나눠도 좋지만, 책 내용 그대로 읽어주기만 해도 된다. 아이가 좋아하기만 한다면 같은 책을 반복해서 읽어줘도 상관없다.

❷ 함께 읽기 ── 한 권의 책을 한자리에서 함께 읽거나, 같은 책을 읽은 뒤에 이야기를 나누는 방법이다. 책을 함께 읽을 때는 반드시 끝까지 읽어주지 않아도 된다. 한 토막의 글을 읽더라도, 글을 읽으며 자신이 알고 있는 것과 연상되는 것을 자유롭게 떠올리며 이야기를 나누는 것이 훨씬 중요하다. 함께 읽기는 책 읽는 도중에 다음에 나올 내용을 예측하거나, 잘 모르는 어휘를 찾아 문맥상의 뜻을 찾아보는 등 활발한 상호작용이 이루어지는 책 읽어주기 방법이기도 하다. 따라서 아이의 책 읽기를 응원하고 지지하는 느낌을 전해 주기에 좋은 방법이다.

❸ 책 소개하기 ── 초등학교 저학년에서 고학년으로 올라갈수록, 또한 중·고등학교로 올라갈수록 아이들이 읽어야 할 책의 내용은 점점 더 많아지고 어려워진다. 때문에 책을 처음부터 끝까지 다 읽어주기 어려워진다. 이럴 때 책의 일부분을 읽어주고 이야기를 나누는 '책 소개하기' 방법을 사용할 수 있다.

중·고등학생의 경우 책을 읽어주는 것이 바람직한 일이기는 하나, 지속적으로 해 나가기가 쉽지 않다. 그러나 이 시기에도 책에 대한 관심을 가질 수 있도록 의도적으로 읽을거리를 제공하거나 읽을 만한 책을 소개하는 것이 좋다. 존경하는 선생님이나 어른들이 책을 읽어주며 책과 얽힌 이야기와 함께 책을 권해 준다면, 학생들에게는 그 책을 읽어보고 싶은 마음이 생기고 어렵지 않게 소개 받은 책을 골라 읽게 될 것이다. 또한 초등학교 고학년 이상의 학생의 경우, 신문 사설이나 잡지 칼럼 등을 지속적으로 읽어주는 것도 독서욕을 자극한다는 면에서 매우 좋은 방법이다.

이처럼 책 소개하기는 아이들을 책의 세계로 자연스럽게 이끌어준다. 알지 못했던 책을 알게 하고, 그 책을 열어보게 만들기 때문이다.

어떻게 읽어주는 게 좋을까

책 읽어주기는 크게 책 읽기 전과 읽는 도중, 읽은 후의 세 가지 단계로 나눌 수 있다. 책 읽어주기의 단계나 방법은 정해져 있지 않지만, 책 읽어주기를 처음 시작할 때 참고하면 도움이 된다.

책 표지 소개

책을 보여주고 겉표지에 있는 그림, 제목, 분위기 등을 이야기한다. 뒤표지도 함께 소개한다.

간략한 책 소개 & 배경지식 알아보기

책을 읽어주기 전에 제목과 글쓴이 등 책에 관한 간단한 도서 정보를 말해 주면 좋다. 작가의 다른 책을 소개해도 좋지만 너무 길어지지 않도록 짧은 시간 안에 하는 것이 좋다.
책의 내용을 간단히 소개할 수도 있다. 하지만 주제나 결론을 미리 말할 필요는 없다. 이야기의 시대적 배경이나 공간적 배경, 등장인물에 대한 간략한 소개, 이야기 소재 정도만 이야기하는 편이 좋다. 읽어주기 전에 책 내용과 관련한 배경지식을 알아보는 간단한 질문을 할 수도 있다.
물론 이러한 소개 없이 바로 읽어주기를 시작해도 된다.

책을 고른 이유 설명하기

이 책을 선택한 특별한 이유나 계기가 있을 경우, 아이들에게 자연스럽게 소개한다.

책 읽어주기

책이 잘 보이도록 아이들 쪽으로 들고 책을 읽어준다. 책이 흔들리지 않도록 조심해야 하며, 글이 많은 그림책은 먼저 글을 읽어준 다음 그림을 보는 것도 좋은 방법이다. 아이들의 반응을 살펴보며 읽는 것도 중요하다.
책을 읽어줄 때는 그냥 무덤덤하게 읽어주는 것이 가장 좋다. 대화하는 장면이나 극적인 장면에서 약간 실감나게 읽어주거나 완급을 조절하는 정도면 충분하다. 책 읽어주기는 과장된 목소리나 표정, 동작이 필요한 구연동화와는 다르다.

이어질 내용 상상하기

책을 읽다가 중요한 대목에서 잠시 이야기를 멈추고 그 다음에 벌어질 이야기에 대해 이야기를 나눌 수 있다. 단, 이야기의 흐름과 분위기를 깨지 않는 것이 중요하다.

모르는 어휘 설명하기

아이들이 잘 모르거나 이해하기 어려운 어휘를 설명해 주는 것은 어휘력 향상에 도움이 된다. 그러나 어휘 설명이 너무 많으면 오히려 독이 될 수 있으니 주의하자.

읽고 난 후

책을 다 읽고 난 후에는 아이들의 마음에 남아 있는 느낌과 책에 대한 좋은 느낌을 그대로 남겨두는 것이 좋다. 어른들의 시각으로 책의 느낌을 전달하거나 강요해서는 절대로 안 된다.

언제까지 읽어줘야 할까

학부모 대상 연수를 할 때마다 "책을 혼자 읽을 수 있는 아이에게도 책을 읽어줘야 하나요?"라는 학부모들의 질문을 받곤 한다. 그러면 나는 "친정 엄마가 해주는 음식을 먹으면 느낌이 어떤가요?"라고 되묻는다. 그러면 학부모들은 "그야 당연히 맛있죠."라며 왜 그렇게 당연한 걸 묻느냐는 듯이 쳐다본다. 나는 이렇게 대답한다. "그럼요. 친정 엄마가 나를 위해 해주는 음식은 언제 먹어도 맛있는 법입니다. 내가 음식을 할 줄 몰라서 그러는 게 아니라, 그냥 엄마가 해주는 게 좋은 거예요. 책 읽어주기도 똑같습니다. 내가 읽을 줄 몰라서 그러는 게 아니라, 엄마가 해주는 게 좋아서 읽어달라는 겁니다. 그러니까 아이가 읽어달라고 하면 언제든지 책을 읽어주세요."

책 읽어주기는 책을 읽어주는 사람과 아이의 관계를 이어준다는 점에서도 매우 중요한 의미를 갖는다. 그러니 언제까지 읽어주는 게 좋겠느냐는 질문에 딱 맞는 정답은 있을 수 없다. 아이의 독서 수준과 상황을 고려하여 개별적으로 결정하는 것이 바람직하다. 다만 너무 일찍 그만두게 되면 독서 흥미를 떨어뜨릴 수도 있기 때문에, 혼자서 책을 읽을 수 있는 여건이나 능력이 준비될 때까지 서두르지 말고 기다려야 한다.

일반적인 기준이 될 만한 시기를 생각해 본다면 '아이들의 독서 능력이 좋아져서 읽어주는 속도보다 읽는 속도가 빨라지는 시점'을 생각해 볼 수 있다. 그러나 아이들이 원하면 이러한 일반적인 기준은 무시해도 된다. 끊임없이, 꾸준히, 많이 읽어주다 보면 언젠가 신호가 오는 것을 느낄 수 있다. 그 신호에 따라 자연스럽게 책 읽어주기를 줄이거나 멈추면 된다.

4장

| 학교 독서교육 |

애들아, 함께 읽자!

책 읽어주기 프로그램의 시작
학생, 학부모, 교사가 함께하는 책 읽어주기
책 읽어주기의 교육적 성과
책 읽어주기 체험 사례
지연이의 아주 특별한 책 사랑

책 읽어주기를 경험한 학부모들은 이런 의견들을 전해 왔다.

"엄마인 내가 책을 가까이하니 아이들이 집에서도 책을 가까이하게 되었어요. 그리고 나중에는 가족 전체가 책을 가까이하게 되었습니다."

"아이들에게 도움을 주려고 책 읽어주기에 참여했는데, 오히려 제가 혜택을 받았습니다."

"학교에서 으레 하는 행사려니 생각했고, 일한다는 생각으로 참여했는데 아이들보다 제가 더 즐거웠어요. 아이들의 생각도 가까이에서 들을 수 있어 좋았고요."

책 읽어주기 프로그램은 많은 학생들을 변화시켰다. 그리고 이것은 모두 학부모들이 자신과 자녀, 가정 안에서의 변화를 느끼고 적극적으로 책 읽어주기 프로그램에 동참해 준 결과였다.

책 읽어주기 프로그램의 시작

 2005년 9월, 나는 교육청에서의 5년 근무를 마치고 110년 역사를 가진 서울미동초등학교에서 교감으로 근무하게 되었다. 아이들을 위해 교육 현장에 몸담은 지 16년, 초등학교 교감으로 다시 교육 현장에 나가게 되었을 때 나는 한 가지 결심을 했다. 아주 오래전부터 꼭 해야겠다고 마음먹었던 일을 실천하기로 한 것이다. 그것은 바로 내가 일하는 학교 안에서 제대로 된 독서교육 활동을 펼치겠다는 결심이었다.

 당시 초등학교의 독서교육은 학생들에게 책을 '읽었다 치고' 독후감을 쓰게 하거나 그림을 그리게 하는 활동, 또는 읽은 책의 내용을 묻는 독서 퀴즈 대회와 같은 독후 활동이 대부분을 차지하고 있었다. 이러한 독후 활동 위주의 독서교육은 주로 일회성 행사인 데다가 아이들에게 부담을 주고 독서에 대한 부정적인 인식을 심어줘 아이들의 독서 흥미와 독서 태도, 독서 능력을 지속적으로 향상시키는 데 도움이 되지 못했다.

독서가 아이들에게 얼마나 중요한 활동인지는 모두 알고 있었지만, 구체적인 독서교육 프로그램이 없다는 것이 문제였다. 또 프로그램이 마련된다 해도 관심 있는 교사들을 중심으로 부분적으로 진행되는 것이 대부분이었다. 따라서 학교 차원에서 정규 교육과정으로 독서교육을 제대로 실시해야만 제대로 된 독서교육이 이루어질 수 있다는 것이 나의 생각이었다.

이를 위해서는 기존의 소극적인 독서교육에서 매우 적극적인 독서교육으로의 방향 전환이 시급했다. 독후 활동이나 독서 인증제를 실시하는 소극적인 관리 중심 프로그램에서 조직적으로 아이들에게 책을 읽히는 적극적인 실천 중심 프로그램으로 바꿔 나가는 것이 중요했다. 그래서 선택한 것이 바로 '책 읽어주기' 활동이었다.

새로운 독서교육 〈얘들아, 함께 읽자〉

2006년 학교 교육과정의 편성 방향을 '오랜 전통, 더 나은 미래'라는 주제로 정하고 '신(新) 독서교육 운동'을 주제 실현을 위한 주요 과제로 선정했다. 새로운 독서교육을 위한 본격적인 준비에 들어간 것이다.

우선 새로운 독서교육의 명칭을 학생·학부모·교사가 함께한다는 뜻에서 〈얘들아, 함께 읽자!〉로 정했다. 그리고 구체적인 방안을 모색하기 위해 독서교육 전문가들을 찾아다니며 의견을 수렴했다. '한우리 독서문화운동본부', '어린이도서연구회', '동화읽는어른모임', '한국독서교육개발원', '가톨릭대학교 교육대학원 독서교육 전공자들의 모임'과 같이 독서 운동을 활발히 펼치고 있는 기관이나 모임들과의 협의를 통해 새로운 독서교육 운동 전략을 모색했다.

새로운 독서교육 프로그램 〈얘들아, 함께 읽자!〉 시행을 위한 준비

❶ 1~4학년 재량활동 시간 → 책 읽어주기 시간으로 편성
❷ 교사 대상 독서교육 세미나 실시
❸ 책 읽어주기 도서 목록 선정, 구입, 비치
❹ 책 읽어주기 안내서 〈책 읽어주기 과정안〉 개발
❺ 책 읽어주기 지원단 구성 및 연수
❻ 독서 흥미·태도 검사지 개발 및 검사
❼ 교사를 중심으로 〈책 읽어주기 준비 실행 위원회〉 구성

먼저 재량활동 시간(현재는 창의적 체험 활동 시간)을 독서 시간으로 확보할 수 있도록 교육과정을 편성했다. 다음은 교사들의 이해를 높이고 적극

적인 참여를 유도하기 위해 《아이들에게 책을 읽어주자》라는 도서를 구입하여 모든 교사에게 나눠주고, 함께 읽은 뒤에 세 차례의 세미나를 열었다.

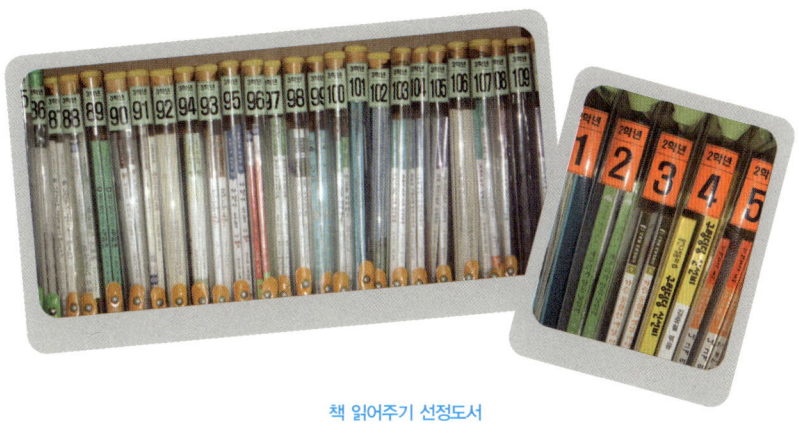

책 읽어주기 선정도서

그 다음으로 책 읽어주기 도서 목록을 선정했다. 서울미동초등학교에서 처음 시작할 때는 각 학년별로 100~150권의 책을 선정하여 구매했다. 그리고 2009년부터 시작한 서울서교초등학교에서는 더욱 다양한 책을 읽어줄 수 있도록 150~250권으로 늘렸다. 책을 구매할 때는 같은 책을 네 권씩 구입하여, 두 권은 지퍼 백에 담아 책 읽어주기용 책장에 비치하고, 나머지 두 권은 도서실에 비치했다. 읽어준 책은 나중에 꼭 찾아서 읽어보는 아이들의 특성을 고려한 조치였다. 읽어주는 사람이 일정한 내용과 방향을 갖고 책 읽어주기를 실시할 수 있도록 〈책 읽어주기 과정안〉도 만들었다. 책 읽어주기에 처음 참여하는 사람들에게 도움을 주기 위한 것이었다.

새 학기가 시작되자마자 서울미동초등학교 학부모 27명으로 구성된 '미동 책 읽어주기 지원단'을 구성하여, 1학년에서 4학년까지 각 학급별로 한 명씩 학부모 지원단을 지정했다. 그리고 본격적인 책 읽어주기에 앞서 일반적인 독서교육을 비롯하여 책 읽어주기에 관한 별도의 연수를 세 차례 실시했다. 또한 서울미동초등학교 학생들의 독서에 대한 흥미·태도·능력을 진단하기 위해 전문가의 도움을 얻어 자체 개발한 검사지로 독서 상태를 진단했다. (단, 독서 능력에 대한 검사는 문장을 이해하는 능력이나 어휘력에 대한 이해를 중심으로 이루어지기 때문에 학생들에게 자칫 '시험'과 같은 인상을 줄 수 있으므로 검사지만 마련해 두었다.)

마지막으로 새로운 독서교육을 지속적으로 펼쳐나가기 위해 독서에 관심이 많은 교사를 중심으로 '미동 책사랑 아이사랑'이라는 모임을 만들어 향후 모든 계획을 주관하여 추진하기로 했다.

책 읽어주기 활동에 필요한 모든 준비를 마쳤지만 가장 중요한 것은 구체적인 독서교육 방법이었다. 실제로 책을 읽지 않는 성인이나 청소년들의 독서 실태를 검사해 보면 고작 초등학교 3~4학년 수준에 머물러 있다고 한다. 따라서 4학년까지는 의도적인 독서교육이 필요하다는 결론이 나온다. 다시 말하면 의도적이고, 계획적이고, 장기적인 계획을 세워 책 읽어주기를 최소한 4학년까지 학교와 가정에서 꾸준히 실천해야만 학생들이 더욱 친숙하게 책을 접할 수 있고, 나아가서 습관처럼 책을 읽을 수 있는 '독서 독립' 단계에 이를 수 있다는 것이다.

1년여의 준비 끝에, 드디어 학교에서 〈애들아, 함께 읽자!〉라는 책 읽어주기 프로그램이 시작되었다. 책 읽어주기 프로그램은 읽어주는 사람에 따라 다음과 같은 다섯 가지 형태로 진행됐다.

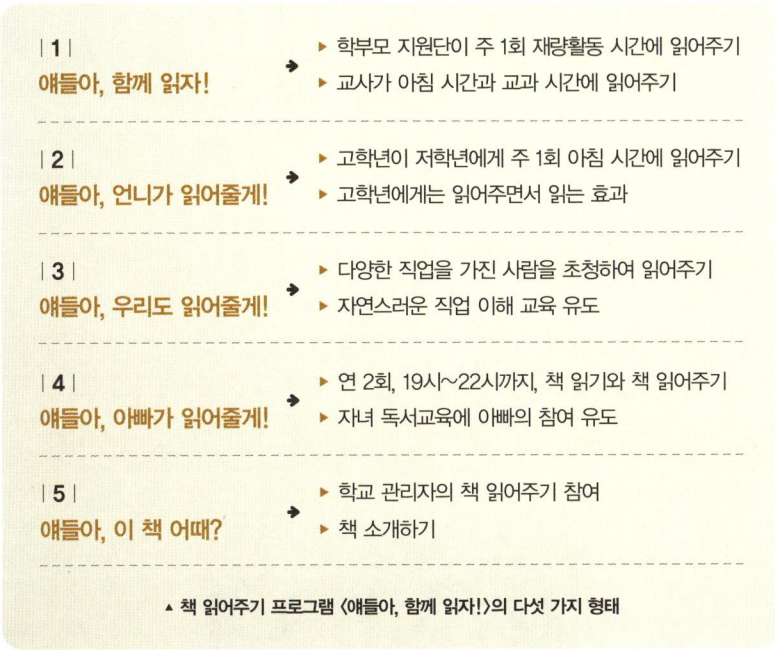

▲ 책 읽어주기 프로그램 〈애들아, 함께 읽자!〉의 다섯 가지 형태

학생, 학부모, 교사가 함께하는 책 읽어주기

재량활동 시간에 책 읽어주기

1~4학년에게는 주 1회 재량활동 시간에 책을 읽어준다. 각 학급에 배치된 책 읽어주기 학부모 지원단이 그 시간에 책을 읽어주는 것이다.

학부모 지원단의 책 읽어주기

학급을 배정할 때 자녀가 있는 반은 의도적으로 배제하였으며, 정서적인 안정감을 주기 위해 읽어주는 사람이 바뀌지 않도록 고정 배치했다. 책에 따라 다르기는 하나 한 시간 동안 1~2학년은 두세 권 정도, 3~4학년은 한 권 정도의 책을 읽어줬다. 학부모 지원단의 책 읽어주기는 학생들뿐만 아니라 봉사하는 학부모들에게도 바람직한 영향을 끼쳤다. 학생들에게 읽어줄 책을 집에서 미리 자녀들과 함께 읽으면서 가정에서의 독서교육 효과까지 거두었기 때문이다.

아침 독서 시간에 책 읽어주기

담임 선생님의 책 읽어주기

담임 선생님은 아침 독서 시간에 아이들에게 책을 읽어준다. 매일 아침 독서 시간은 아이들 스스로 책을 읽기로 정해져 있지만, 일주일에 두 번 정도는 선생님이 직접 책을 읽어준다. 물론 교과 시간이나 그 밖의 시간에도 틈틈이 책 읽어주기를 실시하고 있다.

특수반 학생에게 책 읽어주기

특수반 학생들에게 책 읽어주기

도로시 버틀러의 《쿠슐라와 그림책 이야기》는 책 읽어주기가 유아의 언어, 지능 그리고 정서 발달에 어떤 영향을 미치는지 보여주는 책이다. 장애를 갖고 태어난 아이 쿠슐라를 달래기 위해 쿠슐라의 엄마는 그림책을 보여주기 시작하는데, 이후 아이의 성장 단계에 맞춰 150권의 그림책을 읽어주게 된다. 놀랍게도 아기가 4세가 되자 지능도 높아지고 성격도 낙천적으로 변하게 되었다.

　서울미동초등학교의 교사와 학부모도 이러한 믿음으로 특수반 학생 8명을 대상으로 책 읽어주기를 시작했다. 4명의 지원단이 토요일마다 학생 수준에 맞는 책을 선정하여 책 읽어주기를 실시하고 있는데, 일반 학생들보다 집중도나 반응은 다소 떨어지지만, 일반 학생들에 비해 정보나 지식을 받아들이는 방법이 제한적일 수밖에 없는 특수반 학생들에게 책 읽어주기는 매우 좋은 활동이어서, 흥미롭게 참여하고 있다.

영어 동화 읽어주기

책 읽어주기 도서 범위를 영어 동화로 확대했다. 책에 대한 흥미뿐만 아니라 영어에 대한 흥미도 함께 얻도록 하기 위해서다. 영어를 처음 접하는 저학년 학생들에게는 재미있는 이야기로 접근할 필요가 있다. 그래야 영어를 두려워하지 않고 친숙하게 받아들일 수 있기 때문이다. 그래서 저학년이 좋아할 만한 이야기가 담긴 영어 동화책 30권을 선정하여 월 1~2회 주기적으로 읽어주고 있다.

선배가 후배에게 읽어주는 독서튜터(Tutor)제

독서 흥미와 독서 태도, 독서 능력이 아직 발달하지 않은 학생들의 독서 흥미를 끌어올리기 위해 그림책부터 읽히는 경우가 있다. 조금 늦었더라도 초기 독서 단계부터 거치게 하는 것이다. 하지만 고학년 학생의 경우 그런 단계부터 시작하는 게 쉽지 않다.

선배가 후배에게 책을 읽어주는 독서튜터제는 이런 학생들에게 정말 좋은 프로그램이다. 저학년에게 책을 읽어주면서 자연스럽게 본인도 읽게 되는 효과를 거둘 수 있기 때문이다.

선배가 후배에게 책 읽어주기

독서튜터제의 경우 고학년 학생 중 독서 흥미나 능력이 뛰어난 학생과 그렇지 않은 학생 두 명이 짝이 되어 저학년에게 책을 읽어준다. 이 과정에서 튜터로 활동하는 6학년 학생들을 중심으로 자발적인 학급별 책 읽어주기가 확산되고 있다. 고학년들의 입장에서 보면 읽어주면서 읽게 하고, 다시 다른 사람이 읽어주는 것을 들으면서 독서 흥미, 태도, 능력을 조금씩 키워 나가게 되는 것이다.

서울미동초등학교에서 시작된 이 방법은 서울서교초등학교에서도 똑같이 시행되고 있고, 지금 내가 근무하고 있는 서울소의초등학교에서는 이것을 더욱 발전시켜서 6학년이 3학년에게, 5학년이 2학년에게, 4학년이 1학년에게 책을 읽어주고 있다. 책으로 이어지고 맺어지는 선후배 사이는 뭐가 달라도 다르지 않을까 하는 기대도 함께 해본다.

아빠와 함께 별 보며 책 읽기

자녀 교육에 있어 아버지의 역할은 매우 중요하다. 하지만 대부분의 아버지들은 자녀 교육에 소극적이고, 밤늦게 귀가하여 자녀와 함께하는 시간이 매우 적다. 서울미동초등학교에서는 책 읽어주기 프로그램 과정에 아버지와 함께 책을 읽는 시간을 지정하여, 독서교육이 가정교육으로 이어질 수 있는 계기를 마련했다.

아빠와 함께 책 읽기

연 2회 희망하는 학부모의 신청을 받아, 저녁 7시부터 10시까지 3시간 동안 아버지와 함께 책을 읽으며 특별한 추억을 만드는 시간을 갖도록 했다. 학교교육이 가정교육과 연계될 때 효과가 극대화되기 때문이다. 외국에서 많이 하고 있다는 '도서관에서 밤새워 책 읽기'라는 행사를 벤치마킹한 것으로, 독서에 대한 학부모들의 인식을 바꿀 수 있는 기회가 되기를 기대하며 마련한 행사이다.

외부 인사가 책 읽어주기

지역사회의 다양한 직업을 가진 분들이 학교에 찾아와 아이들에게 책을 읽어주는 행사로, 주로 고학년 학생을 대상으로 진로와 직업 이해 교육과 연결하여 진행하고 있다.

외부 인사가 책 읽어주기

예를 들어 인근 경찰서에 근무하는 경찰관들이 책을 읽어주러 학교에 오면, 책을 읽어주기 전에 자신이 하는 일에 대해 10분 정도 짧게 소개한 뒤 직접 골라온 책을 읽어준다. 그러면 학생들은 경찰이라는 직업에 대한 이해와 책에 대한 이해를 함께 경험하게 된다.

또 6학년 학생들을 대상으로 존경하는 인물을 조사하고, 선정된 분들에게 편지를 써서 그분들이 학교를 방문하여 책을 읽어줄 수 있도록 요청하고 있으며, 홈페이지에 배너를 설치하여 책 읽어주기를 희망하는 분들의 신청을 받고 있다.

책 읽어주기는 시장, 교육감, 교육장, 기자, 변호사, 소방관, 군인, 아나운서, 축구선수, 암벽등반가, 교수, 회사원, 슈퍼마켓 주인아저씨 등 모든 사람들이 참여할 수 있다. 서울미동초등학교에서는 유인촌 전 문화부장관, 오세훈 전 서울시장, 축구선수 이을용, 차인태 전 아나운서 등 이루 헤아릴 수 없이 많은 사람들이 책 읽어주기에 참여하였으며, 서울서교초등학교에서도 개그맨 정태호, 사격선수 이은철 등 다양한 직업의 사회인이 책 읽어주기에 참여했다. 서울소의초등학교에서는 탤런트 하희라, SBS 아나운서 김환과 박선영을 비롯하여 인근 군부대장, 연구원, 교수, 기자, 암벽등반가, 경찰관, 소방관, 동장, 의원 등 지역사회의 다양한 직업인을 초대하여 책 읽어주기를 실시하고 있다.

　사회 모든 구성원이 독서에 관심을 갖고 학생들에게 책을 읽어주는 사회가 바로 〈책 읽어주기 운동〉이 지향하는 세상이다.

학교 관리자가 책 읽어주기

학교 관리자도 책 읽어주기에 참여한다. 책을 매개로 고학년 학생들과 대화하며 소통하도록 하는 것이다. 올해 나는 서울소의초등학교에서 5~6학년을 대상으로 《말놀이 동시집》, 《수호의 하얀 말》, 《마지막 강의》, 《화성에서 온 남자 금성에서 온 여자》를 소개해 주며 대화를 나눴다.

책 읽어주기의 교육적 성과

책 읽어주기를 실시한 후에 학부모나 교사들이 입을 모아 말하는 첫 번째 변화는, 우선 학교와 집에서 자투리 시간에 읽기 위해 책을 가지고 다니는 학생들이 많아졌다는 사실이다. 실제로 책 읽어주기가 끝나면 학생들이 쉬는 시간을 활용하여 도서실로 책을 빌리러 가는 모습을 쉽게 볼 수 있었다. 다음 통계 자료를 살펴보면 그 변화를 가늠해 볼 수 있다.

다음 자료는 2006년부터 현재까지 책 읽어주기 프로그램을 실시하고 있는 서울미동초등학교의 도서 대출 통계이다. (서울서교초등학교는 학교 바로 옆에 구립도서관인 마포평생학습관이 있어서 학교 도서관 대출 통계가 무의미하고, 서울소의초등학교는 책 읽어주기를 실시한 지 2년밖에 되지 않아서 유의미한 변화를 확인하기 어려우므로 서울미동초등학교의 통계를 제시한다.)

책 읽어주기 프로그램 시행 이후 도서 대출 변화

연도	총 도서 대출 수(권)	학생 수(명)	1인당 도서 대출 수(권)
2005	14,899	1050	14.2
2006*	22,284	1034	21.6
2007	38,978	998	39.1
2008	41,582	938	44.3
2009	61,655	873	70.6
2010	56,960	838	68.0
2011	52,932	784	67.5

*책 읽어주기 프로그램 시행 연도

 2009년을 정점으로 도서 대출 증가 추세가 주춤한 것은 그해 서울미동초등학교에서 각 반마다 학급문고를 200~300권씩 마련해 줬기 때문으로 보인다. 서울서교초등학교에서도 2010년과 2011년에 모든 반에 학급문고와 책장을 마련해 준 바 있다. 아침 독서처럼 시간 날 때마다 틈틈이 독서를 하려면 학생들 가까이에 책이 많아야 한다. 손을 뻗으면 닿을 곳에 책이 있어야 한다는 이야기다.

 위 통계는 단순히 학교 도서관의 대출 통계이다. 통계로 잡을 수 없는 책, 예를 들어 학생들이 아침 독서 시간이나 쉬는 시간에 읽는 (자기 소유의) 책이나 지역 도서관에서 빌린 책 등을 합치면 다른 학교의 독서량과 엄청난 차이를 나타낼 것이다.

 이렇게 독서량이 늘어난 이유는 의외로 간단하다. 책과 독서에 대한 아이들의 흥미가 높아졌기 때문이다. 책을 읽어주고, 책을 읽도록 이끌어주니 책을 많이 읽는 것이다. 학교와 선생님이 중요하다고 하는 일을 아이들이 안 할 이유가 없는 것이다. 그게 바로 '얘들아, 함께 읽자!' 라고 더욱 크게 외쳐야 하는 이유이다.

그러나 무엇보다 가장 눈에 띄게 달라진 것은 듣기 태도의 변화였다. 책 읽어주기 지원단에서 활동하고 있는 학부모들의 이야기에 의하면, 듣기 훈련이 되어 있지 않아서 주의가 흐트러지거나 활동을 방해하던 학생들의 수가 줄고, 태도가 좋지 않았던 학생들의 자세가 현저하게 좋아졌다고 한다. 수업시간에 이유 없이 소란스럽게 떠드는 학생들의 원인 중 하나가 '듣기 훈련이 되지 않아서' 라는 연구 결과를 볼 때 학생들의 듣기 태도에 큰 변화가 있다는 것은 매우 고무적인 사실이다.

또 하나는 고학년 학생들의 변화이다. 읽어주면서 읽게 하자는 의도대로 독서튜터제를 통해 책 읽어주기에 참여하고 있는 학생들은 저학년에게 책을 읽어주는 활동에 크게 흥미를 느끼고 있었으며, 이 활동을 통해 책에 대한 진지한 자세를 갖는 변화를 보였다. 재미있는 사실은 고학년이 저학년에게 책을 읽어준 뒤에 저학년 교실에서도, 또 고학년 교실에서도 자발적으로 서로 책을 읽어주며 노는 학생들이 보이기 시작했다는 것이다. 책과 함께 노는 것은 책 읽는 습관을 들이는 가장 좋은 방법이다.

마지막으로 서울미동초등학교에서 책 읽어주기를 하면서 기억에 남는 사례가 하나 있어 소개하고자 한다.

나는 입학하는 학생들이나 졸업하는 학생들 모두에게 '책과 함께 시작하라'는 의미로 책 선물을 한다. 일종의 우리만의 소박한 북스타트인 셈이다. 서울서교초등학교와 서울소의초등학교에서도 똑같은 이벤트를 하고 있다. 입학생들에게 학교 예산으로 북스타트 가방과 유인물, 책을 선물로 사서 준다. 졸업생들에게는 중학교에 가서도 책을 좋아하기 바라며 학교생활을 잘하라는 의미로 책을 선물한다.

그런데 어느 해인가 선물로 줄 책을 마련할 방법이 마땅치 않아서 고민하고 있는데, 그 소식을 들은 (지금은 고등학교 1학년이 된) 졸업생 학부모들이 그해 졸업생에게 선물할 책을 보내왔다. 그리고 지금까지 매년 자비로 책을 선물하고 있다. 졸업생들에게 책을 선물로 주는 전통을 지켜야 한다면서 말이다. 책 읽어주기를 누리고 책을 선물 받으며 졸업한 학생들이 다시 그 책을 후배들에게 보내주는 것이다. 매우 독특한 사례로 흔한 일이 아니다. 책 읽어주기의 효과에 대해 다시 한 번 생각해 보게 되는 사례였다.

책 읽어주기의 성과

① 책을 가지고 다니며 읽는 학생들이 늘어남
② 도서 대출 증가
③ 듣기 태도 향상
④ 독서튜터 활동으로 인한 독서 인식 향상
⑤ 전체 독서 태도 향상

책 읽어주기 체험 사례

책 읽어주기 프로그램은 많은 학생들을 변화시켰다. 그리고 이것은 모두 학부모들이 자신과 자녀, 가정 안에서의 변화를 느끼고 적극적으로 책 읽어주기 프로그램에 동참해 준 결과였다. 책 읽어주기를 경험한 학부모들은 이런 의견들을 전해 왔다.

"엄마인 내가 책을 가까이하니 아이들이 집에서도 책을 가까이하게 되었어요. 그리고 나중에는 가족 전체가 책을 가까이하게 되었습니다."

"아이들에게 도움을 주려고 책 읽어주기에 참여했는데, 오히려 제가 혜택을 받았습니다."

"학교에서 으레 하는 행사려니 생각했고, 일한다는 생각으로 참여했는데 아이들보다 제가 더 즐거웠어요. 아이들의 생각도 가까이에서 들을 수 있어 좋았고요."

이런 말을 전해 들으면 정말 마음이 뿌듯하다. 책 읽어주기를 통해 가족 전체가 책을 가까이할 수 있게 되었다니, 이 얼마나 좋은 일인가!

다음은 책 읽어주기에 참여한 부모님과 학생이 직접 쓴 수기다. 이들의 체험 사례를 통해 책 읽어주기 운동이 널리 퍼지길 바란다.

행복한 책 읽어주기

정은화 (서울미동초등학교 한성훈, 한정임의 어머니)

오늘따라 무척 분주하다. 애는 달랑 둘인데 아침마다 대여섯은 등교시키는 기분이다. 단소가 없다는 둥, 체육복을 달라는 둥, 머리를 묶어달라는 둥, 하다못해 양말까지 챙겨달란다. 두 아이를 등교시키고 나니 기운이 쭉 빠진다. 게다가 2교시 '책 읽어주기 수업'에 맞춰 허둥지둥 집안일을 하다 보니 만사가 귀찮아졌다. 다 팽개치고 그냥 푹 누워 자고 싶었지만, 아이들에게 읽어줄 책을 챙겨 들고 부랴부랴 학교로 향했다. 1학년 4반 교실 문을 열고 들어가니 아이들이 환하게 웃으며 나를 반긴다. 집안 사정으로 한 주 건너 들어왔더니 더 반가운 모양이다. 잠깐이나마 귀찮아했던 것이 미안해졌다.

"오늘 읽을 책은 파울리 이야기예요. 파울리는 어떤 친구일까요?"

"…… 오늘은 여기까지! 다음엔 더 재미있는 책을 가져올게요."

"더 읽어주세요!" "그림이라도 다시 보여주세요!"

다들 앞으로 나와 조금이라도 더 책을 보려고 난리다. 결국 읽어준 책을 일주일간 학급문고로 빌려주고 나왔다. 아이들의 예쁜 아우성에 어느새 피로가 다 씻긴 듯했다.

처음 책 읽어주기를 시작했을 때가 생각난다. 너무 떨리고 긴장되어 입에 오토바이를 달았나 싶을 정도로 빨리 읽었다. 경험도 지식도 없는 내가 이 일을 계속할 수 있을지 걱정도 되고 후회도 되었다. 하지만 모두 괜한 걱정이었다. 아이들은 책 읽어주기 자체를 즐거워했고, 책 이야기에 늘 집중했다. 쉬는 시간까지 읽어달라고 떼쓰는 아이, 읽던 책을 빌려달라는 아이, 복도까지 따라 나오는 아이 등 반응도 가지각색이다.

아이들의 이런 모습 때문에 오늘도 나는 책을 읽어준다. 가끔은 힘들고 피곤할 때도 있다. 더운 날에는 등에서 폭포수처럼 땀이 흐르기도 하고, 컨디션이 안 좋은 날에는 중간중간 목소리가 갈라지기도 한다. 그럼에도 불구하고 내가 계속 책을 읽어주는 이유는 내가 읽어주는 책을 즐거워하는 아이들 때문이다. 아이들의 반짝이는 눈과 환한 미소 속에서 오늘도 난 행복하다.

책 읽어주기는 기분 좋은 체험이었습니다

채윤하 (서울서교초등학교 채송우, 채송은의 아버지)

책 읽어주기 프로그램에 참여하게 된 건 애들 엄마의 부탁 때문이었습니다. 처음에는 낯설고 다소 귀찮기도 했지만, 단순히 책만 읽어주면 되겠거니 하고 가벼운 마음으로 참여하기로 했습니다.

그런데 학기 초에 책 읽어주기 학부모 지원단을 대상으로 한 세미나를 다녀온 후 생각이 달라졌습니다. 교감선생님에게 책 읽어주기 프로그램의 취지와 요령을 전해 들으며, 책 읽어주기가 아이들에게 아주 중요한 체험이 될 수 있다는 것을 깨달았기 때문입니다. 더구나 명찰과 조끼, 슬리퍼 등의 준비물과 회의실에 갖춰진 수백 권의 읽어주기 책을 보고 더더욱 제대로 해봐야겠다고 생각했습니다.

처음 교실에 들어서니 아이들은 낯선 사람의 등장에 다소 긴장하면서도 반가운 기색이 역력했습니다. 교감선생님이 안내하셨던 내용대로 짤막한 책 소개와 지은이 소개를 거친 후 본격적인 책 읽기에 들어갔습니다. 초반에는 집중하다가 간혹 산만해지는 기색이 있었지만, 개의치 않고 그냥 쭉 읽어나갔습니다. 다시금 귀를 기울이며 이야기의 흐름에 몰입하는 아이들의 모습이 너무도 사랑스러웠습니다.

이러한 모습은 이후 책 읽어주기 시간에도 계속됐고, 전반적으로 아이들 모두 몰입하여 이야기를 즐기는 모습이었습니다. 책의 종류는 지식이나 정보를 전달하는 책보다 이야기 전개가 흥미로운 동화인 경우에 학생들의 몰입도가 더 높았던 것 같습니다. 특히 주인공이 어려운 가정환경(예를 들면, 아버지가 없는 한부모 가정)에 놓여 있는 것으로 설정된 경우, 학생들이 더욱 큰 흥미를 보였습니다.

책 읽어주기 체험을 통해 저 자신도 동화책을 읽던 어린 시절을 되돌아보는 기회를 가질 수 있었으며, 4학년 8반 학생들과도 친해질 수 있었습니다. 가끔 제 아이들을 데리러 학교에 갈 때면 제가 담당했던 학급의 학생들이 "책 읽어주기 선생님, 안녕하세요?"라며 반갑게 인사를 해옵니다. 그럴 때면 저 자신도 반가움에 고개를 숙여 인사를 합니다. 이러한 기쁜 일에 참여할 수 있게 해주신 선생님들께 진심으로 감사 인사를 드립니다.

맑은 눈망울의 동생들

최세현 (서울서교초등학교 6학년)

매주 금요일 1학년 1반 동생들에게 책을 읽어주는 일은 정말 즐거웠다. 나는 늘 내가 귀여운 동생들의 작은 선생님이라는 생각을 갖고, 책 읽어주는 시간을 기다렸다. 1학년 1반 동생들은 나와 우정이가 책을 읽어주러 올 때마다 "어? 책 읽어주기 선생님이다!" 하고 반갑게 맞아주었다. 아마도 그런 귀여운 모습들 때문에 동생들에게 최선을 다해 책을 읽어줬던 것 같다.

   나와 우정이가 책을 읽어줄 때마다 동생들은 눈을 크게 뜨고 귀를 쫑긋 세우며 열심히 들어줬다. 그 모습을 볼 때마다 마음이 뿌듯했고, 그렇게 열심히 내 이야기를 들어주는 동생들이 마냥 고마웠다.

   책을 읽어주다가 가끔 웃긴 일도 생긴다. 언젠가 책을 다 읽어준 뒤에 우정이가 갑자기 "여러분은 긴 책을 읽어주는 게 좋아요, 짧은 책을 읽어주는 게 좋아요?"라고 동생들에게 물어본 일이 있다. 나는 당연히 동생들이 짧은 책을 읽어달라고 할 줄 알았다. 그런데 그것은 나의 착각이었다. 아니, 세상에, 긴 책을 읽어주는 것이 더 좋다는 것이다! 순간 '얘네가 1학년이 맞나?' 라는 생각이 퍼뜩 들었다.

두 번째 일이다. 나의 기대를 저버리고 긴~ 책을 원한 동생들의 소원에 따라 진짜 긴~ 책인 《곱슬머리 내 짝꿍》이란 책을 읽어주고 있을 때였다. '나는 소미와 손을 잡기가 싫어서 새끼손가락을 걸었다.' 라는 문장을 읽는데, 교실의 중간에 앉은 남자아이와 여자아이가 문장과 똑같이 행동하는 것이 보였다. '손을 잡기가…' 가 끝나자 진짜 손을 잡았고, '…새끼손가락을 걸었다.' 가 끝나자 서로의 새끼손가락을 걸었다. 그 동생들은 순진해서 그랬는지 몰라도, 글쎄…… 보는 사람은 좀 닭살이었다.

아무래도 1학년이니까 지각을 하기는 한다. 그런데 지각한 애들이 올 때마다 그 주위의 애들이 "○○○, 스티커 한 칸 내려."라고 하며 갑자기 소란을 피우고는 한다. 그때마다 나와 우정이는 서로 약속도 하지 않았는데 책을 덮고 말없이 아이들을 기다린다. 그러면 곧 아이들이 잠잠해지면서 조용해진다.

여느 때처럼 책을 읽어주고 돌아오는 길이었다. 갑자기 잘 모르는 어린아이들이 몰려와서 "어? 책 읽어주기 선생님이다!"라며 반가워했다.

정말 뜻밖의 일이어서 가만히 서 있다가, 아이들이 멀뚱멀뚱 우리를 쳐다보는 걸 보고 더듬거리며 인사를 해줬다. 그 뒤에도 종종 책 읽어주기 반 아이들이 몰려와서 나에게 인사를 했다. 역시 얼굴은 잘 기억하지 못했지만, 이번에는 "응, 안녕? 1학년 1반이니?" 하고 반갑게 인사해 주었다. 그러자 아이들도 헤헤 웃으며 기뻐했다.

책 읽어주기를 권하고 싶은 이유는 일단 내용을 모르는 상태로 책 읽는 것을 들으면 좀 더 집중력이 높아지기 때문이다. 말하기·듣기·쓰기 수업 시간에 가끔씩 듣고 푸는 문제가 나올 때가 있다. 이건 어디까지나 내 생각이지만, 그럴 때 문제를 풀기 위해 주의 깊게 듣는 것과 책 읽어주기를 할 때 귀를 쫑긋 세우며 집중해서 듣는 것이 크게 다르지 않다는 생각이 든다.

책을 읽어주면서 나에게 일어난 변화는 좀 더 차분해졌다는 것이다. 여덟 살짜리 동생들에게 이야기를 들려주다 보니 아무래도 천천히 읽어주게 된다. 그래서일까? 내가 조금씩 차분해지고 있다는 것을 느낀다. 나에게는 두 살 어린 동생이 있는데, 동생도 내가 조금씩 차분해지니까 자기도 언니를 따라서 점점 차분해지는 것 같다.

마지막으로, 내가 책을 읽어준 동생들의 변화에 대해 쓰겠다. 나는 2학기 때부터 책을 읽어주기 시작했으므로 1학기 때의 아이들의 변화에 대해서는 잘 모른다. 하지만 동생들은 나와 우정이가 처음 책을 읽어줄 때보다 많이 조용해지고 집중력도 좋아진 것 같다.

    나와 우정이의 뒤를 이어 동생들에게 책을 읽어줄 5학년 친구들도 우리가 동생들에게 책을 읽어준 것처럼 좋은 경험을 했으면 좋겠다.

지연이의 아주 특별한 책 사랑

나는 두 딸아이의 아빠이다. 현재 고등학교 2학년인 첫째 지연이와 초등학교 6학년인 둘째 혜연이가 나의 두 딸이다. 둘 다 평범한 학생들이다. 가끔 다툴 때도 있지만, 서로 사랑하며 즐겁고 행복하게 지내기 위해 노력하는 평범한 소녀들이다.

책 읽어주기로 시작된 지연이의 독서 습관

큰딸 지연이는 책에 관한 기억이 많다. 어렸을 때부터 엄마가 책을 많이 읽어주었고, 지연이가 다녔던 '한빛어린이집'의 담임 선생님이셨던

- 젤뚜르다 수녀님께서도 책을 많이 읽어주셨다.

　지연이는 일찍부터 책을 좋아했고, 책 읽는 속도도 빨랐다. 두 살 때쯤인가 지연이에게 좋아하는 책을 읽어주었더니 그 책을 송두리째 줄줄 외운 일도 있었다. 그때는 그게 굉장한 일인 줄 알고 자랑하고 다녔는데, 나중에 알고 보니 책 읽어주기를 많이 경험한 아이들의 특성 중 하나였다. 어렸을 때 어른들이 들려준 옛날이야기를 듣고 줄줄 외는 것과 비슷한 현상이라고 한다.

　지연이는 좋아하는 책을 보면서 글자를 하나둘 익혀 나가기 시작하더니, 만 3세가 되기 전에 혼자 책을 읽기 시작했다. 그 이후 책은 지연이의 곁에서 멀어지지 않았다. 지연이는 텔레비전을 보고 있는 사람들 틈에서도 책을 읽었고, 가족들끼리 모여서 놀고 있을 때에도 책에서 눈을 떼지 않곤 했다.

　지연이는 어려서부터 닥치는 대로 책을 읽었다. 자기 책은 물론이고 나중에는 내 책까지 읽으려 했다. 지금 생각해 보면 그때 더 많은 책을 구해 줬다면 좋았을 걸 하는 아쉬움이 크다. 그때는 지금보다 책에 대한 관심이나 인식이 부족했기 때문에 책을 더 충분하게 마련해 줬어야 함에도 불구하고 그러지 못했다.

독서 몰입 시기로 접어들다

책을 잘 읽는 아이들은 닥치는 대로 읽는 시기가 반드시 있게 마련이다. 아이들의 독서 능력이나 독서 수준에 따라 이 시기가 다르므로 취학 전에 올 수도 있고, 초등학교 저학년이나 고학년 때 올 수도 있으며, 이 시기가 상당 기간 지속되는 경우도 많다. 이러한 '독서 몰입' 기간은 길수록 좋고, 깊게 빠져 있을수록 좋다. 그리고 이 시기야말로 독서량을 늘릴 수 있는 시기이며, 깊이 있는 독서가 일어날 수 있는 시기다.

그렇기 때문에 이 시기에는 충분한 책이 필요하다. 전집이나 백과사전처럼 폭발적인 독서량을 감당할 수 있는 충분한 양의 책이 반드시 필요하다. 준비가 되어 있지 않은 아이들에게는 이러한 전집류의 도서가 사치일 수 있겠지만, 읽을 준비가 되어 있는 아이들에게는 겨울을 대비하여 쌓아놓은 양식이 된다. 읽고 싶을 때 읽을 책이 부족하다면 배고픈 아이를 굶기는 것과 같다. 지연이의 경험으로 비춰보면 이 기간이 빨리 와서 깊이 있게 오랫동안 지속되었던 것 같다. 참 감사한 일이다.

독서 몰입 시기가 되자 지연이는 놀라울 정도로 책을 읽어 나갔다. 때로는 어른들이 읽는 수준의 책도 척척 읽어냈다. 내가 읽으려고 사다 놓은 이이화 선생님의 《한국사 이야기》 스물두 권을 다 읽더니, 《한국사 편지》, 《한국생활사 박물관》 시리즈와 《이한우의 군주열전》 시리즈, 《고구려는 천자의 제국이었다》 등과 같은 역사책을 계속해서 읽어 나갔다.

그러더니 별다른 준비를 하지 않고도 6학년 때 한국사능력검정시험 4급에 단번에 합격했다. 4급은 중학교 교과 내용을 잘 알고 있는 사람이 풀 수 있는 수준이다. 따로 공부하지 않았는데도 이 시험에 합격할 수 있었던 건 그동안 한국사에 관한 책을 충분히 읽어놨기 때문일 것이다.

지연이는 4학년 때부터 《해리포터》 시리즈, 《타라 던컨》 시리즈, 《반지의 제왕》 시리즈 등 판타지 소설의 재미에 푹 빠져 지냈다. 뭐가 그리 재미있는지 읽은 책을 읽고 또 읽었다. 그러더니 하루는 해리포터 시리즈 7편 《죽음의 성도들》을 영문판으로 사다 달라고 했다. 영어를 특별히 잘하거나 따로 공부하지 않았는데, 그 책을 읽어낼 수 있겠냐고 물었더니 괜찮다며 그냥 사다 달라는 것이다.

나는 반신반의하며 두툼한 해리포터 영문판 책을 사다 주었다. 그러고는 한동안 잊었다가 한참 시간이 흐른 뒤에 문득 생각이 나서 그 책을 다 읽었냐고 물었더니 다 읽었다는 것이 아닌가. 그래서 "모르는 단어도 많았을 텐데 어떻게 다 읽었냐? 뜻을 어떻게 알았냐?"라고 물었더니, "한국어판 책을 여러 번 읽었기 때문에 뜻을 대강 알 수 있었다."라고 대답했다. 놀랍기도 하고 엉뚱하기도 해서 웃음이 나왔다.

하지만 시간이 지나 문득 생각해 보니 영문 독해는 원래부터 그렇게 하는 게 맞지 않나 하는 생각이 들었다. 영어 문장을 공부할 때 일일이 영어 단어를 공부해서 문장을 해석하기도 하지만, 문장 속에 들어 있는 단어의 뜻을 앞뒤 문맥을 통해 자연스럽게 아는 것이 더 좋은 방법이라고들 하지 않는가. 우리말이나 우리글을 배울 때도 사전을 찾아서 배우기보다 글을 읽거나 말하면서 앞뒤 문맥을 살펴 문장 속에 들어 있는 어휘를 익혀 나가고, 그 뜻을 알게 되는 것처럼 말이다. 그러니 영어도 문맥을 파악할 수만 있다면 자연스럽게 단어와 문장 전체의 뜻도 이해할 수 있을 것이다. 그것이 영어 공부를 할 때 얼마나 더 효과적인지 깊이 있게 따져보지는 않았지만, 어떤 일을 시도해 보려는 지연이의 용기와 능력을 확인할 수 있는 기회가 되었다.

지연이의 독서 몰입 시기를 이야기할 때 빼놓으면 안 되는 것이 있다. 하나는《빨간 머리 앤》이고, 또 다른 하나는《로마인 이야기》이다.

《빨간 머리 앤》은 애니메이션이나 동화책으로 워낙 유명했기 때문에 내게도 무척 친숙한 이름이었지만, 10권짜리 두꺼운 완역본이 있는 줄은 몰랐다. 지연이는 이 책을 무척 좋아해서, 읽고 또 읽었다. 독서 퀴즈 대회에 나갔을 때 우리 팀 이름을 '빨간 머리 앤'이라고 지은 것도 이 때문이다.《빨간 머리 앤》은 지연이의 보물책 목록 가운데서도 몇 손가락 안에 드는 책이다.

《로마인 이야기》는 지연이가 5학년 때 15권짜리 세트를 전부 다 읽었다. 다 읽었을 뿐만 아니라 몇 번이나 반복해서 읽었다. 그러고는 이어서《스키피오 아프리카누스》,《로마 서브 로사》,《로마제국 쇠망사》,《고대 그리스인의 생각과 힘》,《또 하나의 로마인 이야기》,《비잔티움 연대기》,《십자군 이야기》등 서양사 전반을 꿰뚫는 엄청난 양의 책들을 읽어 나갔다. 한번은 위의 책들을 읽는 중에 마키아벨리의 《군주론》을 사다 달라고 해서 수준별로 몇 권의 《군주론》을 사다 주기도 했다.

'한 권의 책은 또 다른 책을 부른다'는 사실을 절감한 사례다. 실제로 책을 좋아하는 아이들은 읽은 책과 관련된 책을 계속해서 찾아 읽는다. 현재 읽고 있는 책에 나오는 책, 책날개에 소개되어 있는 책, 지은이가 쓴 다른 책을 읽어보려고 한다.

지연이는 그 뒤에도 《이야기 중국사》, 《이야기 일본사》, 《이야기 미국사》, 《이야기 러시아사》, 《이야기 프랑스사》, 《이야기 영국사》를 독파했다. 그리고 약 10권 정도의 《대국굴기》 시리즈를 읽었다. 최근에는 자신의 진로를 사학과로 정했다. 좋아하는 분야의 책을 많이 읽은 것이 전공을 정하는 데에도 영향을 미친 것이다.

그 무렵 지연이는 베르나르 베르베르의 《개미》라는 소설도 참 여러 번 읽었다. 그래서 그 작가를 좋아하게 되었고, 나도 《파피용》, 《뇌》, 《천사들의 제국》, 《신》, 《타나토노트》, 《파라다이스》, 《베르나르 베르베르의 상상력 사전》 등 베르나르 베르베르의 소설을 차근차근 사다 주었다. 최근에는 베르베르의 신작인 《웃음》을 사다 주었는데, 2~3일이 지난 뒤에 그 책이 한쪽으로 치워져 있기에 "그 책 다 읽었느냐?"라고 물었더니 어느 틈엔가 다 읽었단다. 고등학생이 되어 입시 공부 때문에 책 읽을 틈이 없을 것 같아서 물었던 것인데, 지연이는 그새 두 권의 책을 다 읽은 것이다.

독서 퀴즈 대회에서 7연승을 이루다

지연이는 책으로 유명해진 아이다. 지연이가 유명해지는 계기가 두 번 있었는데, 한 번은 현재 '자녀경영연구소'를 운영하는 최효찬 선생님이 지연이의 책 사랑에 관한 기사를 써주셔서 알려지게 된 것이고, 또 한 번은 지금은 없어졌지만 SBS의 〈도전 서바이벌 독서 퀴즈왕〉이라는 독서 퀴즈 프로그램에 나가서 7연승을 이루고 난 뒤였다.

퀴즈 프로그램은 초등학생 어린이 한 명과 가족 두 명이 한 팀을 이뤄 다른 두 팀과 함께 방송국에서 제시한 책을 읽은 뒤 출제되는 독서 퀴즈를 푸는 프로그램이었는데, 이긴 팀이 계속 다른 가족의 도전을 받는 형식이었다. 방송국에서는 한 달에 약 40권 정도의 도서 목록을 발표했고, 한 번 녹화에 2주일 방송 분량을 녹화하기 때문에 2주일 만에 20여 권의 책을 읽고 가야 했다.

방송 작가의 연락을 받고 망설이다가 마침 방학 중이어서 재미 삼아 나간 것인데, 첫 출연에 우리 가족은 3승에 도전하는 가족을 이겨 1승을 거둔 후 내쳐 2승까지 거둘 수 있었다. 그리고 다음 번 녹화에서 5연승을 하게 되어 시청자들과 제작진의 주목을 받았다.

새로 도전하는 가족들은 상대적으로 유리했다. 새로 도전하는 가족들에게 제작진이 제공하는 퀴즈 출제 도서 목록은 7~10권 정도밖에 되지 않기 때문에, 적어도 20~30권의 책을 읽고 준비해야 하는 연승 가족은 다소 불리할 수밖에 없었다.

지연이의 진가는 그때 발휘되었다. 지연이는 책을 많이 읽기도 했지만, 책을 빨리 읽었고, 읽은 내용에 대해서도 정확히 기억하고 있었다. 어린이용 책뿐만 아니라 어른들이 읽어야 할 책들도 읽고 준비했으며, 마음만 바쁜 어른들에 비해 자기가 좋아하는 책을 읽는 것에 즐거워하며 차분히 준비했다.

그리고 드디어 세 번째 녹화 끝에 7연승을 이루어냈다. 누적 상금 600여만 원의 반은 지연이가 다니는 학교 도서관에 지연이 이름으로 책을 기증했고, 나머지 반은 상금으로 받았으며, 7연승 가족에게 주어지는 부상인 '세계 문학 기행' 여행 경비 500만 원도 받았다.

독서 능력의 확장

지연이는 초등학생 시기를 책과 함께 보냈다. 생각해 보면 초등학교 때 가장 많은 책을 읽은 것 같다. 그 뒤로도 많은 책을 읽었지만 그래도 초등학교 고학년 때 읽은 책이 종류나 양, 질 면에서 충분했던 것 같다.

중학교에 진학할 때 지연이와 하나 약속한 것이 있다. 하루에 한 권 이상 책을 읽자는 것이다. 지연이도 그렇게 한다고 약속을 했고, 웬만큼 잘 지켜지기도 했다. 하지만 중학교에 들어가서 친구들이 공부를 하는 것을 보고는 친구들을 따라잡으려고 학교 공부에 관심을 기울이느라 독서에 약간 소홀해지는 모습을 보이기도 했다. 그렇지만 독서에서 아주 멀어지지는 않았다. 쉽게 멀어질 일도 아니었다. 좋아하는 일을 쉽게 그만둘 수는 없는 일이다.

아이가 다니고 있는 성심여자중고등학교에서는 아이들에게 유익한 행사를 많이 연다. 그중 가장 기억에 남는 행사가 '독서 발표회'다. '독서 발표회'는 학급 구성원들이 학교에서 정한 책의 내용을 다양한 방법으로 표현하여 발표하는 것이다.

지연이가 중학교 1학년 때 발표한 책은 알퐁스 도데의 《마지막 수업》이었다. 지연이는 고민 끝에 '인터뷰 형식'을 생각해 냈다. 마지막 수업이 진행되는 당시 상황으로 달려가 선생님, 학부모, 주인공 학생들을 대상으로 인터뷰를 진행하는 방식이다. 지연이는 혼자서 대본을 쓰고, 친구들의 개성을 살려 역할을 정하고, 시간을 내서 연습하는 모든 과정을 즐겁게 진행했다. 그 과정에서 학원 때문에 모일 시간이 없어서 속상해하고, 배역이 마음에 안 든다고 투덜대는 친구들 때문에 힘들어하기도 했지만, 발표했을 때 선생님들과 학생들의 반응이 매우 좋았다. 2~3학년 언니들을 제치고 우수상을 수상했을 때는 친구들이 환호성을 지르기도 했다.

우리 집은 책이 많은 편이다. 거실에 큰 책꽂이가 세 개나 있고, 아이들 방은 물론 베란다 쪽에도 책장이 꽉 차 있다. 2006년부터 거실에 있던 TV를 안방으로 들이고 그 자리에 책꽂이를 들여 놓았는데, 그랬더니 가족들이 모여서 책을 읽으며 대화를 나눌 수 있는 분위기가 조성되었다. 당시 조선일보에서 벌이던 '거실을 서재로'라는 캠페인에서 아이디어를 얻어 가족끼리 의논한 끝에 마련한 것이다. 이사를 하면서 배치에 약간의 변화가 생기긴 했지만, 지금도 우리 가족은 거실에서 가족들이 함께 책을 읽고 대화를 나누고 윷놀이나 훌라 같은 게임을 하며 즐겁게 시간을 보낸다.

아이들을 키우면서 우리 부부는 주변 사람들의 도움을 많이 받았다. 젤뚜르다 수녀님은 아이들을 어떻게 대해야 하는지 몸소 가르쳐 주셨고, 지연이와 같은 반 친구의 어머니인 임성미 님은 독서 전문가로서 독서에 대한 많은 이야기를 들려주었다. 부모의 역할에 대해 모르는 것도 많았고 부족했던 초보 부모인 우리 부부에게 주위에 있는 분들의 말과 행동은 그대로 모범이 되고 가르침이 되었다. 특히 주광진, 임미경 선생님 부부와 김기재, 이순례 선생님 부부를 만난 것은 큰 행운이라고 생각하며 항상 감사한다.

다른 부모들도 이런 문제에 대해 고민이 많을 것이라 생각한다. 그래서인지 부모 역할에 대하여 함께 고민하고 생각하며 공부하는 기회가 있었으면 좋겠다는 생각을 많이 한다. 그래서 모든 아이들이 몸과 마음이 튼튼하고 생각이 깊은 아이로 자라기를 간절히 바란다.

책 읽는 아이로 키우기 위한 8단계

Step1 책에 흥미를 갖게 한다

Step2 책을 읽어준다

Step3 TV · 인터넷 등의 영상매체를 통제한다

Step4 아이 주변에 책이 차고 넘치게 한다

Step5 책을 읽고 나서 잘 읽었는지 확인하지 않는다

Step6 책 읽을 시간을 확보해 준다

Step7 독서 수준을 높여준다

Step8 책을 꾸준히 잘 읽고 있는지 살핀다

Step 1
책에 흥미를 갖게 한다

아이들은 원래 재미있는 일 이외에는 관심이 없다. 공부하는 것은 물론이고 자는 것, 먹는 것, 노는 것조차도 흥미가 있어야 한다. 이불이나 밥그릇에 좋아하는 만화 캐릭터를 넣는 것도 이러한 이유 때문이다.

책도 마찬가지다. 책 읽기를 계속하려면 가장 먼저 책 읽기가 재밌어야 한다. 흥미가 없으면 지속력이 떨어지고, 누가 볼 때는 책을 읽다가도 누가 보지 않거나 감시하지 않으면 책을 읽지 않게 된다.

사람은 좋아하는 것을 잘하고, 잘하는 것을 좋아한다. 아이들은 특히나 더 그렇다. 책 읽기가 얼마나 유익한지에 대해 이야기하기보다, 얼마나 즐겁고 재미있는 것인지 이야기해 주자. 그리고 학습에 도움이 되는 책보다 아이 스스로가 좋아하는 책, 흥미를 느끼는 책을 더 많이 읽도록 도와주자.

Step 2
책을 읽어준다

  책에 흥미를 느끼게 하는 가장 좋은 방법은 책을 읽어주는 것이다. 책에 흥미가 있는 아이든 그렇지 않은 아이든 부모의 무릎에 아이를 앉혀놓고 책을 읽어주는 것은 정서적인 면에서도 매우 좋고, 책의 흥미를 높여준다는 면에서도 매우 좋다.

  책 읽어주기는 독서 흥미와 독서 태도에 좋은 영향을 미치고, 청각 주의력과 집중력을 높여주며, 이야기를 즐기는 힘도 길러주는 등 책 읽기를 시작하는 아이에게 매우 유익한 활동이다.

  책 읽어주는 것을 아이가 좋아한다면 3~4학년 때까지 계속해서 읽어줘도 좋다. 그 뒤에는 책을 권하고 소개하여 독서 흥미를 지속시킬 수 있도록 도와야 한다.

Step 3
TV·인터넷 등의 영상매체를 통제한다

TV와 인터넷이 한편이 되어 독서와 경쟁하면 누가 이길까? 많은 분들이 무조건 TV와 인터넷이 이길 거라고 생각할 것이다. 하지만 실제로는 그렇지 않다. 먼저 시작한 것이 이긴다.

한창 성장하고 발달해야 할 아이들이 TV나 인터넷 게임을 많이 접하는 것은 매우 위험하다. TV를 볼 때는 뇌 활동이 일어나지 않으며, 신체 활동도 거의 없다. 인터넷 게임은 도박과 유사하여 중독의 위험까지 안고 있다. 그래서 미국 중산층 가정에는 아이들이 태어난 뒤 만 2~3세까지 절대로 TV를 보여주지 않는 부모들이 많다. 요즘 많은 사람들이 갖고 있는 스마트폰도 마찬가지다. 어쩌면 무감각하게 접근할 수 있다는 면에서는 TV나 인터넷보다 더 위험한 매체일 수 있다.

책 읽는 아이로 키우기 위해서는 TV, 인터넷 등 영상매체를 통제하는 것이 반드시 필요하다.

Step 4
아이 주변에 책이 차고 넘치게 한다

"가장 좋은 독서 지도는 아이가 좋아할 만한 책을 아이 주변에 놔두는 것에서 시작된다."라는 말이 있다. 책 읽는 아이로 키우기 위해서는 아이가 손을 뻗는 곳마다 아이가 관심 가질 만한 책, 질 좋은 책들이 놓여 있어야 한다.

학교나 지역 도서관을 활용하여 책을 빌리는 것이 가장 편한 방법이지만, 반복해서 읽는 어린이들의 독서 특징을 감안하면 아이에게 내 책을 마련해 주는 것도 매우 중요하다. 내 책을 소유함으로써 독서에 애착을 갖게 되기 때문이다. 그러므로 경제 사정이 허락하는 한 최대한 사주는 것이 좋다. 물론 시기별로 읽어야 할 책을 모두 사거나 빌릴 수는 없기 때문에, 가까운 이웃이나 친척들이 가지고 있는 책을 얻는 등 적극적으로 나서서 책을 구하는 게 좋다.

Step 5
책을 읽고 나서 잘 읽었는지 확인하지 않는다

대부분의 부모들이 아이가 책을 읽은 뒤에 잘 읽었는지 확인하려고 한다. 그러나 이러한 행동은 아이에게 책 읽기에 대한 부담을 줄 수 있기 때문에 삼가야 한다.

아이들에게 책을 읽히는 것은 콩나물을 키우는 것과 같다. 콩나물을 키울 때는 콩나물시루에 검은 천을 덮고 주기적으로 물을 주며 속살이 뽀얀 콩나물로 자랄 때까지 기다려줘야 한다. 그렇지 않고 콩나물시루를 덮고 있는 검은 천을 자주 들춰 보면 콩나물 대가리가 파래지고, 물을 제때 주지 않으면 콩나물이 억세고 잔뿌리가 많아지며, 한꺼번에 물을 많이 먹이겠다고 물에다 담가놓으면 콩나물이 되지 못하고 썩게 된다. 독서 지도도 마찬가지다. 아이에게 부담을 주는 과도한 관심과 강요는 아이를 책으로부터 멀어지게 할 수 있다. 콩나물시루에 물을 주는 마음으로 꾸준히 책을 권하며 기도하는 마음으로 기다려야 한다.

Step 6
책 읽을 시간을 확보해 준다

사람은 누구나 급한 일, 당장 해야 할 일부터 하게 된다. 아이들에게는 어른들이 당장 강조하는 일이 가장 중요한 일이다. 그렇게 되면 보통 덜 급하다고 생각되는 독서는 뒷전으로 밀리게 마련이다.

물론 독서 흥미, 독서 태도, 독서 능력이 갖춰진 아이들은 바쁜 와중에도 틈틈이 책을 읽는다. 하지만 그렇지 않은 아이들에게는 바쁜 일과 속에서 여유를 갖고 책을 읽는다는 게 쉬운 일이 아니다.

그러므로 책 읽는 아이로 키우려면 아이들에게 책 읽을 시간을 확보해 줘야 한다. 아무것도 하지 않고 빈둥거릴 시간이 필요하다는 이야기다. 그래야 마음껏 책을 읽을 마음의 여유도 생긴다.

엄마의 욕심대로 이것저것 시키느라 아이들을 바쁘게 해놓고 책을 읽으라고 하는 것은 어불성설이다.

Step 7
독서 수준을 높여준다

초등학생 시기에는 아이의 독서 수준을 정확히 파악하고, 독서 수준을 높일 수 있도록 도와줘야 한다. 이때 가장 중요한 시기가 초등학교 중학년 시기이다. 빠른 아이들은 이미 중학년 시기 이전에 높은 독서 수준에 도달하지만, 보통 아이들은 중학년 시기 이후에야 어려운 책, 복잡한 책, 두꺼운 책을 읽어낼 수 있는 능력이 생긴다. 어렸을 때부터 쌓아온 독서 흥미, 독서 태도, 독서 능력이 겉으로 드러나는 시기도 바로 이때다.

독서 수준이 어른과 크게 차이 나지 않는 시기로 접어드는 중학년 시기야말로 평생 독자의 길로 접어드느냐 마느냐 하는 갈림길이다. 그러므로 이 시기에 아이들에게 넓고 높은 책의 세계를 알려주고 그 길을 향해 나아갈 수 있도록 도와야 한다. 아이가 좋아할 만한 책을 아이에게 꾸준히 권하는 일, 책을 잘 읽고 있는지 관심 갖는 일, 책에 대해 함께 얘기할 기회를 갖는 일, 책을 다 읽고 나면 기뻐하고 축하해 주는 일, 책을 잘 읽기 바라는 마음을 표현하는 일 등이 바로 우리가 할 수 있는 일이다.

Step 8
책을 꾸준히 잘 읽고 있는지 살핀다

어렸을 때 책을 좋아하던 아이들도 할 일이 많아지거나 바빠지면 책을 멀리할 수 있다. 많은 부모들이 아이들이 어렸을 때는 독서를 중요하게 여기다가도 아이가 커가면서 영어, 피아노, 바이올린, 발레, 수영 등 주변 사람들이 중요하다고 생각하는 것에 관심을 돌린다. 물론 모두 중요한 활동이다. 그러나 독서를 멈추고 해야 하는 일은 아니다.

　독서의 중요성을 깊이 생각하지 않는 부모들은 이런 활동에 관심을 빼앗겨 독서를 소홀히 하게 되는 뼈아픈 잘못을 하게 된다. 앞에서 누누이 말한 것처럼 독서는 이해력 향상에 직접적으로 영향을 미친다. 그리고 모든 학습의 밑바탕이 된다. 바이올린을 배울 때나 피아노를 배울 때도 영향을 미치며, 영어를 배우거나 수학 문제를 풀 때도 영향을 미친다. 독서는 이해력을 키워주는 핵심적인 활동이기 때문이다. 독서를 소홀히 하면 안 되는 분명한 이유다.

　책 읽는 아이로 키우기 위해서는 독서 흥미를 잃게 하는 활동들은 과감하게 줄여줘야 한다. 그리고 책을 잘 읽고 있는지, 책을 좋아하는지, 어떤 책들을 읽고 있는지 지속적으로 관심을 갖고 지켜봐야 한다.

스스로 책을 찾아서 읽는 단계를 '독서 독립'이라고 한다. 이 단계에 이르면 더 이상 부모의 도움이 필요하지 않다. 대신 이 단계에 이르기 전까지는 책에 대한 흥미를 지속시켜 주기 위한 노력을 해야 한다. 항상 도움이 필요하다고 생각해도 좋다.

앞에서 말한 대로 일반적으로는 초등학교 중학년 시기까지가 부모와 교사들의 관심과 노력이 가장 필요한 시기이다. 이 시기까지는 아이가 독서 흥미를 잃지 않도록 책을 사주고 권해야 하며, 무슨 책에 흥미를 갖고 있는지 관심을 갖고 살펴보아야 한다. 그래야 독서 독립이 된 아이로 키울 수 있다. 독서 독립이 된 학생들은 중·고등학생이 되어서도 책을 잘 읽는다. 독서가 습관이 되었기 때문이다. 이런 수준이 되면 읽지 말라고 해도 책을 읽는다. 평생 독자의 길로 접어든 것이다. 이런 일은 부모와 교사의 독서에 대한 지속적인 관심을 통해 이뤄낼 수 있다.

| 2부 |

책 읽는 아이로 키우고 싶은 부모들의 질문 50

Part A · **Why**
왜 읽어야 할까?

Part B · **What**
무엇을 읽을까?

Part C · **How**
어떻게 읽을까?

Part D · **After**
읽고 난 후에는 어떻게 할까?

Part A

| Why |

왜 읽어야 할까?

Q1 책을 잘 읽는 아이는 어떤 아이인가요?
Q2 책을 많이 읽으면 어떤 점이 좋은가요?
Q3 책을 읽어주면 어떤 점이 좋은가요?
Q4 책을 많이 읽는 아이와 책을 읽지 않는 아이는 어떻게 다른가요?
Q5 초등학생 시기에 책을 많이 읽어야 하는 이유는 무엇인가요?
Q6 초등 독서에서 왜 3~4학년 시기가 중요하다고 하죠?
Q7 책을 많이 읽으면 머리가 좋아지나요?
Q8 독서와 자기 주도 학습은 어떤 관계가 있나요?
Q9 책 읽는 아이로 키우려면 어떻게 해야 하나요?
Q10 책 읽는 집안 분위기로 만들 수 있는 좋은 방법이 없을까요?

학습 능력과 대인 관계 능력, 이 두 가지는 아이가 초등학교 시절에 반드시 갖춰야 할 가장 중요한 능력입니다. 이 능력을 키울 수 있는 가장 좋은 방법은 바로 독서라는 점을 잊지 마시기 바랍니다. 또한 독서 습관과 독서 능력을 갖출 수 있는 가장 좋은 시기는 초등학생 시기입니다. 이 시기를 놓치면 평생의 독서 밑천을 쌓을 기회는 사라지고 맙니다.

Q 01 | 책을 잘 읽는 아이는 어떤 아이인가요?

책을 좋아하며, 책의 내용을 잘 파악하고 이해하는 아이입니다.

책을 잘 읽으려면 일단 책을 좋아해야 합니다. 좋아해야 계속해서 읽을 수 있기 때문입니다. 억지로 읽혀봐야 소용없습니다. 책을 잘 읽는 아이는 누가 시키지 않아도 알아서 책을 찾아 읽습니다.

그렇다고 그냥 읽기만 해서는 안 되겠죠? 읽은 책의 내용을 잘 파악하고 이해할 수 있어야 합니다. 그래야 계속해서 읽을 수 있습니다. 이해하지 못하는 책을 계속 읽는 것처럼 고통스러운 일도 없기 때문입니다. 이처럼 책을 잘 읽는 아이란 책을 잘 이해할 수 있는 능력, 즉 이해력과 독해력을 갖춘 아이를 말합니다.

과학책을 잘 읽는 아이는 과학책을 좋아하는 아이입니다. 그리고 그 속에 담긴 과학 지식과 용어들을 이해할 수 있다는 뜻이겠지요.

Q 02 책을 많이 읽으면 어떤 점이 좋은가요?

 **이해력이 좋아지고 이해심이 많아집니다.**

책을 많이 읽으면 기본적으로 어휘력과 배경지식이 풍부해집니다. 어휘력과 배경지식은 이해력의 핵심입니다. 알고 있는 어휘나 배경지식이 많을수록 새로운 지식을 이해하고 받아들이기가 훨씬 수월해지기 때문입니다. 그래서 책을 많이 읽는 아이는 이해력이 좋습니다.

이해력이 좋은 아이는 당연히 공부도 잘합니다. 학교에서 배우는 교과서도 하나의 책이기 때문에, 교과서에 나오는 어휘와 문장의 의미, 관련 지식을 잘 알고 있다면 교과서의 내용을 아주 쉽게 이해할 수 있습니다. 이처럼 독서는 학습 능력 향상에도 큰 도움이 됩니다.

또한 책을 많이 읽으면 지식에 대한 이해뿐만 아니라, 사람에 대한 이해도 깊어집니다. 이것을 흔히 '이해심'이라고 합니다. 책을 읽다 보면 이야기에 나오는 등장인물의 성격, 역할, 사고방식, 말투, 습관, 문제 해결 방식, 문제 해결 능력 등 다양한 인간의 특성을 간접경험하게 됩니다. 그리고 이 과정에서 사람에 대해 고민하고 이해할 기회가 생겨납니다.

특히 문학작품 속에는 매우 다양한 '사람들의 이야기'가 담겨있습니다. 예를 들어 생텍쥐페리의 《어린 왕자》를 읽을 때 우리는 어린왕자와 여우, 장미를 비롯하여 허영심 많은 남자, 왕, 실업자, 주정뱅이, 가로등 켜는 사람, 지리학자 등 다양한 등장인물을 만나게 됩니다. 그리고 이들이 벌이는 행동과 사건을 통해 다양한 사람들의 사고방식과 행동을 이해하고 받아들이게 됩니다.

물론 이러한 경험은 부모와 형제자매, 가족, 친지, 이웃 등과 직접적인 관계를 맺으며 쌓아가는 것이 가장 좋습니다. 하지만 예전처럼 다양하고 직접적인 인간관계를 맺기 어려운 요즘, 아이들에게는 독서가 하나의 좋은 대안일 수 있습니다. 세상에 존재하는 온갖 다양한 유형의 사람을 만나볼 수 있다는 점에서도 독서는 아이를 위한 매우 훌륭한 관계 지침서입니다.

Q 03 책을 읽어주면 어떤 점이 좋은가요?

 **책 읽어주기는 아이가 책을 좋아하게 만드는 가장 좋은 방법입니다.**

책을 읽어주는 행위에는 엄마(책을 읽어주는 사람)의 사랑이 듬뿍 담겨 있습니다. 갓난아기가 엄마 품에 안겨 엄마의 책 읽어주는 소리를 들으며 잠드는 모습이나, 아이들이 엄마 무릎에 앉아 엄마가 들려주는 이야기에 귀 기울이는 모습을 상상해 보면 금세 알 수 있지요. 엄마의 책 읽어주기를 경험한 아이는 엄마에게 사랑받고 있다는 느낌과 더불어 책 읽기를 즐겁고 행복한 일로 받아들입니다. 그리고 이러한 경험은 아이가 독서를 긍정적으로 인식하게 만들고, 좋아하게 만듭니다. 책 읽어주기는 엄마의 사랑과 관심, 배려와 이해가 모두 담겨 있는 활동이기 때문입니다.

또한 책 읽어주기는 처음 책을 접하는 아이들에게 어떻게 책을 읽는지 보여주고 들려줌으로써 자연스럽게 책 읽는 방법을 알려줍니다. 우리가 혼자 책을 읽을 때 일어나는 과정과 누군가 책을 읽어줄 때 일어나는 과정은 거의 유사합니다. 묵독(소리 내지 않고 눈으로 책을 읽는 것)의 경우 문자언어가 음성언어로 바뀌는 과정이 머릿속에서 일어나지만, 음독의 경우 이 과정이 입을 통해 공기 중에 소리로 전달되어 귀로 들어간다는 것뿐입니다. 책 읽어주기는 문자언어가 음성언어로 바뀌는 과정을 엄마가 대신해 주기 때문에, 쉽고 편하게 책 읽는 즐거움에 빠져들 수 있게 합니다. 또한 독서 능력이 떨어지는 아이가 책에 흥미를 갖게 하는 데에도 큰 도움이 됩니다.

마지막으로 책 읽어주기는 뇌를 활성화시킨다는 점에서도 매우 훌륭한 활동입니다. 사람의 뇌는 소리를 들을 때, 들려오는 소리의 실체를 파악하기 위해 매우 복잡하게 반응하고 움직입니다. 그래서 눈으로 보거나 읽을 때보다 더 집중하게 되고, 평소보다 뇌의 넓은 부분이 활성화되는 등 두뇌 활동에 좋은 영향을 미칩니다.

이처럼 책 읽어주기는 엄마의 사랑과 관심을 받으며 책에 대한 흥미를 느끼게 해주고, 자연스럽게 책 읽는 법을 알게 해주며, 두뇌 활동을 활성화시키는 아주 좋은 활동입니다.

Q 04 | 책을 많이 읽는 아이와 책을 읽지 않는 아이는 어떻게 다른가요?

 **학습 능력과 대인 관계 면에서 크게 차이가 납니다.**

일단 책을 읽지 않는 아이는 책을 좋아하고 좋아하지 않고를 떠나 책을 읽지 못하는 아이, 책을 이해하지 못하는 아이일 가능성이 아주 높습니다. 책을 읽지 못한다는 것은 책 읽기에 필요한 능력, 구체적으로 말하면 글 속에 들어 있는 어휘나 문장을 알아내는 능력, 이들을 빠르게 조합하여 문장의 의미를 파악하는 능력, 글 속에 드러나 있는 뜻과 숨은 뜻을 이해하는 능력, 책에 담긴 정보를 이해하기 위한 배경지식 등이 모두 부족하다는 뜻입니다. 한마디로 이해력이 떨어진다고 할 수 있습니다.

따라서 책을 읽지 않는 아이는 이해력 면에서 책을 많이 읽는 아이와 큰 격차를 보입니다. 집중력도 마찬가지입니다. 이해력이 떨어지면 집중력도 갖추기 어렵습니다. 무슨 말인지도 모르는 이야기에 신경을 곤두세우는 것처럼 괴로운 일도 없기 때문입니다. 그래서 책을 많이 읽는 아이와 책을 읽지 않는 아이는 이해력과 집중력이 요구되는 학습 능력 면에서 가장 큰 차이가 납니다.

그 다음으로 차이가 나는 것은 대인 관계 능력입니다. 많은 책을 통해서 사람과 관계에 대한 이해의 폭을 넓혀온 아이와 달리, 책을 읽지 않는 아이는 갈등 상황을 어떻게 이해하고 대처해야 할지 잘 모릅니다. 그리고 이것은 고스란히 대인 관계 능력 부족으로 드러납니다.

세상에는 셀 수 없이 많은 사람이 존재하며, 서로의 이해관계에 따라 무수히 많은 일이 벌어질 수 있다는 사실을 깨닫지 못한 아이는 이제까지 겪어보지 못했거나 겪어봤더라도 익숙하지 않은 문제 상황이 발생하면 어찌할 바를 모릅니다. 그래서 결국 자기주장만 하거나 화를 내며 또래와 다투게 됩니다. 자신의 잘못은 물론 다른 사람의 상황을 깨닫고 이해하는 능력이 부족하기 때문입니다.

학습 능력과 대인 관계 능력, 이 두 가지는 아이가 초등학생 시기에 반드시 갖춰야 할 가장 중요한 능력입니다. 이 능력을 키울 수 있는 가장 좋은 방법은 독서라는 점을 잊지 마시기 바랍니다.

| 독서에 대한 오해와 착각 · 1 |

글자만 읽을 줄 알면 다 읽을 수 있다?

글자만 읽을 줄 알면 어떤 책이든 쉽게 읽을 수 있을까? 천만의 말씀이다. 예를 들어 의학 전문 서적은 어려운 의학 용어와 생물학적 지식이 없으면 이해하기 어렵다. 수준의 차이는 있어도 음악, 역사, 미술, 사회학 등 어느 분야나 마찬가지다. 이러한 책들 역시 우리가 읽을 수 있는 한글로 되어 있다. 글자는 읽을 수 있는데 뜻을 알 수 없을 뿐이다. 이처럼 책을 이해할 수 있는 충분한 어휘력과 배경지식이 없으면 어떤 책도 읽어낼 수 없다.

아이들의 경우도 마찬가지다. 어른들이 봤을 때는 충분히 이해할 수 있는 어휘나 문장으로 되어 있는 책일지라도, 읽는 아이가 모르는 어휘나 문장이 많이 들어 있다면 그 책은 읽을 수 없는 책이다.

독서에 대해 별로 중요하게 생각하지 않는 부모들은 흔히 '책은 알아서 읽는 것', '누가 가르쳐주지 않아도 읽는 것'이라 생각한다. 그리고 바로 이러한 생각에서 '글자만 읽을 줄 알면 누구나 책을 읽을 수 있다'는 오해가 생긴다. 하지만 이것은 지독한 오해다. 책 읽기는 이전까지의 책 읽기를 통해 꾸준히 쌓아온 어휘력과 배경지식이 있어야 가능하다.

Q05 초등학생 시기에 책을 많이 읽어야 하는 이유는 무엇인가요?

 독서 습관과 독서 능력을 갖출 수 있는 가장 좋은 시기이기 때문입니다.

초등학생은 중·고등학생에 비해 상대적으로 책을 읽을 수 있는 시간적·심리적 여유가 많습니다. 우리나라의 교육 현실의 특성상, 중·고등학교에 올라가서 많은 양의 책을 읽기란 쉽지 않습니다. 물론 중·고등학생 시기에 많은 책을 읽는 학생들도 있습니다. 그러나 이런 학생들을 자세히 살펴보면 이미 초등학생 시기에 충분한 독서를 통해 바람직한 독서 습관과 독서 능력을 갖춰놓은 경우가 대부분입니다.

초등학생 시기에 책을 많이 읽으면, 아주 쉽고 빠르게 독서의 양적·질적 팽창을 경험할 수 있습니다. 물론 책 읽기는 초등학교에 입학하기 훨씬 전부터 시작해야 하며, 그렇게 되면 그 속도는 더욱 빨라지겠지요. 초등학교 저학년 때부터 꾸준한 책 읽기를 통해 독서 수준을 높여온 아이는, 고학년이 되었을 때 읽을 수 있는 책의 종류나 양이 어른들이 상상할 수 있는 수준을 뛰어넘게 됩니다.

이런 아이들이라면 중·고등학생이 되어서도 자연스럽게 책을 즐기며 자신에게 필요한 책을 효율적으로 읽을 수 있습니다. 하지만 초등학생 시기에 충분히 책을 읽지 못한 아이는 중·고등학교에 올라가면 교과 공부에 매달리느라 점점 더 책을 읽지 못합니다. 책을 읽고 싶은 마음이 생기더라도 독서 능력이 뒷받침되어 있지 않기 때문에 책 읽기는 더더욱 어려워집니다.

독서 습관과 독서 능력을 갖출 수 있는 가장 좋은 시기는 초등학생 시기입니다. 이 시기를 놓치면 평생의 독서 밑천을 쌓을 기회는 사라지고 맙니다. 명심하십시오. 초등학생 시기는 아이에게 주어진 마지막 기회입니다.

Q 06 초등 독서에서 왜 3~4학년 시기가 중요하다고 하죠?

독서 능력의 양적·질적 변화가 이루어지는 매우 중요한 시기이기 때문입니다.

초등학교 3~4학년 시기는 아이의 생활, 신체, 학습, 지능 면에서 매우 중요한 시기입니다. 이 시기는 아이들이 어린이에서 청소년으로 넘어가기 위한 준비 단계로, 모든 면에서 다양한 변화가 일어납니다.

실제로 초등학교의 교과 구성도 1~2학년 시기에는 학습 그 자체보다는 학습에 대한 흥미와 생활 능력, 습관 등을 기르기 위한 주제나 활동 중심의 통합교과로 되어 있습니다. 《우리들은 1학년》, 《바른 생활》, 《슬기로운 생활》, 《즐거운 생활》 같은 과목들이 그러한 예입니다.

그러다 3학년이 되면 교과의 수가 늘어나고 학습량도 아주 많아집니다. 그렇기 때문에 이 시기를 잘 넘기지 못하면 이후 기하급수적으로 늘어나는 학습량과 높아지는 학습 난이도를 감당하지 못하게 됩니다.

　독서도 마찬가지입니다. 저학년 때 내용도 쉽고, 분량도 적고, 그림도 많은 책들을 주로 읽었다면, 중학년 때부터는 등장인물도 많고, 사건도 복잡하며, 분량도 많고, 그림보다 글이 많은 책을 읽어야 합니다. 중학년 시기에 이런 책을 읽어내지 못하면 당연히 고학년이 되어서도 그 시기에 읽어야 할 문학작품이나 청소년 교양서를 읽을 수 없게 됩니다.

　이처럼 초등학교 중학년 시기를 놓치면 독서의 양적·질적 팽창을 이루지 못하고, 저학년 수준에 머물게 됩니다. 이것이 바로 초등 독서에서 3~4학년 시기가 중요한 이유입니다.

　초등학교 3~4학년은 큰 고비인 동시에 기회입니다. 이제까지 준비하고 노력한 결과가 나타나는 시기이며, 앞으로 맞이해야 할 높고 험한 봉우리에 올라가는 데 필요한 베이스캠프를 세우는 시기입니다. 그렇다고 너무 초조해하거나 불안해하지 않으셔도 됩니다. 아이가 책을 좋아할 수 있도록 꾸준히 이끌어주겠다는 엄마의 굳은 마음이 있다면 문제없습니다.

Q 07 책을 많이 읽으면 머리가 좋아지나요?

 **독서는 두뇌 발달에 엄청난 영향을 미칩니다.**

우리의 뇌는 훈련을 통해 얼마든지 발달시킬 수 있습니다. 두뇌 발달을 위한 활동은 운동, 그림 그리기, 노래 부르기 등 다양한데 그 중에서도 가장 좋은 것이 바로 독서와 글쓰기입니다.

책을 많이 읽으면 뇌에서 구조적인 변화가 일어납니다. 우리의 뇌 속에는 미엘린이라는 물질이 있는데, 이 물질이 많고 두꺼울수록 뇌신경의 정보 전달이 빠르고 정확해집니다. 그러면 복잡한 사고도 빠르게 해낼 수 있게 되지요. 미엘린은 책 읽기와 같은 사고 활동을 반복할수록 많이 생성됩니다. 또한 독서를 계속하면 전두엽뿐 아니라 좌뇌와 우뇌의 넓은 부위가 활성화됩니다. 이렇게 성숙해진 뇌는 빠른 시간에 많은 정보를 보다 정확하게 전달하게 됩니다. 머리가 좋다는 것은 바로 이러한 상태를 말합니다.

Q08 독서와 자기 주도 학습은 어떤 관계가 있나요?

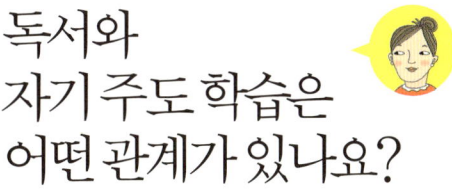

 **자기 주도 학습에 필요한 목표 의식과 실행 의지, 집중력, 이해력을 키워줍니다.**

자기 주도 학습의 핵심은 자발성입니다. 자발성은 어느 날 갑자기 생겨나지 않습니다. 목표 의식과 그 일을 해낼 만한 능력이 갖춰졌을 때 비로소 생겨납니다. 혼자 공부하고 싶어도 이해력이 떨어지거나, 집중력과 인내심이 부족하면 자기 주도 학습은 불가능합니다.

독서를 통해 풍부한 이해력을 키운 아이는 정보 처리 능력이 뛰어나고, 기억력과 집중력이 좋기 때문에 혼자서 공부해도 충분히 좋은 성적을 얻을 수 있습니다. 이 과정에서 강한 자아존중감을 갖게 된 아이들은 새로운 일에 도전하려는 의지, 즉 '실행 의지'가 강한 아이로 자라납니다. 독서는 이와 같이 자기 주도 학습의 밑바탕이 되는 목표 의식과 실행 의지, 집중력, 이해력을 키워줍니다.

| 독서에 대한 오해와 착각·2 |

때가 되면 읽는다?

부모들이 가장 많이 하는 오해 중 하나다. 부모들은 독서에 대해 별다른 노력을 하지 않고 가만히 내버려 둬도 때가 되면 읽는다고 믿는 경향이 있다. 6학년이 되면 6학년 수준의 책을 척척 읽어내고, 중학생이 되면 중학생 수준의 책을 척척 읽어낼 것이라 생각하는 것이다. 물론 고등학생, 대학생에 대해서도 마찬가지로 생각한다. 학년이 올라감에 따라 독서 수준도 자연히 높아질 거라 생각하는 것인데, 이것은 심각한 착각이다.

아이들이 시기별로 그에 맞는 독서 능력을 키우지 못하면, 다음 단계로 나아가기가 여간 힘든 게 아니다. 실제로 학교에는 생각보다 힘겹게 버티고 있는 아이들이 많다. 읽고 싶은데 읽지 못하는 아이들도 많고, 읽어야 할 책을 간신히 읽어내는 아이들도 많다. 책을 읽어도 이해하지 못하고, 받아들이지 못하는 아이들은 말할 것도 없다. 겉으로 볼 때는 수업도 잘 듣고 문제도 잘 풀고 아무 문제가 없어 보여도, 잘 들여다보면 이런 아이들은 부지기수로 많다.

5~6학년쯤 된 아이가 책을 좋아하지 않는다면, 그 아이는 책을 안 읽는 것이 아니라 못 읽는 것으로 봐야 한다. 자기 연령에 맞는 책을 읽어낼 능력이 없기 때문에 책을 좋아하지 않을 확률이 높다. 내용을 이해하지 못하고, 끝까지 읽어내지 못하는데 책을 좋아할 수 있을까? 절대 그럴 수 없다. 그렇기 때문에 책다운 책을 읽지 못하고, 만화책을 많이 보거나 자기 연령보다 훨씬 수

준이 낮은 책을 읽는 것이다.

그런데도 많은 부모들이 아이가 만화책을 읽고 있든 자기 나이보다 수준이 낮은 책을 읽고 있든 크게 신경 쓰지 않는다. 더구나 학교 성적이 상위권이면 더더욱 걱정하지 않는다. 학생도 부모도 아무 걱정이 없다. 독서 능력이 공부에 어떤 영향을 미치는지 잘 모르기 때문이다.

독서가 모든 공부에 영향을 미치며, 학업 성취도를 높일 수 있는 지름길이라는 사실은 본문에서도 자세히 설명한 바 있다. 그런데도 독서에 관심이 적고, 그저 시간이 지나면 누구나 다 할 수 있는 평범한 활동이라고 생각하는 사람이 많다. 천만의 말씀이다. 독서는 시간이 지나면 저절로 할 수 있는 게 아니라, 오랜 시간 동안 꾸준히 노력해야 할 수 있는 것이다. 어휘와 문장을 하나하나 읽어가며 탑을 쌓듯 쌓아 나가는, 시간과 인내를 필요로 하는 것이 바로 독서다.

Q 09 책 읽는 아이로 키우려면 어떻게 해야 하나요?

 **먼저 책을 좋아하게 만들어야 합니다.**

무언가를 잘하게 하려면 먼저 좋아하게 만들어야 합니다. 좋아하지 않으면 계속할 수 없습니다. 독서도 마찬가지죠. 책을 좋아해야 책을 계속해서 잘 읽을 수 있다는 사실을 꼭 기억하기 바랍니다.

책을 좋아하게 하려면 아이가 흥미를 보이는 책, 또는 쉽고 좋아할 만한 책부터 읽게 해주세요. 독서 흥미를 높여야 책을 많이 읽게 되기 때문입니다. 책 읽기가 재미있어지면 나중에는 스스로 책을 찾아 읽게 됩니다. 독서 태도가 좋아지는 것입니다. 독서 태도가 좋아지면 독서 능력까지 좋아집니다. 독서 능력이 좋아지면 당연히 독서 흥미는 더욱더 커지게 되죠.

너무나 단순해 보이지만, 책 읽는 아이로 키우기 위해서는 무엇보다 먼저 책을 좋아하게 만들어야 합니다.

Q10 책 읽는 집안 분위기로 만들 수 있는 좋은 방법이 없을까요?

 가족들이 많이 모이는 거실을 서재로 바꿔 보세요.

많은 독서 전문가들이 이 방법을 권합니다. 어느 집에 가나 가족들이 한자리에 모이는 거실에 TV나 컴퓨터가 놓여 있죠. 그러다 보니 습관적으로 TV를 켜놓는 경우가 많습니다. 이런 환경에서 아이들에게 책을 읽으라고 말하는 건 어불성설일지 모릅니다.

2006년도부터 조선일보에서 시작한 '거실을 서재로' 캠페인이 좋은 예입니다. 거실에서 TV와 컴퓨터를 치우고 그 자리를 책으로 채우자는 겁니다. 그리고 거실 중앙에 책을 읽을 만한 탁자나 테이블을 갖다 놓고 온 가족이 책을 읽으면, 아이들은 쉽게 책 읽는 분위기에 빠집니다. 책 읽는 분위기로 만들고 싶다면 책을 가까이 할 수 있는 분위기를 만들어야 합니다.

Part
B

| What |

무엇을 읽을까?

Q11 어떤 책을 먼저 읽어야 하나요?
Q12 나이에 따라 읽어주는 책이 다른가요?
Q13 아이에게 책을 권할 때 어떤 기준으로 골라야 하나요?
Q14 아이와 함께 서점에 가서 직접 책을 고르는 것이 좋을까요?
Q15 아이들에게 좋은 책과 나쁜 책이 있나요?
Q16 같은 책을 계속 반복해서 읽는데, 괜찮은가요?
Q17 계속 한 종류의 책만 읽는데 어떻게 해야 하나요?
Q18 고학년인데 쉬운 책만 읽으려고 해요.
Q19 동시를 읽는 것도 독서인가요?
Q20 동시는 외우는 게 좋을까요?
Q21 이야기책만 좋아하는데 괜찮은가요?
Q22 역사책에 흥미가 없어 사줘도 잘 읽지 않아요.
Q23 판타지 소설에 빠져 다른 책은 읽지 않아요.
Q24 하루 종일 만화책만 읽는데 괜찮을까요?
Q25 학습 만화는 읽어도 되나요?

    어떠한 경우라도 책을 선정하는 첫 번째 기준은 '아이'라는 사실을 잊지 마시기 바랍니다. '옆집 아이가 읽으니까', '사람들이 좋다고 하니까', '학습에 도움이 될 것 같으니까' 등의 이유로 아이가 읽을 책을 정해서는 절대로 안 됩니다. 책을 고를 때는 가장 먼저 '아이'에게 초점을 맞추고, 다음의 두 가지 질문을 던져보면 됩니다.

    첫 번째 질문은 "아이의 관심 분야를 더욱 깊고 넓게 해주는 책인가?" 입니다. 두 번째 질문은 "아이의 독서 수준을 높여주는 책인가?" 입니다.

Q11 어떤 책을 먼저 읽어야 하나요?

 아이가 좋아하는 책부터 읽는 것이 좋습니다.

나름대로 기준을 세워 말한다면, 원칙은 단 하나입니다. 아이가 흥미를 갖고 있는 책, 아이가 흥미를 보이는 책부터 먼저 읽어야 한다는 것이지요.

많은 부모들이 아이에게 책을 골라줄 때 부모가 읽히고 싶은 책을 골라줍니다. 하지만 부모들이 읽히고 싶은 책과 아이들이 읽고 싶은 책, 아이들이 읽을 수 있는 책은 다르다는 것을 알아야 합니다. 좋아하지도 않는 책을 억지로 읽을 때 아이들의 독서 흥미는 급격히 떨어집니다.

조금 더 구체적인 답을 드린다면, 아이들이 좋아하는 책을 읽히되 이야기책을 먼저 읽히기를 권합니다. 우리가 평생 읽어야 할 책의 대부분은 이야기책입니다. 드라마, 연극, 영화, 뮤지컬, 오페라

등 다양한 예술작품도 이야기로 되어 있습니다. 성서나 불경도 마찬가지입니다. 쉽게 읽히고 재미도 있지만, 모든 문화 예술 콘텐츠의 바탕이 되며, 사람이 생각하고 행하는 모든 것이 담겨 있기 때문에 이야기책을 가장 먼저 접하게 해주는 것이 좋습니다.

  이야기 중에서도 가장 좋은 것은 우리나라의 전래 동화입니다. 전래 동화는 아이들이 읽으면서 많은 것을 얻을 수 있는 훌륭한 읽을거리입니다. 전래 동화의 가장 큰 특징은 각 나라와 민족이 간직해 온 가치, 오랜 시간에 걸쳐 전해 내려온 생각이나 사상, 관습 등을 담고 있다는 것입니다. 전래 동화 속에 담긴 우리 조상들의 삶을 살펴보면서 아이들은 사람들이 어떻게 살아왔고, 어떻게 살아가고 있는지 자연스럽게 배울 수 있습니다. 또한 전래 동화는 등장인물이 적고, 이야기 구조가 단순하며, 재미있는 줄거리로 되어 있기 때문에 아이들이 매우 좋아하는 장르입니다.

  국내 창작 동화나 외국의 명작 동화, 그림책들도 좋은 읽을거리입니다. 전래 동화와 더불어 독서를 시작하는 아이들에게 권하면 좋습니다.

Q12 나이에 따라 읽어주는 책이 다른가요?

 아이의 나이와 발달 수준, 독서 능력에 따라 다릅니다.

아이에게 맞는 책을 선정하는 기준은 아이의 나이 또는 학년, 개별적인 발달 정도, 독서 능력에 따라 달라집니다.

일반적으로 유아나 미취학 아동에게는 그림이 많이 들어간 그림책이 좋습니다. 좋은 그림과 어휘, 문장이 들어 있는 책을 골라 천천히 읽어주며, 아이들이 이야기를 즐기고 어휘와 문장을 배울 수 있도록 해야 합니다. 그림책의 경우 그림을 보며 책에 없는 내용이나, 글로 적혀 있지 않은 부분을 상상하며 이야기를 즐길 수도 있습니다. 그림책은 그림과 글이 모두 중요한 의미를 갖는 책입니다.

초등학교 1~2학년 학생들에게는 전래 동화나 창작 동화, 명작 동화와 같은 이야기책을 읽어주면 좋습니다. 특히 전래 동화는 아이들이 좋아할 만한 특성을 많이 갖고 있습니다. 창작 동화는 실제

아이 주변에서 일어나는 일들을 다루고 있기 때문에 아이들이 재미있어합니다.

  초등학교 중·고학년으로 올라가면, 책의 전부가 아닌 일부만 읽어주는 것도 좋습니다. 책의 일부를 읽어주며 책을 소개해 주는 것이지요. 특히 초등학교 고학년 학생들에게 책을 소개해 주는 것은 맛있는 사과 한 쪽을 잘라 맛보게 하는 것과 같습니다. 사과가 맛있고 건강에 좋다고 주저리주저리 설명하는 것이 아니라, 직접 얼마나 맛있는지 맛보게 하는 것입니다. 그래서 다음번엔 스스로 사과를 찾아 먹고 싶어지게 하는 것, 이것이 고학년을 위한 책 읽어주기 방법입니다.

Q 13 아이에게 책을 권할 때 어떤 기준으로 골라야 하나요?

 아이의 관심 분야를 넓혀주는 책이나, 아이의 독서 수준을 높여주는 책을 골라야 합니다.

어떠한 경우라도 책을 선정하는 첫 번째 기준은 '아이'라는 사실을 잊지 마시기 바랍니다. '옆집 아이가 읽으니까', '사람들이 좋다고 하니까', '학습에 도움이 될 것 같으니까' 등의 이유로 아이가 읽을 책을 정해서는 절대로 안 됩니다. 책을 고를 때는 가장 먼저 '아이'에게 초점을 맞추고, 다음의 두 가지 질문을 던져보면 됩니다.

첫 번째 질문은 "아이의 관심 분야를 더욱 깊고 넓게 해주는 책인가?"입니다. 이 질문에 답하기 위해서는 먼저 아이가 어떤 책을 좋아하는지 알아야 합니다. 곤충에 관한 책을 좋아한다면 다양한 생태 도감이나 곤충 그림책을 권하고, 고구려 역사에 관심이 많다면 삼국시대를 다룬 역사책이나 그 당시 활동했던 사람들의 위인전을 권하는 것입니다.

두 번째 질문은 "아이의 독서 수준을 높여주는 책인가?"입니다. 이때도 무리해서 어려운 책을 안겨줄 것이 아니라, 자연스럽게 수준이 높은 책으로 넘어갈 수 있도록 기다려줘야 합니다. 특히 아이가 전혀 관심이나 흥미를 보이지 않았던 새로운 분야의 책을 권할 경우에는 더욱 인내심이 필요합니다. 아이의 독서 수준보다 높은 책을 권할 경우, 처음에는 읽히고 싶은 책을 사다 놓고 아이에게 그 책을 사왔다고 알려주는 정도에서 그쳐야 합니다. 그러고 나서 가끔 그 책에도 관심을 가지는지 확인하기만 하면 됩니다. "엄마가 지난번에 사준 책도 혹시 읽어봤니?" 하는 정도로 물어보면서 기다려주는 지혜가 필요하지요. 이 과정을 생략하고 억지로 읽히면 오히려 역효과만 일어납니다.

아이들이 좋아하는 책을 읽게 하는 것은 아이의 세계를 인정해주는 것과 같습니다. 그러므로 아이가 흥미를 가지고 있는 책이 무엇인지 관심을 갖고, 아이가 그 분야의 책을 더 깊고 폭넓게 읽을 수 있도록 도와주세요. 그런 다음에 자연스럽게 다른 분야의 책이나, 더 높은 수준의 책으로 눈을 돌리게 하는 것이 중요합니다.

Q14 아이와 함께 서점에 가서 직접 책을 고르는 것이 좋을까요?

 **여러 가지 면에서 아이에게 매우 좋은 경험입니다.**

부모와 함께 서점에 가서 자신이 읽을 책을 직접 고르는 것은 아이에게 매우 좋은 경험입니다. 책 읽기를 권하는 의미에서도 좋고, 아이는 부모와 함께 고른 책에 대해 더 큰 애착을 가지게 되어 좋습니다. 또한 부모가 책 읽기를 중요하게 생각하고, 책을 잘 읽을 수 있도록 곁에서 도와준다는 것에 고마움을 느낄 수 있습니다.

하지만 꼭 같이 서점에 가야만 하는 것은 아닙니다. 서점에서 함께 책을 고르는 것이 특별한 의미로 다가올 수는 있지만, 그것만이 유일한 방법은 아니라는 거죠. 그보다는 언제 어디서나 책을 접하게 해주는 것이 훨씬 중요합니다. 함께 서점에 가는 것은 아이가 책을 좋아하는 데 도움이 되는 가벼운 준비운동 정도로 생각하는 게 좋습니다.

| 독서에 대한 오해와 착각 · 3 |

매일 매일 골고루 읽어야 한다?

일단 '책을 골고루 읽어야 한다'는 말은 맞다. 여러 분야의 책을 접할 수 있는 기회를 갖고, 그 가운데서 흥미 분야를 찾도록 해야 한다는 면에서 맞는 말이다. 그러나 '골고루 읽어야 한다'는 말의 의미를 '매일 다양한 분야의 책을 골고루 읽어야 한다'로 해석해서는 안 된다.

흔히 음식을 매일 골고루 먹는 것처럼 책도 매일 골고루 읽어야 한다고 생각할 수 있다. 그래서 부모들은 아이들이 한 분야의 책만 집중적으로 읽으면 걱정부터 한다. '편식'에 대한 두려움 때문이다. 물론 음식 '편식'은 영양의 불균형을 가져오기 때문에 삼가야 한다.

하지만 독서에는 편식이 필요하다. 이것을 '편독'이라고 하는데, 한 분야의 책을 깊이 있게 집중적으로 읽는 것을 말한다. 한 분야의 책에 관심을 갖고 집중적으로 파고드는 것은 독서 흥미가 높기 때문이며, 독서 능력도 일정 수준에 이르렀다는 뜻이다. 또한 편독은 또 다른 편독을 불러온다. 그리고 그런 '편독들'이 모여 '골고루 읽는, 균형 잡힌 독서'가 된다. 이것이 바로 '책을 골고루 읽는다'는 말의 진정한 의미이다. 어느 한 분야에 대한 편독은 그 분야에 대한 깊은 흥미임을 잊지 말고, 그 분야를 충분히 읽도록 권장해야 한다. 엄마의 걱정 때문에 아이의 '몰입'을 방해해서는 안 된다.

Q15 아이들에게 좋은 책과 나쁜 책이 있나요?

 아이들의 마음을 다치게 하거나 불안하게 만드는 책은 피해야 합니다.

세상에는 좋은 책이 너무나 많습니다. 쌀을 예로 들어 설명해 볼까요? 이천 쌀, 철원 쌀, 서산 쌀, 김제 쌀, 나주 쌀, 포천 쌀 등 헤아릴 수 없이 많습니다. 그중에서 웬만한 조건을 갖추면 좋은 쌀이라고 할 수 있습니다. 하지만 이름난 쌀이라고 해서 그 지역의 모든 쌀이 완벽한 품질을 가지고 있는 것은 아닙니다. 이름나지 않은 곳에서도 얼마든지 좋은 쌀이 생산될 수 있지요. 책도 마찬가지입니다. 유명한 출판사에서 펴내는 책들도 좋지만, 유명하지 않은 출판사에서 펴내는 책들 중에도 얼마든지 좋은 책이 있습니다. 좋은 책에 대한 기준을 너무 엄격하게 세우지 않아도 됩니다. 어느 정도의 요건을 갖추면 좋은 책이라고 할 수 있지요.

기본적으로 좋은 책이란, 작가가 좋은 의도를 가지고 아이들이 배우고 익혀야 할 좋은 어휘와 문장, 내용을 담아 쓴 책입니다. 아름답고 마음을 편안하게 해주는 그림이 담겨 있으면 더욱 좋겠지요. 좋은 인간관계를 맺으며 함께 어울려 살아가는 사람들의 모습이 담겨 있거나, 도전을 즐기고 용기 있게 행동하는 사람들, 다른 사람의 마음을 헤아릴 줄 알며 배려하는 사람들처럼 다양한 사람들의 모습이 들어 있으면 좋습니다.

또한 아이들이 금방 알아채지 못하더라도, 마음 깊숙한 곳으로부터 은은한 감동이 느껴지고 긍정적인 영향을 받을 수 있는 책이라면 좋은 책이라고 할 수 있습니다.

반대로 좋은 책이 갖추고 있는 요소들이 부족한 책, 불순한 의도가 들어 있는 책, 아이의 마음을 다치게 하거나 쓸데없이 불안하게 만드는 책은 나쁜 책이라고 할 수 있습니다. 한때 초등학생들 사이에서 유행했던 잔혹한 공포물이나 괴담 같은 책을 예로 들 수 있습니다. 그런 책을 읽을 때는 조마조마한 마음 때문에 재미있다고 느낄 수도 있지만, 혼자 있을 때나 잠들기 전에 문득 그런 내용이 떠오르면 심리 상태가 불안해질 수 있습니다. 좋은 책을 읽기에도 모자랄 시간에 그런 책을 읽는 건 커다란 낭비입니다.

Q 16 같은 책을 계속 반복해서 읽는데, 괜찮은가요?

 **읽은 책을 다시 읽는 것은 자연스러운 일입니다.**

같은 책을 반복해서 읽는다는 것은 아이가 그 책에 대해 애착을 갖고 있다는 뜻입니다. 이상하다고 생각할 필요가 전혀 없습니다. 아이들은 읽은 책을 다시 읽는 특성이 있습니다. 재미있기 때문입니다. 그리고 좋아하기 때문입니다. 아이들만 그러는 건 아닙니다. 웬만한 어른들이라면 《삼국지》를 몇 번이고 반복해서 읽은 경험이 있을 것입니다. 재미있기 때문입니다. 재미있지 않다면, 좋아하지 않는다면, 그렇게 할 수 없습니다.

아이들이 반복해서 읽는 책은, 아이가 현재 관심을 갖고 있는 독서 분야와 아이의 현재 독서 수준을 그대로 보여주는 잣대입니다. 따라서 어떤 책을 읽고 있는지 관심 있게 살펴봐야 하고, 아이의 독서 특성과 독서 수준을 파악할 기회로 삼아야 합니다.

Q17 계속 한 종류의 책만 읽는데 어떻게 해야 하나요?

 **걱정하실 필요 없습니다. 아주 좋은 현상입니다.**

한 종류의 책만 읽는다는 것은 자신의 관심 분야가 생겼다는 뜻입니다. 누구든 자기가 좋아하는 책을 계속해서 읽고 싶어 합니다. 따라서 이러한 행동은 매우 긍정적으로 해석할 수 있습니다. 자기가 좋아하는 책이 생기고, 좋아하는 분야의 책을 많이 읽고 싶은 마음이 생겼다는 것은 환영해야 할 일입니다. 이것을 이상하게 생각하거나 방해하지 말고 더욱 권장해야 합니다.

예를 들어 공룡에 대한 책에 관심을 보인다면, 관련 분야의 책을 더 사다 주거나 권해 줘야 합니다. 아이들이 관심을 보이는 것에 대해 부모님이 관심과 애정을 보여주는 것은 매우 중요한 일입니다. 내가 하고 있는 것에 대해 부모로부터 인정을 받으면 아이들은 더욱 용기와 자신감을 얻게 됩니다. 책 읽기도 마찬가지입니다.

Q18 고학년인데 쉬운 책만 읽으려고 해요.

 독서 수준이 낮다는 증거입니다. 독서 수준을 높일 수 있도록 도와줘야 합니다.

고학년이 쉬운 책만 읽으려고 한다면, 일단 독서 수준이 높지 않다고 판단해야 합니다. 독서 수준은 이해 능력이 뒷받침되지 않으면 절대로 높아질 수 없습니다. 고학년이 저학년이 읽는 쉬운 책만 읽는다는 것은 자기 연령이나 발달 단계에 맞는 책을 소화할 능력이 없다는 이야기입니다. 같은 학년이라도 독서 능력과 독서 수준은 천차만별입니다. 똑같은 6학년이라도 어떤 아이는 전문가 수준의 독서 능력을 갖추고 있을 수 있으며, 어떤 아이는 떠듬떠듬 글자만 겨우 읽는 수준일 수 있습니다. 고학년인데도 아주 쉬운 책만 읽고 있다면 독서 수준이 그 정도밖에 되지 않는다는 뜻입니다. 그러므로 아이가 독서 수준을 높일 수 있도록 도와줘야 합니다.

| 독서에 대한 오해와 착각 · 4 |

목적 없는 독서는 방황이다?

사람들은 대부분 독서든 운동이든 어떤 목적이 있어야 한다고 생각한다. 무언가를 얻어내기 위해 해야 한다는 것이다. 그래서 '목적 없는 독서' 역시 '시간 낭비'라고 생각하기 쉽다. 그러다 보니 많은 부모들이 목적 있는 독서, 즉 학습을 위한 독서만 강조하고 아이들의 흥미는 무시한다.

사람이 어떤 일을 할 때는 '해야 하기 때문에' 하기도 하지만 '좋아서' 하기도 한다. 물론 두 가지 중에서 더 강렬하고 지속적인 것은 '좋아서' 하는 경우다. 어른이든 아이든 마찬가지다. 사람은 좋아하는 것을 잘하고, 잘하면 더 좋아하게 된다.

그런데 좋아하기도 전에 목적을 정해 놓고 억지로 책을 읽게 만들면 싫증부터 나기 쉽다. 또한 아이들에게 부담으로 다가가 결국 책에서 손을 놓게 만든다. 그러니 제발 아이들에게 목적 없는 독서를 권하자. 아무런 목적 없이 즐겁게 책을 읽는 것이, 결국엔 목적을 이루는 데도 도움이 된다는 사실을 기억하자. 목적 없는 독서는 방황이 아니며, 시간 낭비도 아니라는 사실에 눈을 떠야 한다. 아이들의 경우에는 특히 그렇다. 좋아서 읽는다는데 무엇을 더 바라겠는가?

Q19 동시를 읽는 것도 독서인가요?

 동시 읽기는 창의력과 상상력을 키울 수 있는 매우 훌륭한 독서 활동입니다.

동시는 짧은 글로 되어 있어서, 독서에 포함되지 않는다고 생각할 수 있습니다. 그러나 동시를 읽는 것도 독서입니다. 동시는 표현력과 상상력을 키우기에 매우 좋은 글입니다. 동시에 쓰이는 어휘는 짧지만 함축적이고 풍성한 뜻을 담고 있기 때문에 동시를 많이 읽으면 아이들의 생각과 느낌이 섬세해지고 풍요로워집니다. 또한 동시에 주로 등장하는 동물, 식물, 자연 현상 등 다양한 소재는 아이들의 독서 경험의 폭을 넓히는 동시에 자유롭고 다채로운 상상을 가능하게 합니다. 특히 동시는 짧기 때문에 아이들이 만만하게 여기는 경향이 있습니다. 그래서 긴 글 읽기, 긴 글쓰기를 어려워하는 아이들이라면 더더욱 동시가 좋은 영향을 줄 수 있습니다.

Q20 동시는 외우는 게 좋을까요?

동시는 외우는 것보다 그 자체로 즐기는 것이 중요합니다.

동시를 외우는 것이 나쁠 것은 없지만 억지로 외우게 할 필요는 없습니다. 안 외워지는 걸 억지로 외우다가 동시를 싫어하게 될 수도 있고, 그렇게 되면 동시를 읽지 않는 것만도 못합니다. 동시를 읽을 때는 아이에게 소리 내어 읽어보게 하고, 또 소리 내어 읽어주기도 하면서, 동시에 담긴 의미와 아름다움을 느끼게 하는 것이 중요합니다. 이런 과정을 반복하면 누가 시키지 않아도 마음에 드는 동시를 자연스럽게 외우게 됩니다. 이쯤 되면 좋아하는 동시를 함께 외우고 낭독하는 활동도 해볼 수 있지요. 어른들 사이에서도 멋진 시를 외워 낭송하는 사람은 참 멋있어 보입니다. 아이들에게 그런 모습을 보여주는 것도 독서 흥미와 수준을 높이는 데 도움이 될 것입니다.

Q21 이야기책만 좋아하는데 괜찮은가요?

 이야기책만 좋아하는 것은 절대로 나쁜 일이 아닙니다. 오히려 환영하고 권장할 만한 일입니다.

《천일야화》를 읽다 보면 이야기가 갖고 있는 힘에 대해 감탄하게 됩니다. 주인공 세헤라자데가 목숨을 지켜낼 수 있었던 것도 왕에게 무려 천 일 동안 끊임없이 이야기를 들려주었기 때문이지요. 이처럼 이야기는 인류의 역사와 함께해 왔습니다. 아니 인류가 이야기와 함께 살아왔다고 하는 편이 더 어울릴 것 같습니다.

이야기 속에는 아이들이 살아가는 데 필요한 여러 가지가 담겨 있습니다. 문학작품 속에는 슬픔, 기쁨, 즐거움, 배신, 사랑, 증오, 성공, 좌절, 도전, 실패 등 인간의 삶에 관련된 수많은 이야기가 들어 있지요. 이러한 이야기를 읽어가며 우리는 다른 사람들의 삶에 대해 이해하게 됩니다. 또한 주인공의 행동이나 생각, 감정에 공감하며, 이야기 속에서 벌어지는 다양한 사건과 배경, 인물들의 의사 결정 과정을 지켜보며 나 자신과 비교해 보기도 합니다. 독서를 통해 어휘력이나 문장력뿐 아니라 공감 능력까지 키울 수 있다고 하는 것은 바로 이러한 이유 때문입니다.

아이들도 마찬가지입니다. 아이들은 이야기책을 읽으며 등장인물의 생각이나 행동, 느낌, 감정 등을 간접경험하고, 그들의 삶을 이해하거나 공감하며 자신의 삶에 적용해 보는 기회를 얻습니다. 예를 들어 《아기 돼지 삼형제》를 읽으며 아이들은 돼지 형제들이 저마다 다른 재료로 집을 짓게 되는 이유나 상황에 대해 공감하거나 의문을 가집니다. 또 늑대의 훼방에 집이 무너질 때마다 안타까워하며, 나라면 어떻게 했을지 생각해 보기도 합니다.

따라서 이야기책만 좋아하는 것은 절대로 나쁜 일이 아닙니다. 오히려 환영하고 권장할 만한 일입니다. 아이가 이야기책을 좋아한다면, 더 많은 이야기책을 접할 수 있도록 동서고금의 다양한 문학작품을 소개해 주세요. 그리고 역사 이야기나 지리 이야기 등 이야기책이면서도 주제가 다양한 책들을 함께 권하면 독서의 깊이가 한층 더 깊어질 수 있습니다.

Q22 역사책에 흥미가 없어 사줘도 잘 읽지 않아요.

 자연스럽게 흥미가 생기는 때가 있습니다.

역사책은 과거에 일어난 일들을 기록해 놓은 책입니다. 그렇기 때문에 보통 시간 개념이 발달한 뒤에야 역사책을 받아들이고 읽어 낼 수 있습니다. 독서 수준에 따라 다를 수 있겠지만, 일반적으로 초등학교 저학년의 경우 역사책을 읽기 힘들어합니다. 초등학교 저학년 시기에는 지나간 시간, 현재 시간, 앞으로 다가올 시간에 대한 개념이 발달해 있지 않기 때문입니다.

그 시기를 앞당기려는 노력을 해볼 수는 있겠지만, 무리하게 강요하는 건 좋지 않습니다. 이럴 때는 같은 역사책이라도 이야기로 풀어낸 책을 권하는 것이 부담이 덜할 수 있습니다. 하지만 삼국시대, 고려시대, 조선시대 등 시대별로 엮어진 역사책이나 역사적 사건들이 나열된 책을 아이들이 좋아하게 되는 데는 시간이 필요합니다.

| 독서에 대한 오해와 착각 · 5 |

독서 능력과 학습 능력은 별개의 능력이다?

독서를 많이 하면 뇌가 근본적으로 변한다. 뇌의 여러 부분이 활성화되는 동시에, 뇌신경이 보다 빠르고 정확하게 정보를 전달할 수 있도록 발달한다. 따라서 책을 많이 읽은 아이들은 정보 처리 능력이 뛰어나, 책을 읽지 않은 아이들보다 훨씬 빠르고 쉽게 지식을 습득한다.

그래서 독서 능력을 갖춘 아이들은 고학년이 되고, 중·고등학교에 올라갈수록 더욱 뛰어난 학습 능력을 발휘한다. 물론 책을 많이 읽었더라도 학교 공부에 시간과 노력을 들이지 않으면 좋은 성적이 나올 리 없다. 게다가 작은 실수도 용납하지 않는 현 입시 체제에서는 사고력보다 반복·암기 능력이 중요하기 때문에, 모든 과목을 다 잘하기 위해서는 별도의 노력이 필요하다. 아이들의 흥미나 적성에 맞지 않으면 일부 과목은 어려움을 겪을 수도 있다.

그러나 기본적으로 같은 시간에 같은 과목을 공부하더라도 독서 능력을 갖춘 아이들이 훨씬 더 빠르고 쉽게 좋은 효과를 거둘 수 있다. 꾸준한 독서 훈련을 통해서 학습에 필요한 계산력, 기억력, 주의력, 집중력, 지속력 등을 길러 왔기 때문이다. 독서 능력은 곧 학습 능력이다.

Q23 | 판타지 소설에 빠져 다른 책은 읽지 않아요.

 독서 능력이 발달되어 있으며, 수준 높은 독자로 커 가고 있다는 증거입니다.

판타지 소설에 나오는 세계는 일반적으로 우리가 살고 있는 현실 세계와는 다른 가상의 공간입니다. 우리는 늘 보아왔거나 살고 있는 공간에 대해서는 별다른 노력을 하지 않아도 쉽게 이해할 수 있고 눈앞에 그려낼 수 있습니다. 하지만 판타지 소설의 공간은 다릅니다. 생전 처음 보는 낯선 공간들이 펼쳐지며, 훨씬 더 복잡한 인물들이 등장하고, 기상천외한 사건들이 펼쳐집니다. 이처럼 눈으로 본 적이 없는 세계를 상상할 수 있어야 판타지 소설을 즐길 수 있습니다. 그래서 판타지 소설에 빠지는 아이들 중에는 독서 능력이 우수한 아이들이 많습니다.

  판타지 소설을 읽는 아이는 눈으로는 글자를 읽고 있지만, 머리로는 살아본 적도 경험한 적도 없는 세계를 상상해야 합니다. 눈으로 읽고 있는 글자나 단어, 문장을 해독할 능력이 없다면 머리로 상상하는 활동도 할 수 없습니다. 내용을 이해하는 데만도 힘이 부치는데, 상상하는 데 머리를 쓸 여력이 있을까요? 수많은 등장인물과 복잡한 이야기 구조, 다양한 사건, 낯선 상상의 공간이 이어지는 이야기를 읽을 수 있는 것은 일정 수준 이상의 독서 능력이 발달된 후에야 가능합니다. 독서 능력이 떨어지는 아이는 판타지 소설도 즐길 수 없습니다.

  일반적으로는 5~6학년 정도가 되어야 판타지 소설을 읽습니다. 그리고 대개 이 시기에 아이들이 판타지 소설에 빠져듭니다. 몽상가적 기질이 발현하는 시기라고 보면 됩니다. 또한 현실과는 다른 가상의 시간과 공간을 이해할 수 있고, 지은이가 지어낸 가상의 모든 일들을 받아들이면서 즐길 수 있는 수준이 되었다고 판단하면 됩니다. 그러므로 아이가 판타지 소설에 빠져 있다면 걱정하지 마시고 축하하고 기뻐해 주세요. 독서 능력이 발달되어 있으며, 수준 높은 독자로 커가고 있다는 증거입니다. 그런 아이를 둔 부모들이 할 일은 아이가 좋아할 만한 책을 더 많이 사다 주는 일입니다.

Q24 하루 종일 만화책만 읽는데 괜찮을까요?

 만화책만 읽는 것은 밥 대신 매일 뻥튀기만 먹는 것처럼 좋지 않은 습관입니다.

매년 연말이 되면 〈국민 독서 실태 조사〉 결과가 발표됩니다. 이 결과를 살펴보면 해가 바뀌어도 변하지 않는 몇 가지 특징이 있습니다. 그중 하나가 초등학생들이 가장 많이 읽는 책의 종류 1위는 학습 만화, 2위는 순정 만화라는 통계입니다. 네, 둘 다 만화지요.

만화는 어떤 특징을 갖고 있을까요? 만화는 그림이 주가 되고, 글은 보조적인 역할을 합니다. 이미 그림으로 많은 것을 설명하기 때문에, 글은 주로 대화문이나 그림으로 설명하지 못한 것을 설명하거나 전달할 때만 씁니다.

소설책과 만화책을 직접 비교해 볼까요? 《삼국지》의 장판교 전투 장면을 예로 들어보겠습니다. 먼저 소설처럼 쓴 글입니다.

"유비 일행이 장판교에 다다랐을 때 조조가 백만 대군을 몰고 달려옵니다. 장창을 꼬나든 장수도 있고, 활을 멘 일반 군사들도 있습니다. 말들의 갈퀴는 바람에 휘날리며, 말발굽에 밟힌 마른 땅에서는 먼지가 자욱하게 뭉게구름처럼 피어납니다. 온 산과 온 천지를 뒤덮은 조조의 군대는 쫓기는 유비 일행을 향해 마지막 숨통을 끊을 듯이 달려옵니다."

하지만 이 장면을 만화로 표현하면 어떻게 될까요? 수많은 군사들이 쫓아오는 장면, 창이나 활을 메고 있는 병사들, 말갈기를 날리며 달리는 말들, 말발굽에 의해 먼지가 자욱한 그림이 그려지겠죠. 그리고 그 중간 중간에 "이랴~!", "따그닥, 따그닥", "이힝~!", "게 서라!", "달려라!", "유비를 잡아라!"와 같은 대사들이 들어갈 뿐입니다.

만화는 쉽고 재미있지만, 그만큼 압축적인 지식이나 풍부한 어휘, 문장을 섭렵하기에는 부족함이 많은 장르입니다. 특히 초등학생 시기의 가장 중요한 독서 목표가 어휘력 향상이라는 점을 생각했을 때, 만화만 읽는다는 것은 상당히 문제가 있습니다.

저는 만화가 뻥튀기와 같다고 생각합니다. 매일 하루 세끼를 뻥튀기만 먹는다고 생각해 보세요. 얼마 못 가서 전부 영양실조에 걸리게 될 겁니다. 뻥튀기에는 일상생활을 영위하는 데 필요한 영양소가 충분히 들어 있지 않기 때문입니다. 그렇다면 성장기에 있는 어린이나 청소년은 어떻게 될까요?

뻥튀기는 언제 먹나요? 입이 심심할 때 간식거리로 먹지요. 그럼 만화는 언제 읽는 게 좋을까요? 심심할 때 가끔 읽는 것이 좋습니다. 고기도 잘 먹고 야채도 잘 먹는 아이가 어쩌다가 뻥튀기를 먹는 것은 아무런 문제가 되지 않습니다. 밥도 잘 안 먹고 고기나 야채도 안 먹는 어린이가 뻥튀기만 먹는 게 문제입니다.

물론 만화가가 꿈인 아이가 만화책을 많이 읽는 것은 권장할 만한 일입니다. 다른 책을 충분히 읽으며 틈틈이 만화를 본다면, 그것도 괜찮습니다. 그러나 독서 흥미도 없고, 책도 잘 읽지 않으면서 만화만 읽는다면 독서 수준에 문제가 있다고 봐야 합니다. 이런 상태가 계속되면 독서 능력은 절대로 키워지지 않겠지요.

만화는 쉽고 재미있기 때문에 누구나 좋아합니다. 아이들은 더 말할 것도 없지요. 그렇지만 만화책만 읽는 것은 뻥튀기만 먹고 사는 것처럼 좋지 않은 습관입니다. 아이의 이해력 발달에 그다지 유익하지 않은 책이라는 생각을 갖고 독서 지도에 임해야 합니다.

Q25 학습 만화는 읽어도 되나요?

 **학습 만화도 만화입니다.**

부모들은 아이들이 만화라도 읽고 있으면 책을 읽고 있다고 안심하는 경향이 있습니다. 특히 학습 만화에 대한 신뢰는 높아 보이기까지 합니다. 하지만 학습 만화 속에는 '학습'이라고 부를 만한 내용이 포함되어 있을 뿐이지, 학습 만화가 만화의 범주에서 벗어나는 것은 아닙니다. 학습 만화를 읽는 것은 좋은 독서 습관을 갖는 데 도움이 되지 않으며, 독서 수준을 높이는 데도 별로 도움이 되지 않습니다. 충분한 양의 책을 읽고 독서 능력을 키워야 할 학생들이 학습 만화를 가장 많이 읽고 있다는 점을 생각해 보면, 학습 만화 역시 경계해야 할 대상입니다. 뻥튀기에 비타민을 넣어도 뻥튀기인 것처럼 학습 만화도 만화일 뿐입니다.

How
어떻게 읽을까?

Q26 다독보다 정독이 중요하다는데, 정말 그런가요?
Q27 하루에 몇 권 정도의 책을 읽는 게 좋을까요?
Q28 책의 종류에 따라 독서 지도 방법도 달라지나요?
Q29 독서 습관이 형성되었다는 것은 어떤 의미인가요?
Q30 책을 빠르게 읽는 게 좋은가요, 천천히 읽는 게 좋은가요?
Q31 책을 소리 내어 읽게 해야 하나요?
Q32 고학년이 되니까 책을 안 읽어요.
Q33 책을 띄엄띄엄 읽어요.
Q34 책을 읽다가 마는데, 괜찮은가요?
Q35 중얼중얼 소리를 내며 책을 읽어요.
Q36 음악을 들으면서 책을 읽는데, 괜찮을까요?
Q37 책 읽기 자체보다 몇 권 읽었는지에 더 관심이 많아요.
Q38 혼자서 책을 읽을 수 있는데 자꾸 읽어달라고 해요.
Q39 형과 동생에게 함께 책을 읽어줘도 되나요?
Q40 책을 읽어달라고 계속 보채는데 어떻게 해야 하나요?

초등학생 시기는 책을 읽을 수 있는 시간적 여유가 많기 때문에, 이때 가능한 한 많은 책을 읽어두는 것이 좋습니다. 하지만 '몇 권을 읽었느냐' 만큼 중요한 것이 '얼마나 이해하며 읽었느냐'입니다.

한 가지 영양소를 많이 섭취하는 것보다 여러 가지 영양소를 골고루 섭취하는 것이 건강을 유지하는 데 도움이 되는 것처럼, 초등학생 시기에는 다양한 분야에 관심을 갖고 많은 책을 읽는 것이 중요합니다.

Q26 | 다독보다 정독이 중요하다는데, 정말 그런가요?

 **초등학생 시기에는 다독이 더 중요합니다.**

'독서백편의자현(讀書百遍義自見)'이란 말이 있습니다. 책을 백 번 읽으면 자연히 그 뜻을 알게 된다는 뜻이죠. '평범한 책 백 권을 한 번씩 읽는 것보다 좋은 책 한 권을 백 번 읽는 게 낫다.'라는 말도 있습니다. 다독보다 정독이 중요하다는 뜻이죠. 모두 맞는 말입니다.

그런데 사실 위의 두 문장에는 다독의 의미도 숨어 있습니다. 백 권의 책을 한 번 읽는 것도, 한 권의 책을 백 번 읽는 것도 모두 다독입니다. 정독이냐 다독이냐를 따지는 건 중요하지 않습니다. 둘 다 아이에게 필요한 독서 방법이기 때문입니다. 하지만 정독을 강조하면서 다독을 소홀히 여기는 건 문제가 있습니다.

학부모 중에 간혹 "우리 아이는 책을 많이 읽는데 내용을 잘 기억하지 못해요. 건성으로 읽나 봐요."라며 아이가 정독하지 못하는 것에 대해 불안해하는 분들이 있습니다. 그런데 아이들이 책의 내용을 기억하지 못하는 건 꼭 정독하지 않아서만은 아닙니다. 책을 읽었지만 할 얘기가 없어서 그럴 수도 있고, 이야기하기 싫어서 그럴 수도 있습니다. 또 어떻게 표현해야 할지 몰라서 그럴 수도 있습니다. 그럴 때는 아이의 마음을 살펴볼 수 있어야 합니다.

정독을 강조하면서 다독을 소홀히 하여 읽는 책의 권수가 줄어든다면 독서 효과는 급격히 떨어집니다. 한 가지 영양소를 많이 섭취하는 것보다 여러 가지 영양소를 골고루 섭취하는 것이 건강을 유지하는 데 도움이 되는 것처럼, 초등학생 시기에는 다양한 분야에 관심을 갖고 많은 책을 읽는 것이 중요합니다. 책이 좋아서 많이 읽는 아이들은 한 권의 책을 통해 새로운 내용과 분야, 그리고 이와 관련된 책의 존재를 알게 되고, 결국 그 책을 찾아 읽게 됩니다. 그리고 읽었던 많은 책들 가운데 좋아하는 책을 반복해서 읽으며 독서의 폭과 깊이를 넓혀 나가게 됩니다.

그렇기 때문에 초등학생 시기에는 정독보다 다독이 더 중요합니다. 다독을 하다 보면 독서 능력이 발달되어 자연스럽게 정독도 할 수 있게 된다는 사실을 기억하시기 바랍니다.

Q27 하루에 몇 권 정도의 책을 읽는 게 좋을까요?

 **중요한 것은 '몇 권을 읽었느냐'가 아니라, '얼마나 이해하며 읽었느냐' 입니다.**

초등학생 시기는 책을 읽을 수 있는 시간적 여유가 많기 때문에, 이때 가능한 한 많은 책을 읽어두는 것이 좋습니다. 하지만 중요한 것은 '몇 권을 읽었느냐'가 아니라, '얼마나 이해하며 읽었느냐' 입니다.

같은 초등학교 5학년 학생이라 해도 독서 능력에 따라 초보 독서가일 수도 있고, 숙련된 독서가일 수도 있습니다. 고학년이니까 당연히 어려운 책을 읽어야 한다고 생각하고, 독서 능력이 갖춰지지도 않은 아이에게 어려운 책부터 들이밀면 책 읽기 자체가 싫어질 수도 있습니다. 아이의 독서 수준이나 능력에 따라 아이가 읽어낼 수 있을 만큼의 책을 권해야 합니다. 이것이 하루에 몇 권의 책을 읽는 것이 좋을지 정해 놓을 수 없는 이유입니다.

Q28 책의 종류에 따라 독서 지도 방법도 달라지나요?

 **특별한 지도 방법은 없습니다.**

독서 지도와 관련하여 많은 사람들이 오해하는 것 중 하나가 바로 독서 지도 방법에 관한 것입니다. 책의 종류에 따라 독서 지도 방법이 달라져야 한다는 이야기도 마찬가지입니다. 그러나 초등학교에서 오랫동안 책 읽기 운동을 펼치면서 깨달은 것은, 그런 방법은 있지도 않고 그럴 필요도 없다는 사실입니다. 책은 그저 즐겁게 꾸준히 읽으면 됩니다. 책을 어떻게 읽고 받아들일 것인가는 그 책을 읽는 아이의 몫입니다. 책마다 달려들어서 이렇게 읽어라 저렇게 읽어라 지도할 방법도 없습니다. 아이 스스로 책이 좋아서 읽게 하는 것, 그것만이 유일한 독서 지도 방법입니다.

Q29 독서 습관이 형성되었다는 것은 어떤 의미인가요?

 독서 흥미가 높고, 자기에게 필요한 독서 능력을 갖췄다는 뜻입니다.

매일 아침 운동을 하는 것이나 일찍 잠들고 일찍 일어나는 것, 음식을 가리지 않고 잘 먹는 것, 약속 시간을 잘 지키는 것 등 어떤 행동을 반복해서 계속할 수 있는 몸과 마음을 갖췄을 때, 비로소 '습관이 되었다'고 말할 수 있습니다.

독서도 마찬가지입니다. 독서를 계속할 수 있는 몸과 마음을 갖췄을 때 독서 습관도 형성됩니다. 독서 습관이 형성되었다는 것은 책 읽기를 좋아해서 스스로 찾아 읽고, 읽는 책의 내용을 이해하고 받아들일 수 있는 능력을 갖추고 있으며, 꾸준히 계속해서 책을 읽는 상태를 말합니다.

| 독서에 대한 오해와 착각 · 6 |

독서도 어느 날 갑자기 잘할 수 있다?

독서도 장대높이뛰기처럼 한 번에 잘해 낼 수 있을까? 지금 당장은 좀 못하더라도 어느 날 갑자기 잘할 수 있게 된다면, 그래서 오랜 시간 준비하지 않아도 된다면 얼마나 좋을까? 그러나 독서의 과정을 살펴보면 절대로 그렇게 될 수 없다는 걸 알 수 있다.

독서는 유추의 과정이다. 이제까지 읽은 책에서 얻은 어휘와 문장, 배경지식을 바탕으로 앞으로 읽어야 할 내용을 미루어 짐작하는 과정이라는 뜻이다. 따라서 어휘와 문장, 지식을 차근차근 쌓지 않고 어느 날 갑자기 독서에 통달한다는 것은 불가능한 일이다.

따지고 보면 장대높이뛰기도 마찬가지다. 한 번의 도움닫기와 도약으로 높은 곳을 단번에 뛰어넘는 운동이 장대높이뛰기이지만, 그 한 번의 도약을 위해 얼마나 많은 도움닫기를 했을지 상상해 보라. 팔과 다리의 힘, 순발력, 지구력, 집중력 등의 능력이 한순간에 발휘되어야 하는 것이다.

독서 역시 한 계단씩 밟아 올라가야 한다. 어제 읽은 책, 오늘 읽고 있는 책이 앞으로 읽을 책의 디딤돌이 된다는 사실을 반드시 기억하자. 독서는 능력이다. 능력은 하루아침에 얻을 수 있는 게 아니다. 훈련과 연습을 통해서 길러지는 것이다.

Q30 책을 빠르게 읽는 게 좋은가요, 천천히 읽는 게 좋은가요?

 **책 읽는 속도는 아이에게 달려 있습니다.**

책을 읽는 속도는 중요하지 않습니다. 빠르게 읽고 싶으면 빠르게 읽고, 천천히 읽고 싶으면 천천히 읽으면 됩니다. 또 빠르게 읽고 싶다고 빠르게 읽을 수 있는 것도 아니고, 천천히 읽고 싶다고 천천히 읽을 수 있는 것도 아닙니다.

독서 속도는 이해의 속도인 동시에 흥미의 속도입니다. 이해할 수 없으면 독서 속도는 빨라질 수 없고, 흥미가 없어도 독서 속도는 빨라지지 않습니다. 책 읽는 속도는 이해와 흥미에 달려 있습니다.

책을 빠르게 읽든 천천히 읽든 그 자체가 아이의 모습입니다. 그리고 그것이 아이의 현재 독서 수준이며, 독서 상태입니다. 최선을 다해 즐겁게 책을 읽어나가는 모습 자체를 애정 어린 눈으로 지켜봐 주시기 바랍니다.

Q31 책을 소리 내어 읽게 해야 하나요?

 **책을 소리 내어 읽는 것은 매우 중요한 경험입니다.**

아이들이 글자를 배우는 과정은 그 글자의 모양과 소리를 익히는 과정입니다. 우리가 글자를 읽으면 그 글자에 해당하는 소리가 머릿속에서 떠올랐다가 사라집니다. 이것을 '문자언어가 음성언어로 바뀌는 과정'이라고 합니다.

  이러한 과정이 매끄럽지 못하면 책 읽기가 어려워집니다. 아이가 어렸을 때 책을 많이 읽어줘야 하는 이유는 바로 이 때문입니다. 아이들이 처음 책을 읽을 때는 천천히, 아주 느리게 읽을 수밖에 없습니다. 그러다가 시간이 지나면 정확한 발음으로 책을 읽게 되고, 나중에는 소리 내지 않고 눈으로 책을 읽을 수 있게 됩니다(이렇게 소리 내지 않고 눈으로 책을 읽는 것을 '묵독'이라고 하지요. 자연스러운 묵독은 독서 교육의 목표 중 하나입니다). 이런 과정을 충분히 경험하지 못해서 책을 읽지 못하는 아이들은 일정 기간 동안 스스로 소리 내어 책을 읽는 훈련을 하는 것이 좋습니다.

하지만 소리 내어 책을 읽는다는 것이 그렇게 쉬운 일은 아닙니다. 학교에서도 흔히 볼 수 있습니다만, 아이들은 소리 내어 책을 읽는 것을 어려워하기도 하고 싫어하기도 합니다. 그러므로 아이의 상태를 살피며 조심스럽게 시도해 보는 것이 좋습니다.

시기적으로는 초등학교 저학년 시기가 권장할 만합니다. 이때 아이와 엄마가 교대로 소리 내어 책을 읽어보는 활동을 하면 좋습니다. 이렇게 하면 아이 혼자 책을 읽어야 한다는 부담이 줄어들고, 책 속에 들어 있는 글자에 대한 소릿값을 여러 번 정확하게 들을 수 있기 때문에, 책을 좀 더 쉽게 읽을 수 있는 여건과 능력을 만들어줄 수 있습니다.

옛날 서당에서 '하늘 천, 따 지……', '공자 왈, 맹자 왈……' 하면서 책을 읽던 것도, 예전에 초등학교에서 '철수야 놀자, 바둑아 놀자' 하며 책을 읽던 것도 모두 낭독에 해당합니다. 낭독은 소릿값을 정확하게 알게 해주며, 그 소리를 여러 번 듣게 해준다는 면에서 매우 의미 있는 활동입니다. 초등학교에 낭독이 사라진 것은 매우 유감스러운 일입니다. 의도적으로 낭독하는 노력이 필요합니다.

Q32 고학년이 되니까 책을 안 읽어요.

 책을 안 읽는 게 아니라, 못 읽는 것입니다.

실제로 초등학교 고학년 학생들을 조사해 보면 책을 안 읽는 아이보다 못 읽는 아이가 많습니다. 나이는 6학년인데 6학년 수준의 책을 읽지 못하는 것이죠. 고학년인데 저학년 수준의 책을 읽지 못하는 아이들도 많습니다.

독서 수준은 계단 오르기처럼 단계적으로 올라갑니다. 어느 날 갑자기 어려웠던 책이 쉬워지지도 않고, 술술 읽히는 일도 없습니다. 독서는 한 계단 한 계단 천천히 계단을 오르듯이 시간과 경험을 쌓아 나가야 하는 활동입니다. 따라서 1학년 때는 1학년 수준에 맞는 책을, 2학년 때는 2학년 수준에 맞는 책을 많이 읽어야, 6학년 때도 6학년 수준에 맞는 책을 읽어낼 수 있습니다.

책을 읽지 않는 고학년 아이들에게 책을 읽히는 방법이란 처음부터 다시 시작하는 것밖에 없습니다. 유아 그림책이든 짧은 동화책이든 현재 자신의 독서 수준에 맞는 책을 읽으며, 책 읽는 재미를 맛보는 것부터 시작해야 합니다.

제가 있었던 서울미동초등학교와 서울서교초등학교를 비롯해서, 현재 근무하고 있는 서울소의초등학교에는 고학년 아이들이 저학년 아이들에게 책을 읽어주는 프로그램이 있는데, 바로 이러한 문제를 해소하기 위해 고안한 방법입니다. 사실 이 프로그램은 독서 능력이 뛰어난 아이에게도 의미가 있지만, 독서 능력이 떨어지는 아이에게 더욱 의미 있는 활동입니다. 독서 능력이 떨어지는 고학년 아이들의 경우, 자기보다 어린 동생들에게 책을 읽어주면서 저학년 대상의 책을 함께 읽고, 자연스럽게 책에 대한 흥미도 높일 수 있기 때문입니다. 주위에 독서 능력이 떨어지는 고학년 아이가 있다면, 저학년 동생들에게 책을 읽어주는 역할을 경험하게 해주는 것도 아주 좋은 방법입니다.

Q33 | 책을 띄엄띄엄 읽어요.

 모든 책을 띄엄띄엄 읽는다면 문제가 있습니다. 아니라면 별 문제가 되지 않습니다.

우선 모든 책을 띄엄띄엄 읽는지, 아니면 어떤 책을 읽을 때나 특정한 상황에서만 그러는지 잘 살펴보시기 바랍니다.

책을 띄엄띄엄 읽는 것은 언뜻 생각하면 문제가 있는 것처럼 보이지만, 사실은 좀 더 깊이 생각해 볼 필요가 있습니다. 우리도 책을 읽다 보면 중간에 띄엄띄엄 읽기도 하고, 그냥 띄엄띄엄 읽고 싶은 책도 있습니다. 하지만 늘 그렇게 읽지는 않지요. 모든 책을 띄엄띄엄 읽는다면 문제가 될 수 있지만, 재미 삼아 읽는 책이나 이미 읽었던 책, 앞장의 내용과 뒷장의 내용이 크게 관계없는 책들은 띄엄띄엄 읽어도 크게 문제되지 않습니다. 책을 처음부터 끝까지 빠짐없이 읽어야 한다는 법도 없으니까요.

다만 다음과 같은 측면에서 몇 가지 점검해 볼 필요는 있습니다.

첫째, 책을 처음부터 끝까지 읽어낼 만한 독서 흥미가 없는 건 아닌지 체크해야 합니다. 둘째, 흥미로운 부분만 찾아서 읽는 습관이 있는 건 아닌지 체크해야 합니다. 셋째, 그 책을 이해하고 즐길 만한 능력이 없는 건 아닌지 체크해야 합니다.

만약 이 세 가지 경우 중 어느 하나에 해당된다면 단순히 책을 띄엄띄엄 읽는 것이 아니라, 독서 흥미가 떨어지거나 독서 능력이 떨어지거나 독서 수준이 떨어지는 것으로 판단해 볼 수 있습니다. 이런 이유가 아니라면 어떤 책을 띄엄띄엄 읽는 건 큰 문제가 되지 않습니다. 아이가 책을 읽다가 중간에 던져버리고 자꾸 다른 책을 읽기 시작할 때에도 같은 원인일 수 있으니 잘 살펴보시기 바랍니다.

Q34 책을 읽다가 마는데, 괜찮은가요?

 **책을 읽다가 마는 것에는 이유가 있습니다. 그 이유를 알아보는 것이 중요합니다.**

습관적으로 책을 읽다가 그만둔다면 독서 흥미나 독서 능력이 뒷받침되어 있지 않는 상태라고 볼 수 있습니다. 우선 어떤 종류의 책들은 끝까지 읽고, 어떤 종류의 책들은 끝까지 읽어내지 못하는지 살펴보시기 바랍니다. 책을 읽다가 만다는 것은 그 책 자체에서 흥미를 찾지 못한 것일 수도 있지만, 어떤 분야 자체에 대해 흥미를 느끼지 못하기 때문일 수도 있습니다.

그러니까 왜 책을 끝까지 읽지 않느냐고 구박하지 말고, 그 책을 읽다가 덮은 이유가 무엇인지 조심스럽게 물어보세요. 꼬치꼬치 캐묻는다든지 질책하는 느낌을 주면 오히려 역효과가 날 수 있습니다. 부모에게 감시당하거나 추궁당하는 느낌이 들어서 반항심만 생길 수 있습니다.

먼저 아이와의 관계가 좋고 부드럽고 분위기 속에 있을 때, "지난번에 그 책은 읽다가 말았던데, 무슨 특별한 이유가 있니?"라고 넌지시 물어보면서, 부모로서 걱정되는 마음을 표현해 주는 것이 좋습니다. 그리고 나서 아이가 무슨 대답을 하든지 귀를 기울여 잘 들어주세요. 그런 다음 "그래도 엄마는 네가 그 책을 다 읽지 않으니까 그 책의 내용에 대해 잘 알지 못할까 봐 걱정이 되는데, 너는 어떻게 생각하니?"라고 이야기해 보세요. 책을 끝까지 읽는 것이 좋지만, 억지로 강요할 생각은 없고, 다만 읽을 수 있다면 끝까지 다 읽었으면 좋겠다는 마음을 간접적으로 표현하는 정도가 좋습니다.

Q35 중얼중얼 소리를 내며 책을 읽어요.

 **독서 능력이 발달되어 있지 않다는 증거입니다.**

중얼중얼 소리를 내며 책을 읽는다는 것은 눈으로 책을 읽을 만큼 독서 능력이 발달되어 있지 않다는 증거입니다. 눈으로만 읽어서는 집중이 되지 않고, 어휘나 문장이 머릿속에 빨리 들어오지 않기 때문이지요. 하지만 이 단계가 지나야 다음 단계로 넘어갈 수 있다는 사실도 명심해야 합니다. 그러니 무턱대고 막으면 안 됩니다. 따라서 아이의 독서 수준을 살피며 독서 능력 향상을 위한 개별적인 노력을 계속해 나가야 합니다.

다만 학교 수업 시간이나 독서 시간에 혼자서 소리를 내며 읽으면, 다른 아이들에게 방해가 될 수 있지요. 이 경우에는 담임 선생님과 함께 학교나 집에서 어떤 방식으로 책을 읽고, 독서 훈련을 해나갈 수 있을지 의논해 보는 것이 좋습니다.

Q36 음악을 들으면서 책을 읽는데, 괜찮을까요?

 **심리적으로 안정감을 느끼고 있다면 크게 걱정하지 않아도 됩니다.**

많은 부모들이 음악을 들으면서 책을 읽으면 집중력이 떨어져서 책의 내용을 제대로 받아들이지 못할 거라고 생각합니다. 하지만 책을 읽는 아이가 음악을 들으며 심리적으로 안정감을 느끼고 있다면 크게 걱정하지 않아도 됩니다.

어찌 보면 이것은 개인적인 성향일 수도 있습니다. 너무 조용한 곳에서는 공부를 하지 못한다고 하는 사람도 있으니까요. 책을 읽는데 주변이 너무 조용해서, 심리적으로 허전한 마음을 극복하기 위해 음악을 틀어놓는 아이들도 있습니다.

책 읽는 것 자체가 즐겁고 재미있다면 함께 음악을 들으며 읽는 것은 큰 문제가 되지 않습니다.

Q37 책 읽기 자체보다 몇 권 읽었는지에 더 관심이 많아요.

 혹시 부모님이나 선생님의 관심이 독서량에 있는 건 아닌가요?

일반적으로 부모나 교사가 독서량, 즉 독서 실적이나 결과에 관심을 두지 않으면, 아이들은 절대로 그런 것에 관심을 갖지 않습니다. 만약 아이가 독서량에 집착한다면, 부모나 교사로부터 인정받고 싶은 마음 때문일 가능성이 높습니다. 책을 많이 읽으면 부모님이나 선생님이 좋아한다는 사실을 알고 있기 때문이죠. 그렇기 때문에 책 읽기 자체보다 책을 몇 권 읽었는지에 더 관심을 갖는 것입니다.

이런 아이에게는 책을 많이 읽는 것보다 책 읽기 자체를 즐기는 것이 중요하고, 부모나 교사 역시 그것에 더 관심을 갖고 있다는 것을 알려줘야 합니다. 독서량이나 결과에 대한 집착은 버리고 말입니다.

| 독서에 대한 오해와 착각·7 |

독서 독립은 빨리 시키는 게 낫다?

독서 독립이란 혼자서도 책을 즐길 수 있고, 책의 내용을 이해할 수 있으며, 어떤 활동보다 독서에 대한 흥미가 앞서 있는 상태를 말한다. 모든 독서 교육이 최종적으로 지향하는 목표인 셈이다. 그렇다고 해서 독서 독립을 부모 욕심대로 억지로 서둘러 시킬 수는 없다. 종종 이 부분에서 엄마들의 조급성이 나타난다.

책을 처음 읽기 시작한 아이는 이제 막 걸음마를 배운 아이와 같다. 걸을 수는 있지만 빠르고 안전하게 걷기까지 시간이 필요하다. 그래서 엄마들은 아이가 걷기 시작하면 혼자서도 잘 걸을 수 있을 때까지 옆에서 도와주며 연습을 시킨다.

그런데 독서에 있어서는 엄마들이 전혀 다른 태도를 취한다. 책을 처음 읽을 때도 도와주지 않고, 이제 막 책을 읽기 시작한 아이들도 도와주지 않으며, 조금씩 책 읽기에 재미를 붙여갈 때도 도와주지 않는다. 그러면서 '혼자서 하는 것이 중요하다'고 말한다. 물론 독립심을 기르는 것은 중요한 일이다. 하지만 이제 막 걷기 시작한 아이처럼, 이제 막 책을 읽기 시작한 아이들에게 할 수 있는 요구는 아니다. 도와줘야 한다. 아이들이 혼자서도 너끈히 잘 읽을 수 있을 때까지 말이다. 걸음마를 시작했다고 뛸 수 있는 것이 아니며, 먼 길을 혼자 갈 수 있는 것은 더더욱 아니다. 혼자 갈 수 있고, 혼자 뛸 수 있을 때까지 도와줘야 한다. 독서도 똑같다. 눈에 보이지 않을 뿐이다.

Q38 혼자서 책을 읽을 수 있는데 자꾸 읽어달라고 해요.

그만큼 엄마와의 관계가 좋고, 엄마와 함께하는 것을 행복해한다는 뜻입니다.

책을 읽을 줄 아는데 책을 읽어달라고 하는 건 어떤 심리 상태일까요? 아마도 책 읽기가 싫거나 귀찮아서 그러는 건 아닐 겁니다. 엄마가 책 읽어주는 게 좋고, 함께 시간을 보내고 싶어서 그러는 거죠.

아이가 책을 좋아하고 책도 잘 읽는데 책을 읽어달라고 하면, 기분 좋게 읽어주시는 게 좋습니다. 그만큼 엄마와의 관계가 좋고, 엄마가 자기에게 해주는 것을 행복하게 받아들이고 있다는 증거니까요. 우리가 어른이 되었음에도 불구하고 엄마가 해주는 밥이 언제 먹어도 맛있는 것처럼, 엄마가 책 읽어주는 소리는 언제 들어도 기쁘고 즐거운 법입니다. 책을 읽을 줄 아는 아이들에게도 망설이지 말고 책을 읽어주세요.

Q39 형과 동생에게 함께 책을 읽어줘도 되나요?

 아주 바람직하지는 않습니다.

집에서 책을 읽어주고 싶은데 두 아이 모두에게 따로따로 읽어주기는 어려울 때, 한자리에 앉혀 놓고 한꺼번에 읽어주고 싶을 수 있습니다. 하지만 아주 바람직한 방법은 아니라고 말씀드리고 싶습니다.

아이는 이 책이 엄마가 나를 위해 읽어주는 책인지, 동생을 위해 읽어주는 책인지 구분하게 됩니다. 후자의 경우, 자신은 덤이라는 생각이 들어 흥미가 떨어지고 실망감만 느낄 수 있죠. 번갈아 읽어준다고 해도 마찬가지입니다. 절반의 만족감만 얻게 될 수 있습니다.

나이 차이가 적거나 평소에 아이들의 사이가 좋고 서로 책을 읽어주는 데 익숙해져 있다면 가끔 함께 읽어주는 것도 괜찮지만, 일반적으로는 두 아이 모두에게 절반의 만족감과 실망감을 안겨줄 수 있으니 주의하시기 바랍니다.

Q40 책을 읽어달라고 계속 보채는데 어떻게 해야 하나요?

 **책을 읽어달라고 하는 건 대단히 놀라운 욕구입니다.**

아이들이 무언가를 해달라고 계속 요구할 때는 그것에 대한 욕구가 아주 강하다는 뜻입니다. 자고 싶다거나, 먹고 싶다거나, 놀고 싶다거나, 어디에 가고 싶다거나 하는 것처럼 말입니다. 모든 욕구를 다 채워줄 수도 없고, 아이에게 끌려 다니듯이 모든 걸 다 들어줄 수도 없지만, 기본적인 욕구를 채워주는 건 아이에게 행복감을 느끼게 해주는 좋은 방법입니다. 게다가 책을 읽어달라고 보채는 건 대단히 놀라운 욕구입니다. 엄마의 사랑을 느끼고 싶은 동시에, 책을 읽고 싶은 마음이 있다는 것이니까요. 그러므로 쉬운 일은 아니지만 시간과 체력이 허락하는 한, 아이에게 책을 읽어주시는 것이 좋습니다.

Part
D

| After |

읽고 난 후에는 어떻게 할까?

Q41 책은 잘 읽는데 성적이 오르지 않아요.
Q42 책은 잘 읽는데 글쓰기를 어려워합니다.
Q43 독후 활동을 많이 하는 게 좋을까요?
Q44 독후감 쓰기를 어려워해요.
Q45 부담 없이 할 수 있는 독후 활동을 추천해 주세요.
Q46 독서가 인성 교육에 도움이 되나요?
Q47 책에 나오는 등장인물의 나쁜 행동을 배우지 않을까요?
Q48 책의 내용과 현실을 구분하지 못하는 것 같아요.
Q49 책을 많이 읽으면 사회성이 떨어진다던데, 사실인가요?
Q50 아이가 책을 보다가 모르는 걸 질문할 때에는 어떻게 해야 하나요?

책을 읽고 난 뒤 독서의 경험과 내용을 더욱 풍부하게 하기 위해서 독후 활동을 하는 것은 분명히 의미 있는 일입니다. 하지만 독후 활동으로 독서 흥미나 독서 태도가 나빠진다면 과감히 줄이거나 그만둘 수 있어야 합니다. 그렇지 않으면 독후 활동을 통해 얻으려고 했던 본래 의미가 퇴색되고 맙니다. 독후 활동 역시 무조건 많이 하는 게 중요한 게 아니라, 어떻게 하느냐가 중요합니다.

Q41 책은 잘 읽는데 성적이 오르지 않아요.

평생 책 읽는 사람으로 키울 것인지, 눈앞의 시험 점수에 얽매이는 사람으로 키울 것인지는 부모의 선택에 달려 있습니다.

책을 좋아하고 잘 읽어서 이해력이 뛰어난 아이도 시험 성적을 잘 받으려면 별도의 노력을 해야 합니다. 시험에는 시험의 법칙이 있습니다. 개념에 대해 정확히 이해해야 하기도 하지만, 출제자의 의도를 파악하고, 다양한 문제를 풀어보면서 출제 유형을 익혀야 하기 때문입니다. 모두가 백점을 원하며, '얼마나 폭넓고 깊이 있게 이해하고 있는가?' 보다 '얼마나 틀리지 않았는가?'를 더욱 중요하게 생각하는 현실을 떠올려보면, 시험을 위한 공부는 따로 있다는 것을 더욱 절감하게 됩니다.

 제 경험을 말씀드리는 것이 도움이 될 것 같습니다. 제 큰딸은 책 읽기를 무척 좋아하고 책을 잘 읽는 아이였지만, 초등학교 때 성적이 아주 뛰어난 아이는 아니었습니다. 시험공부를 좀 한다 싶으면 95점을 맞기도 하고 그렇지 않으면 85점을 맞기도 하는, 그리 뛰어나지도 그리 모자라지도 않은 학습 능력을 갖고 있는 학생이었습니다. 물론 다른 아이들처럼 학원에 가서 시험공부를 하거나 했다면 더 좋은 성적을 얻을 수도 있었겠지요. 그래도 저희 부부는 그대로 뒀습니다. 그것은 아이에 대한, 그리고 아이가 좋아하는 책 읽기에 대한 믿음이 있었기 때문입니다.

 딸아이가 중학교에 올라갔을 때는 조금 힘들어했습니다. 자기는 초등학교 때 신나게 책 읽으며 놀기만 했는데, 친구들은 학원이다 과외다 엄청난 시간을 공부와 학습에 쏟아왔으니까요. 하지만 아이는 기죽지 않았고, 친구들의 학습량을 따라가기 위해 열심히 공부하기 시작했습니다. 현재 고등학교 1학년인 큰딸은 틈틈이 책도 읽고, 다양한 활동도 하며, 스스로 알아서 공부도 잘하고 있습니다.

 평생 책 읽는 사람으로 키울 것인지, 눈앞의 시험 점수에 얽매이는 사람으로 키울 것인지는 부모의 선택에 달려 있습니다. 저희 부부는 전자를 선택했습니다. 그리고 여전히 그 선택에 후회가 없습니다. 80점 맞는 아이를 90점으로 올리고, 90점 맞는 아이를 100점으로 올리는 것도 좋지만, 그보다 중요한 것은 긴 인생을 살아가는 데 필요한 여러 가지 밑천을 쌓게 해주는 일이 아닐까요?

Q42 책은 잘 읽는데 글쓰기를 어려워합니다.

 독서와 글쓰기는 서로 연관이 있기는 하지만 서로 다른 능력입니다.

읽기, 말하기, 쓰기는 언어를 매개로 하는 사고 활동이라는 공통점이 있습니다. 또한 독서는 말하기와 글쓰기에 좋은 영향을 끼칩니다. '문장은 눈과 귀로 들어와서 혀와 펜으로 나간다.'라는 말이 있지요. 실제로 좋은 문장을 많이 읽다 보면 나중에 자신의 말과 글을 표현할 때 큰 도움이 됩니다.

하지만 독서를 통해 아무리 좋은 문장을 많이 알고 있더라도 실제로 그것을 말해 보거나 써보는 연습을 하지 않으면, 말하기든 글쓰기든 잘할 수 없습니다. 독서를 많이 하는 것이 글쓰기에 도움이 되긴 하지만, 곧바로 이어지는 능력은 아니기 때문입니다. 그렇기 때문에 글쓰기를 잘하려면 어렸을 때부터 글쓰기에 관심을 갖고 꾸준히 연습하는 것이 중요합니다.

그중에서도 누구나 쉽게 시작할 수 있는 것이 바로 일기 쓰기입니다. 일기 쓰기를 통해 매일 자신에게 일어난 일을 짧지만 솔직하게 조금씩 꾸준히 써 나가는 훈련을 하면, 글쓰기에 자신감이 붙고, 독서를 통해 얻은 다양한 문장도 활용해 볼 수 있습니다.

하지만 일기 쓰기를 꾸준히 하는 것은 그리 쉬운 일이 아닙니다. 날마다 무언가를 써야 하는 것은 어른들도 하기 힘든 일이기 때문입니다. 그렇지만 어려서부터 한 줄 쓰기, 두 줄 쓰기로 시작되는 짧은 일기 쓰기부터 게을리하지 않는다면 가능한 일이기도 합니다.

또한 일기는 자신의 삶에 관심이 있어야만 쓸 수 있는 글입니다. 자신의 삶에 대하여 솔직하게 글을 쓰려는 노력이 중요하지요.

책을 잘 읽는다고 자동적으로 글쓰기도 잘할 거라고 생각하면 안 됩니다. 좋은 어휘와 문장을 많이 얻을 수 있는 독서를 열심히 하고, 그와 함께 글쓰기 연습도 꾸준히 해야 자신의 생각을 정확하고 아름답게 표현할 수 있습니다.

Q43 독후 활동을 많이 하는 게 좋을까요?

 독후 활동은 독이 될 수도, 약이 될 수도 있습니다.

책을 읽고 난 뒤 독서의 경험과 내용을 더욱 풍부하게 하기 위해서 독후 활동을 하는 것은 분명히 의미 있는 일입니다. 하지만 주객이 전도되어서는 안 됩니다. 독후 활동을 하기 위해서 책을 읽는다든지, 독후 활동이 부담되어서 책을 읽지 않는다면 문제가 있다고 판단하셔야 합니다. 독후 활동으로 독서 흥미나 독서 태도가 나빠진다면 과감히 줄이거나 그만둘 수 있어야 합니다. 그렇지 않으면 독후 활동을 통해 얻으려고 했던 본래 의미가 퇴색되고 맙니다. 독후 활동 역시 무조건 많이 하는 게 중요한 게 아니라, 어떻게 하느냐가 중요합니다.

| 독서에 대한 오해와 착각 · 8 |

독서, 기록하지 않으면 남는 것이 없다?

많은 부모나 교사들이 독서 감상문처럼 책을 읽은 뒤 무언가 기록해야 남는 게 있다고 생각한다. 강연회에서 그런 학부모나 교사를 만나면 나는 이렇게 묻는다. "어머님은 영화를 보고 나서 늘 기록을 남기십니까? 아니면 아침, 점심, 저녁을 먹고 나서 늘 감상문을 쓰십니까?" 그러면 엄마들은 피식피식 웃는다. 할 말이 없기 때문이다.

꼭 기록을 남기지 않아도, 책을 읽고 있는 아이들의 머릿속과 마음속에는 많은 것이 새겨진다. 마치 대지의 식물을 자라게 하는 비처럼, 독서도 아이들을 소리 없이 자라게 한다. 이러한 믿음을 가져야 한다.

하기 힘든 일, 하지 않아도 되는 일, 억지로 하면 오히려 해가 되는 일이 바로 독서 기록이다. 무언가를 남겨야 한다고 생각하니 조급해지고, 책을 읽을 때마다 무언가를 찾아내야 한다고 생각하니 부담이 된다. 독서 기록이 무조건 나쁘다는 이야기가 아니다. 그러나 무언가 눈에 보이는 형태로 남기기 위해서, 숙제처럼 하다 보면 오히려 독서 흥미를 떨어뜨릴 수 있다는 사실을 반드시 기억하자.

Q44 독후감 쓰기를 어려워해요.

 독후감 쓰는 횟수를 줄이고 어떻게 써야 하는지 차근차근 알려주세요.

독후감을 쓴다는 것은 독서 행위에 대한 기록을 남긴다는 점에서 의미가 있고, 책을 읽으면서 자신이 느낀 것과 생각한 것을 정리해 볼 수 있다는 점에서 매우 바람직한 독후 활동입니다.

하지만 감상문을 쓰는 것은 누구에게나 쉬운 일이 아닙니다. 어른들 중에도 영화를 볼 때마다 감상문을 쓰라고 하면 아예 영화를 보지 않을 사람이 꽤 있을 겁니다. 아이들도 똑같습니다. 책을 볼 때마다 감상문을 써야 하다니……. 별로 쓰고 싶은 마음도 없고, 독후감 쓰는 것도 쉽지 않은 아이들에게는 정말 큰 부담일 겁니다.

그러므로 독후감 쓰기를 어려워하는 아이들에게는 독후감 쓰는 횟수를 줄이고, 어떻게 써야 하는지 차근차근 알려줘야 합니다. 비교적 쉽고 간단한 독후감 쓰기 지도 방법을 소개하겠습니다.

1. 책 제목, 글쓴이, 그린이, 출판사 등 간단히 책에 대한 정보를 씁니다.

2. 책을 읽게 된 동기를 씁니다. '친구와 함께 서점에 갔다가 발견한 책' 이라든지, '사촌 언니에게 선물로 받은 책'이라든지 다양할 수 있겠지요. 하지만 이렇게 동기를 쓰라고 하면 억지로 거짓 동기를 만들어 꾸며 쓰는 경우가 있습니다. 아이에게 특별한 동기가 없을 때는 쓰지 않아도 된다고 꼭 말해 주세요.

3. 이 책을 읽기 전에 가졌던 기대나 생각, 느낌을 씁니다. "주인공이 펼칠 모험이 기대되었다."라든지, "슬픈 이야기일 것 같았다."라든지 솔직하게 쓰면 됩니다. 역시 이것도 쓸거리가 있을 때 써야 합니다. 없으면 안 쓸 수도 있습니다. 아이들은 대부분 독후감을 숙제나 과제로 쓰기 때문에 이런 동기가 없을 수도 있습니다.

4. 책을 읽으면서 마음에 들었던 구절이나 기억에 남는 문장을 서너 개 정도 골라 써봅니다. 이 문장들이 독후감의 중심 내용이나 주제가 될 수 있습니다.

5. 책에서 골라낸 구절이나 문장이 마음에 들었던 이유를 쓰고, 이것과 관련된 나의 경험을 찾아 써봅니다. 경험을 억지로라도 찾아보게 하는 훈련을 거치는 것이 글쓰기를 잘하는 데 도움이 됩니다. 이렇게 삶의 경험을 살려 글을 쓰면 내용이 더욱 풍부해집니다.

예 '느티나무가 한 그루 서 있는 동네 어귀에 다다르니 어릴 적 엄마 생각이 났다.'라는 문장을 읽고 나도 비슷한 이야기를 들었던 기억이 났다. 시골 할머니 댁 근처에 커다란 느티나무가 서 있었는데, 우리 엄마도 그 느티나무를 보면 외할머니가 생각난다고 하셨기 때문이다.

6. 지은이가 이 책에서 어떤 이야기를 하려고 했는지 생각해 봅니다. 그리고 두세 줄 정도로 정리해서 씁니다. 책의 종합적인 느낌을 쓰는 것인데, 내 입장이 아니라 지은이의 입장에서 생각해 보는 것이 중요합니다.

7. 마지막으로 이 책을 읽고 난 뒤 어떤 마음이 들었는지, 무엇을 하고 싶어졌는지 등 짤막하게 자신의 생각을 씁니다.

위의 순서대로 써 내려가다 보면, 노트 한 페이지를 채우는 일도 그리 어렵지 않습니다. 원고지로는 6~7매 정도 되겠지요. 이처럼 독후감을 쓰는 구체적인 방법을 알려주는 것이 좋습니다. 위에 제시된 번호 순서를 바꿔 써도 좋습니다. 하나씩 차근차근 해보면 의외로 독후감 쓰기가 쉽다고 느낄 것입니다. 물론 이것도 왕도는 아닙니다. 독후감 쓰기의 한 방법일 뿐입니다. 무조건 쓰라고만 하지 말고 부모님이 이끌어준다면 아이들에게 독후감을 쓸 수 있는 용기가 생길 것입니다.

Q45 부담 없이 할 수 있는 독후 활동을 추천해 주세요.

 독서 토론을 권합니다.

독후 활동은 책 속에서 읽은 내용을 확인하거나 경험을 확장한다는 점에서 의미가 있습니다. 하지만 활동 위주가 아닌 과제 해결 위주로 하다 보면 아이들에게 부담이 될 수 있습니다.

그래서 저는 독후 활동 중에서도 독서 토론을 권하고 싶습니다. 독서 토론은 읽은 내용을 확인해 본다는 면에서도 중요하지만, 다른 사람의 의견이나 생각을 확인해 보는 과정에서 또 다른 지식을 생산하거나 좋은 영향을 줄 수 있기 때문에 매우 의미 있는 활동입니다.

그러나 이것 역시 억지로 부담을 갖고 참여하게 하면 역효과가 날 수 있습니다. 같은 책을 읽고 여럿이 함께 생각과 느낌을 나눈다고 생각하며 편안한 마음으로 참여할 수 있도록 해주세요.

Q 46 독서가 인성 교육에 도움이 되나요?

 독서를 통해 사람이 사람답게 살기 위해 필요한 인성과 품성을 충분히 배울 수 있습니다.

인성 교육을 무엇으로 정의하느냐에 따라서 답이 달라질 수 있습니다만, 저는 인성 교육이란 사람이 사람답게 살아갈 수 있는 마음 상태 또는 그러한 능력을 갖추는 일이라고 생각합니다. 그러므로 인성 교육이라 하면 사람이 갖추어야 할 덕목을 가르치는 교육이라고 말할 수 있겠지요.

아이들은 보통 이러한 것들을 주위 사람들의 말과 행동을 보고 배우는데, 특히 부모의 말과 행동은 아이에게 큰 영향을 미칩니다. '아, 저런 경우에는 저렇게 말하고 행동해야 하는구나!' 하고 생각하며 배우게 되는 것이죠. '아이 앞에서는 냉수도 함부로 못 마신다.'라는 말도 그래서 나온 겁니다.

또 다른 방법은 책을 통해 다른 사람들에 관한 이야기를 읽거나 들으면서 배우는 방법입니다. 이야기 속에는 다양한 사람들의 삶이 녹아 있습니다. 영웅의 이야기, 가난한 소년의 이야기, 제비와 대화를 하는 왕자님, 고아 소년의 모험기, 할아버지와 함께 살아가는 소년, 멀리 떠난 엄마를 찾아가는 소년, 박 속에서 보물을 얻는 흥부, 고생하다 성공하는 청년 등 수많은 사람들의 이야기가 나옵니다. 그리고 아이들은 이러한 이야기를 통해 사람들의 행동이나 의사 결정 방법, 문제 해결 방법을 배워 나갑니다.

사람은 기본적으로 다른 사람의 삶에 관심이 많습니다. '인간은 사회적 동물'이라는 말이 바로 이러한 뜻입니다. 우리는 이야기를 통해 다른 사람들의 삶을 엿보면서 자기 삶에 필요한 것을 얻거나 배웁니다. 아이들도 마찬가지입니다. 독서를 통해 사람답게 살기 위해 필요한 인성과 품성을 충분히 배울 수 있습니다. 어쩌면 가장 좋은 인성 교육일지도 모릅니다.

| 독서에 대한 오해와 착각·9 |

책을 잘 읽으면 글도 잘 쓴다?

"우리 아이는 책은 잘 읽는데 글을 잘 쓰지 못해요. 왜 그런가요?" 엄마들이 흔히 하는 질문이다. 독서를 잘하면 자동적으로 글도 잘 쓸 수 있다고 착각하는 사람들이 의외로 많다. 책을 많이 읽으면 글쓰기에 도움이 되는 것은 사실이지만 무조건 글도 잘 쓰게 되지는 않는다. 글쓰기에도 연습이 필요하다.

그렇다면 어떻게 연습해야 좋을까? 글쓰기 연습은 실제로 글을 써보게 하는 것 외에는 방법이 없다. 가장 쉽고 편하게 쓸 수 있는 글이 무엇일까? 바로 일기다. 일기는 자기 주변에서 일어나는 일을 쓰는 것으로, 가장 쉬운 글이며 형식과 방법이 정해져 있지 않은 편한 글이다.

하지만 일기를 쓸 때에도 처음부터 목적을 갖고 잘하려고 애쓰지 말고, 조금씩 천천히 즐겁게 쓰게 해야 한다. 글자를 좀 틀려도, 글씨를 못 써도 상관없다. 내용이 짧아도 괜찮다. 시간이 가면 나아질 거라는 믿음을 갖고 꾸준히 쓰게 하는 것이 중요하다. 그러면 얼마 지나지 않아서 자기 삶을 둘러싼 것들에 대해 관심을 갖고 생각을 담아 글을 쓸 수 있는 시기가 온다. 불과 1~2년 안에도 변화가 온다. 그때까지 관심을 보여주며 기다려야 한다.

Q47 책에 나오는 등장인물의 나쁜 행동을 배우지 않을까요?

 **좋은 행동을 더 많이 배웁니다.**

대부분의 아이들에게는 책 속에 등장하는 인물들의 좋은 행동과 나쁜 행동을 가려낼 능력이 있습니다. 그리고 대개 등장인물들의 좋은 행동을 닮으려고 노력합니다. 이것이 사람의 위대한 점이라고 할 수 있습니다. 따라서 좋은 책에 나오는 악당이나 못된 짓을 일삼는 주인공의 행동을 보며, 혹시나 아이들이 따라 하지 않을까 걱정할 필요는 없습니다. 오히려 조심해야 할 것은 못된 주인공이 나오는 책이 아니라, 책의 전체적인 내용이나 주제 면에서 나쁜 책입니다. 아이들의 감정을 상하게 하거나, 지나치게 비속어를 사용하거나, 어둡고 음습한 책, 내용에 일관성이 없고 나쁜 가치관을 담고 있는 책 등입니다. 이러한 책이야말로 아이들이 접하지 않도록 조심해야 합니다.

Q48 책의 내용과 현실을 구분하지 못하는 것 같아요.

 두 가지 경우를 생각해 볼 필요가 있습니다.

책의 내용과 현실을 구분하지 못한다는 것은 크게 두 가지 면에서 생각해 볼 수 있습니다.

첫째, 책의 내용에 너무 깊이 빠져 현실과 책의 내용을 구분하지 못하는 것처럼 보일 수 있습니다. 상상의 세계에 너무 몰입한 나머지 그렇게 보일 수 있다는 거죠. 실제로 몰입은 시간과 공간이 왜곡된 상태, 또는 왜곡될 수 있을 정도로 깊이 빠져 있는 상태를 말하기도 합니다. 그렇기 때문에 책의 내용과 현실을 구분하지 못하는 것도 일종의 몰입 상태로 볼 수 있습니다. 풍부한 상상력을 통해 현실 너머 자유로운 상상의 세계를 마음껏 여행하고 있다는 것이죠. 주로 초등학교 고학년 시기에 판타지 소설을 읽는 독서 능력이 뛰어난 아이들에게서 나타나는 현상입니다.

둘째, 책의 세계에 몰입하는 게 아니라 책의 내용과 현실 자체를 구분하지 못할 수 있습니다. 사물이나 상황에 대한 판단력이 부족한 경우입니다. 예를 들면, 《슈퍼맨》을 읽고 아이가 슈퍼맨처럼 날고 싶다며 높은 곳에서 뛰어내리는 것입니다. 물론 어린아이일 경우에는 그런 생각을 할 수도 있습니다. 미취학 아동이나 초등학교 저학년 시기에 단순하게 주인공을 흉내 내면서 노는 것은 일반적인 행동이기 때문입니다. 또한 독서 수준이 높고 부모와의 관계가 좋은 아이들의 경우에는 초등학교 고학년이라고 해도 큰 문제가 되지 않습니다.

하지만 나이는 많은데, 평소에 부모와의 관계도 나쁘고, 독서 수준도 높지 않다면 전문가의 상담을 받아볼 필요가 있습니다. 단순히 판단력이 부족한 게 아니라, 정신적으로 발달이 덜 되어 있거나 지능이 떨어지는 것일 수 있습니다. 이러한 경우 부모님의 세심한 관심과 도움이 필요하며, 전문 병원을 찾아가 검사를 받아보는 것이 좋습니다. 실제로 현실에서 관계 맺기가 잘 안 되는 아이들이 책으로 숨어버리거나 상상의 세계인 판타지 세계에 빠지는 경향이 있다는 전문가들의 의견도 있습니다. 내 아이에 대한 깊은 관심과 올바른 판단만이 아이를 바르게 이끌어줄 수 있습니다.

Q49 책을 많이 읽으면 사회성이 떨어진다던데 사실인가요?

 책을 많이 읽는다고 사회성이 떨어지지는 않습니다.

사회성이 떨어지는 아이가 책벌레가 될 수는 있습니다. 그런데 책을 풍부하게 많이 읽은 아이가 사회성이 떨어진다는 개연성은 없습니다. 인간관계는 매우 복잡하고 변화가 심하기 때문에, 인간관계에서 어려움을 겪는 아이들이 책으로 숨어버리거나 책에 빠져 지내는 경우가 있습니다. 하지만 부모와 관계가 좋고 좋은 독서 환경 속에서 책을 많이 읽은 아이가 사회성이 떨어질 가능성은 매우 희박합니다. 사회성에 어려움을 겪는 아이들이 책을 피난처로 삼을 수도 있다는 사실을 염두에 두고, 아이들의 생활과 행동을 살피고 지켜봐 주시면 됩니다.

Q50 아이가 책을 보다가 모르는 걸 질문할 때에는 어떻게 해야 하나요?

 아는 것은 대답해서 알려주고, 모르는 것은 모른다고 이야기하는 것이 좋습니다.

솔직하게 대답하는 게 좋다는 것은 모두가 아는 사실입니다. 그런 질문을 받았을 때는 충분히 대답해 줄 수 있는 것은 대답해 주고, 대답이 충분하지 않은 것 같으면 다른 책을 함께 찾아보며 독서 활동이 이어질 수 있도록 유도하면 됩니다. 중요한 건 질문에 대한 답이 어디에 있을지 알려주는 것입니다. 또한 세상의 모든 지식은 서로 연결되어 있으며, 그것을 찾는 방법 가운데 하나가 독서라는 사실을 알려주는 것입니다. 그러므로 아이가 모르는 것을 질문하더라도 당황하지 말고 '네가 알고 싶은 모든 것은 책 속에 들어 있다'는 사실을 명확하게 전해 주시기 바랍니다.

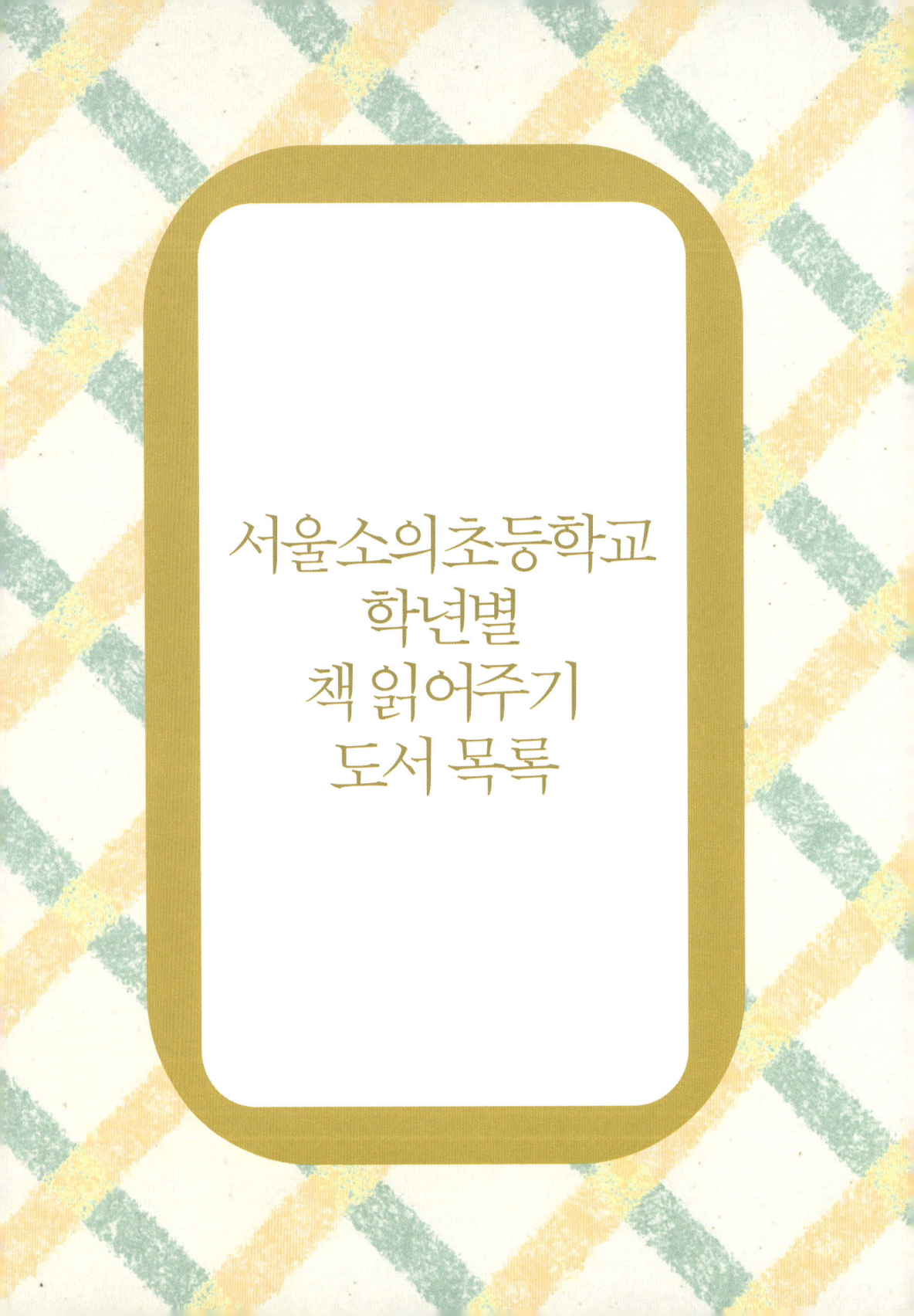

서울소의초등학교
학년별
책 읽어주기
도서 목록

1학년 책 읽어주기 도서 목록

번호	책제목	지은이	출판사
1	《강아지가 태어났어요》	조애너 콜	비룡소
2	《개구리와 두꺼비가 함께》	아놀드 로벨	비룡소
3	《거인 사냥꾼을 조심하세요!》	콜린 맥노튼	시공주니어
4	《견우직녀》	이미애	보림
5	《고구마는 맛있어》	도토리(기획)	보리
6	《곰인형 오토》	토미 웅거러	비룡소
7	《구렁덩덩 신선비》	김중철	웅진주니어
8	《구름 나라》	존 버닝햄	비룡소
9	《코끼리 아저씨》	아놀드 로벨	비룡소
10	《꼬리를 돌려 주세요》	노니 호그로지안	시공주니어
11	《꼬물꼬물 일과 놀이 사전》	윤구병	보리
12	《나, 학교 안 갈래!》	미셸린느 먼디	비룡소
13	《나무는 좋다》	재니스 메이 우드리	시공주니어
14	《와비 날다》	박현주	느림보
15	《날개 잃은 천사》	마야	고래이야기
16	《너 그거 이리 내놔!》	티에리 르냉	비룡소
17	《너 누구 닮았니?》	로리 뮈라이유	비룡소
18	《네가 달팽이니?》	주디 앨런	다섯수레
19	《늑대가 들려주는 아기돼지 삼형제 이야기》	존 셰스카	보림
20	《늦둥이 이른둥이》	원유순	좋은책어린이
21	《달에 갈 거야》	제라르 프랑캥	문학동네어린이
22	《당나귀 실베스터와 요술 조약돌》	윌리엄 스타이그	다산기획
23	《도서관이 정말 좋아요》	마르타 아빌레스	파란자전거
24	《도시로 간 꼬마 하마》	이호백	재미마주

25	《두 사람》	이보나 흐미엘레프스카	사계절
26	《들꽃 아이》	임길택	길벗어린이
27	《땅속나라 도둑괴물》	조대인	보림
28	《똥벼락》	김회경	사계절
29	《마녀 위니》	밸러리 토머스	비룡소
30	《말괄량이 기관차 치치》	버지니아 리 버튼	시공주니어
31	《멍멍 의사 선생님》	배빗 콜	보림
32	《못된 개가 쫓아와요!》	마이런 얼버그	시공주니어
33	《무지개 물고기》	마르쿠스 피스터	시공주니어
34	《뭐든지 무서워하는 늑대》	안 로카르	비룡소
35	《민수야 힘내!》	아오키 미치요	한림출판사
36	《바솔러뮤 커빈즈의 모자 500개》	닥터 수스	시공주니어
37	《반쪽이》	이미애	보림
38	《방귀쟁이 뿌뿌》	린쓰런	주니어랜덤
39	《보름달 음악대》	옌스 라스무스	비룡소
40	《부루퉁한 스핑키》	윌리엄 스타이그	비룡소
41	《브레멘 음악대 따라하기》	요르크 슈타이너	비룡소
42	《브레멘의 동물 음악대》	그림 형제	웅진주니어
43	《비는 어디서 왔을까?》	김순한	웅진주니어
44	《사랑에 빠진 개구리》	맥스 벨트하우스	마루벌
45	《새들은 어떻게 하늘을 날게 되었을까?》	존 요멘	아이세움
46	《생각하는 1 2 3》	이보나 흐미엘레프스카	논장
47	《선생님 도와주세요!》	섀논 리그스	고래이야기
48	《세상에서 제일 힘센 수탉》	이호백	재미마주
49	《쇠를 먹는 불가사리》	정하섭	길벗어린이
50	《수학은 너무 어려워》	베아트리스 루에	비룡소
51	《숨 쉬는 항아리》	정병락	보림

52	《숲은 어떻게 만들어지는가?》	윌리엄 재스퍼슨	비룡소
53	《신기한 요술 씨앗》	요나 테페르	랜덤하우스코리아
54	《아기여우와 털장갑》	니이미 난키치	한림출판사
55	《아르키메데스의 목욕》	피멜라 엘렌	풀빛
56	《아빠랑 함께 피자 놀이를》	윌리엄 스타이그	보림
57	《아주 특별한 생일 케이크》	스벤 누르드크비스트	풀빛
58	《아프리카여 안녕!》	H. A. 레이	시공주니어
59	《안녕, 할머니달님》	도나 스테인맨	키다리
60	《알을 품은 여우》	이사미 이쿠요	한림출판사
61	《엄마 까투리》	권정생	낮은산
62	《엉망진창 섬》	윌리엄 스타이그	비룡소
63	《예방주사 무섭지 않아!》	후카미 하루오	한림출판사
64	《오리 탈출 소동》	마이클 베다드	시공주니어
65	《왜 땅으로 떨어질까?》	곽영직	웅진주니어
66	《우리 몸의 구멍》	허은미	길벗어린이
67	《우리 선생님이 최고야!》	케빈 헹크스	비룡소
68	《우리 할아버지》	존 버닝햄	비룡소
69	《우리들의 사과나무》	조우 홀	크레용하우스
70	《응급 처치》	야마다 마코토	비룡소
71	《이런 동생은 싫어》	로리 뮈라이유	비룡소
72	《이상한 화요일》	데이비드 위즈너	비룡소
73	《이야기 이야기》	게일 헤일리	보림
74	《일과 도구》	권윤덕	길벗어린이
75	《임금님 귀는 당나귀 귀》	서정오	보리
76	《장화 신은 고양이》	샤를 페로	웅진주니어
77	《재주 많은 다섯 친구》	양재홍	보림
78	《제랄다와 거인》	토미 웅거러	비룡소

79	《존 선생님의 동물원》	이치카와 사토미	두산동아
80	《좁쌀 한 톨로 장가든 총각》	이상교	보림
81	《주먹이》	김중철	웅진주니어
82	《지각대장 존》	존 버닝햄	비룡소
83	《지구를 굴리는 곰 이야기》	주영삼	비룡소
84	《지도는 언제나 말을 해》	김희경	논장
85	《천하무적 빅토르》	드나 베치나	개암나무
86	《친구가 필요하니?》	헬메 하이네	중앙출판사(JDM)
87	《친절한 친구들》	후안 이춘	한림출판사
88	《칠판 앞에 나가기 싫어》	다니엘 포세트	비룡소
89	《크리스마스 선물》	존 버닝햄	시공주니어
90	《톡톡 알에서 나와요》	르네 라히르	웅진주니어
91	《팔려 가는 당나귀》	브라이언 와일드 스미스	비룡소
92	《팥죽 할멈과 호랑이》	서정오	보리
93	《펭귄응원단》	사이토 히로시	삼성출판사
94	《피터와 늑대》	세르게이 프로코피예프	미래아이
95	《하나라도 백 개인 사과》	이노우에 마사지	문학동네어린이
96	《할아버지의 약속》	손정원	느림보
97	《호랑이와 곶감》	위기철	국민서관
98	《황소와 도깨비》	이상	다림
99	《황제와 연》	제인 욜런	다산기획
100	《회색 늑대의 꿈》	장 마리 로빌라드	베틀북

2학년 책 읽어주기 도서 목록

번호	책제목	지은이	출판사
1	《가방 들어 주는 아이》	고정욱	사계절
2	《가을이네 장 담그기》	이규희	책읽는곰
3	《강아지 똥》	권정생	길벗어린이
4	《고맙습니다, 선생님》	패트리샤 폴라코	아이세움
5	《SOS 과학 수사대》 시리즈	서희주 외	아이즐북스
6	《괴물 예절 배우기》	조안나 코울	시공주니어
7	《그렇게 네가 왔고 우리는 가족이 되었단다》	안네테 힐데브란트	뜨인돌어린이
8	《께롱께롱 놀이 노래》	편해문	보리
9	《꼬마 요리사와 킥보드 공주님》	린다 흐루너펠트	해와나무
10	《꼬마 철학자 우후》	간자와 도시코	비룡소
11	《꽁지머리 소동》	로버트 먼치	풀빛
12	《나, 화가가 되고 싶에!》	윤여림	웅진주니어
13	《나야, 뭉치 도깨비야》	서화숙	웅진주니어
14	《나의 새 둥지 그림일기》	스즈키 마모루	소년한길
15	《난 두목이 될 거야!》	박숙희	효리원
16	《난 이제 절대 울지 않아》	케이트 클리스	고래이야기
17	《날 빨간 모자라고 부르지 마!》	테레사 블란치	푸른날개
18	《내가 만난 나뭇잎 하나》	윤여림	웅진주니어
19	《내 짝꿍 최영대》	채인선	재미마주
20	《너 나 우리》	선안나	샘터
21	《노란 양동이》	모리야마 미야코	현암사
22	《눈으로 보고 손으로 그리는 세계 명화》	로지 디킨스	시공주니어
23	《다리미야 세상을 주름 잡아라》	임정진	샘터
24	《다자구야 들자구야 할머니》	송언	한겨레아이들

25	《도깨비 대장이 된 훈장님》	장수명	한림출판사
26	《도둑게야 어디 가니?》	안은영	길벗어린이
27	《동화책을 먹은 바둑이》	노경실	사계절
28	《땅속 생물 이야기》	오오노 마사오	진선출판사
29	《땅은 엄마야》	이금이	푸른책들
30	《뜨개질 할머니》	우리 오를레브	문학동네어린이
31	《말해 버릴까?》	히비 시게키	보림
32	《몸은 내 친구》	마리-프랑신 허버트	세발자전거
33	《무슨 뜻이지?》	김동광	아이세움
34	《바람 도깨비》	어린이도서연구회	우리교육
35	《바람이 좋아요》	최내경	마루벌
36	《반 고흐와 해바라기 소년》	로렌스 안홀트	웅진주니어
37	《발레리나 벨린다》	에이미 영	느림보
38	《발표하겠습니다》	군 구미코	푸른길
39	《벤자민의 생일은 365일》	쥬디 바레트	미래아이
40	《사랑한다 내 동생 마리》	구드룬 맵스	한림출판사
41	《살아 있는 모든 것은》	브라이언 멜로니	마루벌
42	《살아 있어》	나카야마 치나츠	보물상자
43	《새 친구가 이사 왔어요》	레아 골드버그	주니어랜덤
44	《새똥과 전쟁》	에릭 바튀	교학사
45	《생쥐와 고래》	윌리엄 스타이그	다산기획
46	《선인장 호텔》	B. 기버슨	마루벌
47	《세상이 생겨난 이야기》	김장성	사계절
48	《소금아 고마워!》	나탈리 토르지만	영교
49	《수학아 수학아 나 좀 도와줘 1, 2》	조성실	삼성당
50	《수호의 하얀 말》	오츠카 유우조	한림출판사
51	《싫어, 싫어, 싫어!》	세자르 페르난데즈 가르시아	푸른날개

52	《심심해서 그랬어》	윤구병	보리
53	《쓰레기를 먹는 공룡》	김남길	꿈동산
54	《아기 오리들한테 길을 비켜 주세요》	로버트 맥클로스키	시공주니어
55	《아낌없이 주는 나무》	셸 실버스타인	시공주니어
56	《아름다운 책》	클로드 부종	비룡소
57	《아리수의 오리》	한정아	마루벌
58	《아모스와 보리스》	윌리엄 스타이그	시공주니어
59	《아주 신기한 알》	레오 리오니	마루벌
60	《애벌레가 들려주는 나비 이야기》	노정임	철수와영희
61	《야구공》	김정선	비룡소
62	《열두 달 자연놀이》	붉나무	보리
63	《오러와 오도》	이영경	길벗어린이
64	《오줌 멀리싸기 시합》	장수경	사계절
65	《왕치와 소새와 개미》	채만식	다림
66	《왜, 내가 이상하니?》	쉴러디르	파란하늘
67	《한글, 우리 말을 담는 그릇》	박동화	책읽는곰
68	《움직이는 건 뭐지?》	김동광	아이세움
69	《우당탕탕, 할머니 귀가 커졌어요》	엘리자베드 슈티메르트	비룡소
70	《의좋은 형제》	이현주	국민서관
71	《이럴 땐 싫다고 말해요!》	마리 프랑스 보트	문학동네어린이
72	《창덕궁》	최재숙	웅진주니어
73	《입 다물지 못할까!》	페레 폰스	푸른날개
74	《입말로 들려주는 우리 겨레 옛이야기 2》	이향숙	영림카디널
75	《입말로 들려주는 우리 겨레 옛이야기 3》	이향숙	영림카디널
76	《작은 개》	마치다 나오코	북뱅크
77	《재주 많은 손》	조은수	아이세움
78	《재치가 배꼽 잡는 이야기》	조호상	사계절

79	《잭과 못된 나무》	브라이언 와일드 스미스 외	시공주니어
80	《점무늬가 지워진 무당벌레들》	카트리나 발리우	푸른날개
81	《점이 모여 모여》	엄정순	창비
82	《종이학》	몰리 뱅	미래아이
83	《죽은 나무가 다시 살아났어요》	김동광	아이세움
84	《중력은 모든 것을 끌어당겨요》	김동광	아이세움
85	《우리 지킴이》	청동말굽	문학동네어린이
86	《진짜 별이 아닌 별이 나오는 진짜 이야기》	오카다 준	보림
87	《책 먹는 여우》	프란치스카 비어만	주니어김영사
88	《책 읽는 허수아비》	마크 킴볼 몰튼	예꿈
89	《쳇, 귀찮아》	모르간 다비드	파랑새어린이
90	《톡톡 할아버지》	이주홍	우리교육
91	《통통이는 똥도 예뻐》	이상권	샘터
92	《하늘과 땅이 갈라져 헤어진 이야기》	정하섭	웅진주니어
93	《학교에 간 개돌이》	김옥	창비
94	《할머니가 남긴 선물》	마거릿 와일드	시공주니어
95	《할아버지는 수레를 타고》	구드룬 파우제방	비룡소
96	《해를 품은 씨앗에게》	수잔 마리 스완슨	시공주니어
97	《행복한 사자》	루이제 파쇼	시공주니어
98	《헨리의 자유 상자》	엘린 레빈	뜨인돌어린이
99	《홀레 아주머니》	그림형제	보림
100	《화요일의 두꺼비》	러셀 에릭슨	사계절

3학년 책 읽어주기 도서 목록

번호	책제목	지은이	출판사
1	《건강이 최고야》	마리 프랑소와즈 그리요	시공주니어
2	《공룡할머니가 들려주는 진화 이야기》	마르틴 아우어	미래아이
3	《괜찮아》	고정욱	낮은산
4	《구두장이 마틴》	레프 톨스토이	비룡소
5	《그런데요, 생태계가 뭐예요?》	김성화, 권수진	토토북
6	《그림 도둑 준모》	오승희	낮은산
7	《까막눈 삼디기》	원유순	웅진주니어
8	《까만 손》	오색초등학교 어린이들	보리
9	《꽁지 닷 발 주둥이 닷 발》	서정오	보리
10	《나는 나》	배봉기	한겨레아이들
11	《나는 아프리카에 사는 기린이라고 합니다》	이와사 메구미	푸른길
12	《나를 비교하지 마세요》	김혜리	산하
13	《나머지 학교》	이가을	재미마주
14	《나무 위의 아이들》	구드룬 파우제방	비룡소
15	《나비를 잡는 아버지》	현덕	길벗어린이
16	《나쁜 어린이 표》	황선미	웅진주니어
17	《납작이가 된 스탠리》	제프 브라운	시공주니어
18	《내 동생 아영이》	김중미	창비
19	《내 이름은 나답게》	김향이	사계절
20	《내 이름은 삐삐 롱스타킹》	아스트리드 린드그렌	시공주니어
21	《내 짝꿍 최영대》	채인선	재미마주
22	《너는 특별해》	조운 링가드	베틀북
23	《너무 친한 사이인데》	크리스 도네르	문학과지성사
24	《넌, 누구야?》	황선미	사계절

25	《단군 신화》	이형구	보림
26	《달을 만지고 싶은 임금님》	마가렛 마요	국민서관
27	《도깨비와 권총왕》	이원수	웅진주니어
28	《도망자 고대국》	김영주	우리교육
29	《동화로 읽는 삼국유사 1》	손춘익	우리교육
30	《동화로 읽는 삼국유사 2》	손춘익	우리교육
31	《두루미 아내》	야가와 수미코	비룡소
32	《메주 도사》	서정오	보리
33	《당글공주》	임정자	우리교육
34	《박박 바가지》	서정오	보리
35	《밤하늘 별 이야기》	세키구치 슈운	진선출판사
36	《붕어빵 가족》	김동광	아이세움
37	《사랑을 나누는 곰, 보로》	라파엘라 마리아 론디니	서광사
38	《살랑살랑 꼬리로 말해요》	르네 라히르	웅진주니어
39	《새 박사 원병오 이야기》	원병오	우리교육
40	《새끼 개》	박기범	낮은산
41	《설탕으로 만든 사람》	아니카 에스테롤	비룡소
42	《세상에서 제일 힘 센 수탉》	이호백	재미마주
43	《쇠를 먹는 불가사리》	정하섭	길벗어린이
44	《숨 쉬는 도시 꾸리찌바》	안순혜	파란자전거
45	《시골 밥, 서울 밥》	남인숙	꿈소담이
46	《식물에겐 비밀이 있어요》	장 마리 펠트	다섯수레
47	《신통방통 도깨비》	서정오	보리
48	《쓸 만한 아이》	이금이	푸른책들
49	《아기장수 우뚜리》	송언	한겨레아이들
50	《아기참새 찌꾸 1》	곽재구	파랑새어린이
51	《아기참새 찌꾸 2》	곽재구	파랑새어린이

52	《아낌없이 주는 나무》	셸 실버스타인	시공주니어
53	《아버지를 찾아서》	정하섭	창비
54	《아빠는 요리사 엄마는 카레이서》	목온균	국민서관
55	《아빠는 지금 하인리히 거리에 산다》	네레 마어	아이세움
56	《아빠에게 돌 던지는 아이》	고정욱	중앙출판사(JDM)
57	《아이쿠나 호랑이》	윤태규	산하
58	《아주 작은 학교》	이금이	푸른책들
59	《애벌레가 애벌레를 먹어요》	이상권	웅진주니어
60	《어디, 똥보 맛 좀 볼래?》	모카	비룡소
61	《어린이를 위한 우동 한 그릇》	구리 료헤이	청조사
62	《어진이의 농장 일기》	신혜원	창비
63	《엄마, 난 이 옷이 좋아요》	권윤덕	길벗어린이
64	《엄마 생각》	이상권	우리교육
65	《여우의 전화박스》	도다 가즈요	크레용하우스
66	《옛날 사람들은 어떻게 살았을까》	조은수	창비
67	《아기장수 우투리》	서정오	보리
68	《박박 바가지》	서정오	보리
69	《떼굴떼굴 떡 먹기》	서정오	보리
70	《호랑이 뱃속 구경》	서정오	보리
71	《신통방통 도깨비》	서정오	보리
72	《옹달샘이야기》	이현주	한겨레아이들
73	《우리 엄마는 여자 블랑카》	원유순	책내음
74	《원숭이 꽃신》	어린이도서연구회	오늘
75	《일기 감추는 날》	황선미	웅진주니어
76	《작은 집 이야기》	버지니아 리 버튼	시공주니어
77	《조선의 영웅 김덕령》	신동흔	한겨레아이들
78	《종이밥》	김중미	낮은산

79	《짜장 짬뽕 탕수육》	김영주	재미마주
80	《짜장면 불어요!》	이현	창비
81	《짱뚱이네 집 똥 황토》	오진희	파랑새어린이
82	《쪽빛을 찾아서》	유애로	보림
83	《참말로 참말, 참말로 거짓말》	조호상	주니어랜덤
84	《초대받은 아이들》	황선미	웅진주니어
85	《초롱이와 함께 지도 만들기》	로렌 리디	미래아이
86	《친구 없이는 못살아》	이재복	산하
87	《파란막대 파란상자》	이보나 흐미엘레프스카	사계절
88	《파브르 곤충기》	앙리 파브르	지경사
89	《파브르 식물 이야기 1》	장 앙리 파브르	우리교육
90	《파스칼의 실수》	플로랑스 세이보스	비룡소
91	《팔봉이의 굉장한 날》	한국어린이문학협의회	우리교육
92	《평화는 어디에서 오나요》	구드룬 파우제방	웅진주니어
93	《플랜더스의 개》	위다	비룡소
94	《하느님의 눈물》	권정생	산하
95	《학교에 간 개돌이》	김옥	창비
96	《학교에 간 사자》	필리파 피어스	논장
97	《해오름 골짜기 친구들》	황선미	사계절
98	《행복한 왕자》	오스카 와일드	마루벌
99	《행복한 청소부》	모니카 페트	풀빛
100	《화가 나는 건 당연해!》	미셸린느 먼디	비룡소

4학년 책 읽어주기 도서 목록

번호	책제목	지은이	출판사
1	《가끔씩 비 오는 날》	이가을	창비
2	《가자 가자 감나무》	편해문	창비
3	《바리왕자》	송언	사계절
4	《고물장수 로께》	호셉 발베르두	푸른나무
5	《과수원을 점령하라》	황선미	사계절
6	《광개토태왕》	정종목	주니어랜덤
7	《깜둥바가지 아줌마》	권정생	우리교육
8	《나라를 지킨 호랑이 장군들》	우리누리	주니어랜덤
9	《박수근》	김현숙	나무숲
10	《나무를 심은 사람》	장 지오노	두레
11	《나와 조금 다를 뿐이야》	이금이	푸른책들
12	《나의 린드그렌 선생님》	유은실	창비
13	《난 뭐든지 할 수 있어》	아스트리드 린드그렌	창비
14	《내 마음의 선물》	오토다케 히로타다	창해
15	《내 이름은 삐삐 롱스타킹》	아스트리드 린드그렌	시공주니어
16	《내 짝꿍 최영대》	채인선	재미마주
17	《내 친구 비챠》	니콜라이 노소프	사계절
18	《내가 살던 고향은》	권정생	웅진닷컴
19	《내가 옛날에 태어났다면 어떻게 살았을까?》	정문기	두산동아
20	《내가 조금 불편하면 세상은 초록이 돼요》	김소희	토토북
21	《내게는 소리를 듣지 못하는 여동생이 있습니다》	진 화이트하우스 피터슨	웅진주니어
22	《내겐 드레스 백 벌이 있어》	엘레노어 에스테스	비룡소
23	《너는 특별하단다》	맥스 루카도	고슴도치
24	《너만의 냄새》	안미란	사계절

25	《네 손가락의 피아니스트》	고정욱	대교출판
26	《노을》	정채봉	효리원
27	《놀라운 발견, 생활의 지혜》	우리누리	주니어랜덤
28	《누더기 외투를 입은 아이》	로런 밀즈	아이세움
29	《다섯 시 반에 멈춘 시계》	강정규	문원
30	《돌아온 진돗개 백구》	송재찬	대교출판
31	《동네방네》	김원석	대교출판
32	《땅따먹기》	최진영	청년사
33	《땅속 나라 도둑 귀신》	이원수	창비
34	《똘개의 모험》	김영현	국민서관
35	《리디아의 정원》	사라 스튜어트	시공주니어
36	《마주 보고 크는 나무》	조성자	시공주니어
37	《만국기 소년》	유은실	창비
38	《머피와 두칠이》	김우경	지식산업사
39	《모네의 정원에서》	크리스티나 비외르크	미래사
40	《목걸이 열쇠》	황선미	시공주니어
41	《몰라쟁이 엄마》	이태준	우리교육
42	《미오, 나의 미오》	아스트리드 린드그렌	우리교육
43	《미운 돌멩이》	어린이도서연구회	오늘
44	《받은 편지함》	남찬숙	우리교육
45	《밤티 마을 영미네 집》	이금이	푸른책들
46	《밤티 마을 큰돌이네 집》	이금이	푸른책들
47	《별 볼일 없는 4학년》	주디 블룸	창비
48	《별지기 아저씨가 들려주는 별 이야기》	이한주	진선출판사
49	《부자 나라의 부자 아이, 가난한 나라의 가난한 아이》	장수하늘소	아이세움
50	《붕어 결혼식》	어린이도서연구회	오늘
51	《비밀의 정원》	프랜시스 호즈슨 버넷	마루벌

52	《사라진 마을》	앤 그리팔코니	미래아이
53	《사랑의 도서관》	고정욱	한림출판사
54	《생명이 들려준 이야기》	위기철	사계절
55	《생물이 사라진 섬》	다가와 히데오	비룡소
56	《선생님, 우리 선생님》	패트리샤 폴라코	시공주니어
57	《세 가지 질문》	존 무스	달리
58	《세계가 놀란 발명 이야기》	우리누리	주니어중앙
59	《소나기밥 공주》	이은정	창비
60	《창조의 신 소별왕 대별왕》	신동흔	한겨레아이들
61	《수일이와 수일이》	김우경	우리교육
62	《아기도깨비와 오토 제국》	이현주	웅진주니어
63	《아빠 고르기》	채인선	논장
64	《아빠의 마지막 목소리》	김혜리	계림
65	《아빠의 수첩》	양태석	주니어김영사
66	《아주 특별한 우리 형》	고정욱	대교출판
67	《베토벤》	정종목	주니어랜덤
68	《양파의 왕따일기》	문선이	파랑새어린이
69	《어미 개》	박기범	낮은산
70	《여울각시》	이중현	우리교육
71	《여자 농부 아랑이》	김회경	소년한길
72	《열세 살 키라》	보도 샤퍼	을파소
73	《열 평 아이들》	원유순	창비
74	《바리공주》	백승남	한겨레아이들
75	《옥수수 박사 김순권 이야기》	조호상	우리교육
76	《우동 한 그릇》	구리 료헤이	청조사
77	《이만하면 나도 꼬마사업가》	어린이문화진흥회	삼성당
78	《일기 감추는 날》	황선미	웅진닷컴

79	《고정욱 선생님이 들려주는 장영실》	고정욱	산하
80	《재미가 솔솔 나는 우리 옛이야기》	돋움자리	시공주니어
81	《저만 알던 거인》	오스카 와일드	분도출판사
82	《정말정말 끈질긴 환경 운동 이야기》	과학아이	두산동아
83	《제닝스는 꼴찌가 아니야》	앤터니 버커리지	사계절
84	《조선의 여걸 박씨부인》	정출헌	한겨레아이들
85	《조커, 학교 가기 싫을 때 쓰는 카드》	수지 모건스턴	문학과지성사
86	《진짜 도둑》	윌리엄 스타이그	베틀북
87	《진짜진짜 억울한 동물 나라 이야기》	과학아이	두산동아
88	《천 냥짜리 거짓말》	서정오	주니어랜덤
89	《첨벙첨벙, 물길 따라 물고기 따라》	이상권	우리교육
90	《초콜릿 공장의 비밀》	로알드 달	유진
91	《축구 생각》	김옥	창비
92	《콩알 하나에 무엇이 들었을까?》	이현주	봄나무
93	《키다리 아저씨》	진 웹스터	시공주니어
94	《테마로 읽는 우리 역사의 명장면》	김학선	두산동아
95	《통발신을 신었던 누렁소》	이오덕	사계절
96	《파브르 곤충기》	앙리 파브르	삼성출판사
97	《하늘로 날아간 집오리》	이상권	창비
98	《하닉와 함께 떠나는 갯벌여행》	백용해	창조문화
99	《허준》	신현득	효리원
100	《형이라고 부를 자신 있니?》	이성자	대교출판

5학년 책 읽어주기 도서 목록

번호	책제목	지은이	출판사
1	《가랑비 가랑가랑 가랑파 가랑가랑》	정완영	사계절
2	《경복궁 마루 밑》	심상우	대교출판
3	《고맙습니다, 선생님》	패트리샤 폴라코	아이세움
4	《고양이 학교》	김진경	문학동네어린이
5	《골목길의 아이들》	이브 가넷	길벗어린이
6	《구름》	구드룬 파우제방	일과놀이
7	《귀뚜라미》	임석재	재미마주
8	《그런 편견은 버려!》	홍준희	주니어랜덤
9	《길모퉁이 행운 돼지》	김종렬	다림
10	《김정호》	엄성기	중앙출판사(JDM)
11	《깜둥바가지 아줌마》	권정생	우리교육
12	《나는 선생님이 좋아요》	하이타니 겐지로	양철북
13	《나무가 좋아지는 나무책》	박효섭	다른세상
14	《나비박사 석주명의 과학나라》	석주명	현암사
15	《안내견 탄실이》	고정욱	대교출판
16	《난 이제부터 남자다》	이규희	세상모든책
17	《난초를 닮은 서화가 김정희》	안성희	푸른숲
18	《내 이름은 삐삐 롱스타킹》	아스트리드 린드그렌	시공주니어
19	《달님은 알지요》	김향이	비룡소
20	《댕댕이 할멈 바위》	손동인	사계절
21	《동물과 대화하는 아이 티피》	티피 드그레	이레
22	《똥보 방정환 선생님 이야기》	이재복	지식산업사
23	《마당을 나온 암탉》	황선미	사계절
24	《마틸다》	로알드 달	시공주니어

25	《메아리》	이주홍	길벗어린이
26	《며느릿감 시험》	최내옥	창비
27	《모르는 척》	우메다 순사쿠	길벗어린이
28	《모모》	미하엘 엔데	비룡소
29	《몽당연필이 더 어른이래요》	편집부	푸른책들
30	《몽실언니》	권정생	창비
31	《무기 팔지 마세요》	위기철	청년사
32	《물고기 박사 최기철 이야기》	이상권	우리교육
33	《미나마타의 붉은 바다》	하라다 마사즈미	우리교육
34	《민요기행》	신경림	산하
35	《밀림을 지켜라!》	카르멘 바스케스	책속물고기
36	《받은 편지함》	남찬숙	우리교육
37	《베니스의 상인》	찰스 램, 매리 램	창비
38	《별똥별 아줌마가 들려주는 우주 이야기》	이지유	창비
39	《별지기 아저씨가 들려주는 별 이야기》	이한주	진선출판사
40	《부채귀신 잡은 이야기》	권정생	사계절
41	《비밀의 숲 테라비시아》	캐더린 패터슨	대교출판
42	《비밀의 화원》	프랜시스 호즈슨 버넷	시공주니어
43	《비온 뒤 맑음》	뱅상 퀴벨리에	거인
44	《사라, 버스를 타다》	윌리엄 밀러	사계절
45	《사랑의 손가락》	이청준	문학수첩
46	《사랑의 학교 1》	E. 데 아미치스	창비
47	《사랑의 학교 2》	E. 데 아미치스	창비
48	《산적의 딸 로냐》	아스트리드 린드그렌	시공주니어
49	《상계동 아이들》	노경실	사계절
50	《장욱진》	김형국	나무숲
51	《샬롯의 거미줄》	엘윈 브룩스 화이트	시공주니어

52	《서울로 간 허수아비》	윤기현	산하
53	《송이야, 문을 열면 아침이란다》	오정희	파랑새어린이
54	《수일이와 수일이》	김우경	우리교육
55	《신라 할아버지》	박경선	지식산업사
56	《신화 따라 세계 여행》	이경덕	아이세움
57	《쌀뱅이를 아시나요?》	김향이	파랑새어린이
58	《씨앗을 지키는 사람들》	안미란	창비
59	《아들과 함께 걷는 길》	이순원	실천문학사
60	《아름다운 수탉》	이상권	창비
61	《아주 작은 개 치키티토》	필리퍼 피어스	시공주니어
62	《아툭》	미샤 다미안	한마당
63	《어린왕자》	생텍쥐페리	삼성출판사
64	《엄마는 파업 중》	김희숙	푸른책들
65	《연필을 잡으면 그리고 싶어요》	이호철	보리
66	《열 평 아이들》	원유순	창비
67	《영모가 사라졌다》	공지희	비룡소
68	《옛날 사람들은 어떻게 살았을까》	조은수	창비
69	《오마니》	강정규	대교출판
70	《오세암》	정채봉	창비
71	《왕이 된 소금장수 을불이》	조호상	산하
72	《요리조리 맛있는 세계 여행》	최향랑	창비
73	《우리나라의 건국 신화》	김용만	청솔출판사
74	《우주로 날아간 뒤주 왕자》	김은숙	교학사
75	《우포늪엔 공룡 똥구멍이 있다》	손호경	푸른책들
76	《원숭이 꽃신》	정휘창	효리원
77	《이상한 나라의 앨리스》	루이스 캐럴	시공주니어
78	《인권 변호사 조영래》	박상률	사계절

79	《일기가 나를 키웠어요》	여민지	명진출판
80	《신사임당》	정지아	주니어랜덤
81	《자존심》	김남중	창비
82	《전쟁과 소년》	윤정모	푸른나무
83	《천재화가 이중섭과 아이들》	강원희	예림당
84	《어린이를 위한 초승달과 밤배》	정채봉	파랑새어린이
85	《칠칠단의 비밀》	방정환	사계절
86	《태양으로 날아간 화살》	제럴드 멕더멋	시공주니어
87	《테레사 수녀》	이종훈	중앙출판사(JDM)
88	《톰소여의 모험》	마크 트웨인	시공주니어
89	《통일할아버지 문익환》	김남일	사계절
90	《트리갭의 샘물》	나탈리 배비트	대교출판
91	《풀꽃과 친구가 되었어요》	이상권	창비
92	《사진과 그림으로 보는 한국사 편지》	박은봉	웅진주니어
93	《한밤중 톰의 정원에서》	필리퍼 피어스	시공주니어
94	《할매, 나도 이제 어른이 된 거 같다》	이승희	굴렁쇠
95	《할머니 산소를 찾아간 의로운 소 누렁이》	심후섭	파랑새어린이
96	《할아버지 요강》	임길택	보리
97	《행복한 왕자》	오스카 와일드	창비
98	《호랑이 잡는 기왓장》	서정오	보리
99	《휠체어를 타는 친구》	졸프리드 뤽	보리
100	《흐린 후 차차 갬》	김선희	비룡소

6학년 책 읽어주기 도서 목록

번호	책제목	지은이	출판사
1	《개똥이 이야기》	최창남	푸른나무
2	《괭이부리말 아이들》	김중미	창비
3	《그리운 메이 아줌마》	신시아 라일런트	사계절
4	《까만 나라 노란 추장》	강무홍	웅진주니어
5	《깨복이》	오세영	GenaSona (G&S)
6	《꽃신》	이경자	창비
7	《꿈을 찍는 사진관》	강소천	가교
8	《끝없는 이야기》	미하엘 엔데	비룡소
9	《나무 그늘을 산 총각》	이원수	창비
10	《나의 라임 오렌지 나무》	J.M. 바스콘셀로스	동녘
11	《난중일기》	이순신	파란자전거
12	《남자들의 약속》	이정인	푸른책들
13	《내 친구에게 생긴 일》	미라 로베	크레용하우스
14	《내가 나인 것》	야마나카 히사시	사계절
15	《내가 채송화꽃처럼 조그마했을 때》	이준관	푸른책들
16	《너는 왜 큰소리로 말하지 않니》	박경선	지식산업사
17	《너도 하늘말나리야》	이금이	푸른책들
18	《느낌 있는 그림 이야기》	이주헌	보림
19	《단군 신화》	오은영	효리원
20	《돌도끼에서 우리별3호까지》	전상운	아이세움
21	《똥 싼 할머니》	이옥수	시공주니어
22	《마사코의 질문》	손연자	푸른책들
23	《마지막 거인》	프랑수아 플라스	디자인하우스
24	《마지막 수업》	알퐁스 도데	청목사

25	《마지막 왕자》	강숙인	푸른책들
26	《마틴 루터 킹》	권태선	창비
27	《만파식적》	우일문	문학동네어린이
28	《모래밭 아이들》	하이타니 겐지로	양철북
29	《문제아》	박기범	창비
30	《미산 계곡에 가면 만날 수 있어요》	한병호	보림
31	《바다 건너 불어온 향기》	한아	금성출판사
32	《바보 온달》	이현주	우리교육
33	《반기문 총장님처럼 되고 싶어요!》	김경우	명진출판
34	《밥 힘으로 살아온 우리 민족》	김아리	아이세움
35	《방구 아저씨》	김병규	효리원
36	《백범 김구》	심경림	창비
37	《별을 헤아리며》	로이스 로리	양철북
38	《불량한 자전거 여행》	김남중	창비
39	《삐삐는 언제나 마음대로야》	아스트리드 린드그렌	우리교육
40	《시금파리 한 조각 1, 2》	린다 수 박	서울문화사
41	《사람은 무엇으로 사는가》	똘스또이	창비
42	《사자왕 형제의 모험》	아스트리드 린드그렌	창비
43	《산골 마을 아이들》	임길택	창비
44	《산적의 딸 로냐》	아스트리드 린드그렌	시공주니어
45	《살꽃이야기》	어린이도서연구회	오늘
46	《샘마을 몽당깨비》	황선미	창비
47	《서울 600년 이야기》	김근태	산하
48	《선들내는 아직도 흐르네》	김우경	문학과지성사
49	《세상에서 가장 친한 친구》	권문희	푸른나무
50	《송아지가 뚫어 준 울타리 구멍》	손춘익	웅진주니어
51	《수학귀신》	H. M. 엔젠스베르거	비룡소

번호	제목	저자	출판사
52	《시간의 주름》	메들렌 렝글	문학과지성사
53	《시애틀 추장》	수잔 제퍼스	한마당
54	《심청가》	이현순	초방책방
55	《아리 공주와 꼬꼬 왕자》	김정란	논장
56	《아버지의 편지》	정약용	함께읽는책
57	《안네의 일기》	안네 프랑크	문학사상사
58	《안녕 할아버지》	엘피 도넬리	창비
59	《안녕, 페티》	도그마 키돌루에	비룡소
60	《압록강은 흐른다》	이미륵	다림
61	《야시골 미륵이》	김정희	사계절출판사
62	《어린이 백범일지》	장세현	푸른나무
63	《어여쁜 바실리사》	아파나쎄프	창비
64	《언니, 엄마》	임선일	이담북스
65	《엄마신발 신고 뛰기》	한국어린이문학협의회	우리교육
66	《엄마의 런닝구》	한국글쓰기연구회	보리
67	《연오랑 세오녀》	곽선주	세이북스
68	《오시오, 자시오, 가시오》	김향이	주니어랜덤
69	《오체불만족》	오토다케 히로타다	창해
70	《옥수수 박사 김순권 이야기》	조호상	우리교육
71	《왕치와 소새와 개미와》	채만식	그레이트북스
72	《왜 나를 미워해》	요시모토 유키오	보리
73	《우리 민주주의가 신났어!》	장수하늘소	아이세움
74	《우리나라 오천 년 이야기 생활사 1, 2》	원영주	계림
75	《우리들은 환경 파수꾼》	김용근	푸른나무
76	《우리들의 여름》	콘스탄티 파우스토프스키	소년한길
77	《우포늪》	강병국	지성사
78	《위대한 강》	프레데릭 백	두레아이들

79	《유진과 유진》	이금이	푸른책들
80	《입 안이 근질근질》	이성자	청개구리
81	《바다를 품은 책 자산어보》	손택수	아이세움
82	《자전거 도둑》	박완서	다림
83	《장기려, 우리 곁에 살다 간 성자》	김은식	봄나무
84	《김기창》	심경자	나무숲
85	《전쟁은 왜 일어날까?》	질 페로	다섯수레
86	《정약용》	김철수	중앙출판사(JDM)
87	《지금은 공사중》	박선미	21문학과문화
88	《창가의 토토》	구로야나기 테츠코	프로메테우스
89	《창밖의 사람들》	올리비에 두주	낮은산
90	《최후의 늑대》	멜빈 버지스	푸른나무
91	《콩달이에게 집을 주세요》	원유순	대교출판
92	《클로디아의 비밀》	E.L. 코닉스버그	비룡소
93	《태양을 훔친 화가 빈센트 반 고흐》	염명순	아이세움
94	《파딩 숲의 동물들》	콜린 단	창비
95	《푸른 개 장발》	황선미	웅진주니어
96	《하늘로 날아간 집오리》	이상권	창비
97	《할머니의 비밀》	장 프랑수아 샤바스	창비
98	《함지박을 쓴 소녀》	김인한	창비
99	《행복한 청소부》	모니카 페트	풀빛
100	《호리병박에서 나온 아가씨》	민영	창비

| 에필로그 |

부모의 관심과 사랑만이
아이들을 바르게 자라나게 합니다

지하철이나 엘리베이터에서 아기를 안고 가는 엄마들을 만날 때마다, 저는 아기에게 책을 읽어주고 있는지, 아기를 많이 안아주고 있는지 묻곤 합니다. 오랜 세월 아이들을 키우고 가르치면서 느꼈던, 너무나 중요한 삶의 밑천에 대해 이야기해 주고 싶기 때문입니다.

저도 초보 부모였을 때는 아이들에게 해줘야 할 것들을 잘 해주지 못하는 부실한 부모였습니다. 어떤 것들은 알지 못해서 해주지 못했고, 어떤 것들은 알면서도 해주지 못했습니다. 아이를 사랑하지 않아서 그런 것이 아닙니다. 어떻게 사랑을 표현해야 할지 몰랐을 뿐입니다. 사랑을 표현하고 가꾸는 것도 능력입니다. 특히 아이들에게 사랑을 베풀고 표현하는 능력은 부모가 갖춰야 할 가장 중요한 능력입니다. 하지만 부모 노릇이란 게 배운다고 단시간에 잘할 수 있는 것도 아닐뿐더러, 많은 고민과 노력 끝에 몸에 배고 몸에 익어야 잘할 수 있게 된다는 걸,

초보 부모였던 저 역시 한참 시간이 흘러서야 알게 됐습니다.

저는 다른 학교에서 학부모 대상 강의 요청이 오면 시간이 허락하는 한 무조건 달려갑니다. 제 강의를 듣고 단 한 명의 학부모라도 독서 교육의 중요성을 깨달아 자녀에게 책 읽는 기쁨을 전해 줬으면 하는 마음 때문입니다. 좋은 것은 혼자 알고 있을 때보다 함께 나눌 때 기쁨이 두 배가 된다고 하지요. 그만큼 저는 독서의 힘과 효과에 대해 확신하고 있습니다.

강연에 참석한 대부분의 학부모들이 아주 뜨거운 관심을 보입니다. 공부를 잘하기 위해서도, 이해력을 높이기 위해서도, 이해심이 좋은 아이로 기르기 위해서도 독서가 중요하다고 설명하면 다소 놀라기도 합니다. 생전 처음 듣는 얘기라는 반응을 보이는 분들도 있습니다. 그러고는 다들 독서 교육에 대해 새로운 각오를 다지며 돌아갑니다. 물론 강연이 끝난 뒤의 실천 여부는 알 수 없습니다. 이러한 다짐을 행동으로 옮기는 데는 여러 가지 난관이 있기 때문입니다. 학부모들의 마음속에 독서가 얼마만큼 중요한 일로 자리 잡았는지가 판가름해 줄 뿐입니다.

강연이 끝나면 많은 학부모들이 아이에 관한 질문을 합니다. 2부 '책 읽는 아이로 키우고 싶은 부모들의 질문 50'은 이러한 질문과 대답을 정리한 것입니다. 부족한 식견이지만 제가 굳게 믿고 있는 것들을 여러 학자들의 연구 내용을 바탕으로 성실히 답변하려 노력했습니다. 책 읽는 아이로 키우고 싶은 학부모들에게 많은 도움이 되리라 믿습니다.

　학부모들의 다양한 질문에 대한 제 대답을 간단히 요약하면 다음과 같습니다. 책을 좋아하게 해야 한다는 것, 부모의 관심과 사랑만이 아이들을 바르게 자라나게 한다는 것, 그리고 독서의 중요성을 깨닫고 아이들이 독서를 잘할 수 있도록 곁에서 꾸준히 도와줘야 한다는 것입니다. 단순해 보이는 이 세 가지를 늘 마음속에 떠올리면서 아이들에게 든든한 인생 밑천을 마련해 주시기 바랍니다.

　책을 마무리하며, 마지막으로 여러분에게 몇 가지 당부하고 싶은 것이 있습니다.

　먼저 세상은 넓고, 이 넓은 세상에는 아이들이 꿈을 펼칠 수 있는 분야가 헤아릴 수 없을 만큼 많이 존재한다는 사실을 아이들에게 꼭 알려주시기 바랍니다. 이 말은 공부에 사로잡혀 책상 앞에만 있게 해서는 안 된다는 뜻입니다. 특히 초등학생 시기에는 더더욱 그렇습니다. 직접 가보게 하고, 가보고 싶게 만들어야 합니다. 직접 해보게 하고, 더 해보고 싶게 만들어야 합니다. 그러나 하고 싶은 일이 없거나 가고 싶은 곳이 없다면 다 소용없는 일입니다. 그러므로 세상에 할 수 있는 많은 일들이 존재한다는 걸 알려줘야 합니다. 이를 위한 가장 좋은 방법이 바로 독서입니다. 부모나 교사가 직접 알려주는 것도 중요하지만, 폭과 깊이에 있어 독서를 따라갈 수는 없습니다.

아이들이 스스로 충분히 사랑받고 있다고 느껴야 한다는 사실도 꼭 이야기하고 싶습니다. 자녀의 독립심과 자립심은 부모의 사랑에서 시작되어 부모의 사랑으로 완성된다고 해도 과언이 아닙니다. 부모로부터 충분한 사랑을 받은 사람은 자존감이 높고, 자존감이 높은 사람은 용기 있는 사람이 되며, 용기 있는 사람만이 다른 사람들과 잘 어울려 살 수 있습니다. 모든 것의 출발은 사랑이며, 사랑이 전부인 셈입니다. 다만, 청소년들의 아버지라고 불리는 돈 보스꼬 성인이 말씀하신 것처럼, 단순히 아이들을 사랑하는 것만으로 충분한 사랑을 주었다고 생각해선 안 됩니다. 아이들이 충분히 사랑받고 있다고 느낄 수 있을 만큼 사랑해 줘야 합니다. 지적으로 신체적으로 우수한 사람도 사랑받지 못하여 정서적으로나 감정적으로 결핍되면 제 능력을 발휘할 수 없습니다.

아이를 키우는 일은 종합예술입니다. 여러 가지 요소가 어우러져 아름다운 작품을 만들어내는 것과 같습니다. 아름다운 작품을 만들기 위해서는 많은 노력이 필요합니다. 이러한 노력 중에 가장 먼저, 가장 많이 해야 할 일이 '독서'라는 사실을 잊지 마시기 바랍니다.

이 책은 제가 초등학교 교사이자 부모로서 살아오면서 느끼고 깨달았던 것들을 담아 여러분에게 전하는 한 권의 편지입니다. 오랫동안 교육 현장에 몸담고 있으면서, 또 아이들을 키우면서 교사나 학부모들에게 하고 싶은 이야기를 비로소 다 털어낸 것 같아 홀가분한 기분이 듭니다. 무엇보다 이제는 이 책이 저를 대신해서 더 많은 분들에게 이야기를 들려줄 수 있다고 생각하니 무척 기쁩니다.

이 책이 나올 수 있도록 애써 주신 꿈결 출판사 여러분과 제 곁에서 성원을 아끼지 않으신 NMA재단 관계자분들께 깊은 감사의 말씀을 드립니다. 또한 부족한 아들 때문에 늘 마음 끓이시는 제 어머니와 사랑스러운 두 딸이 더욱 행복하고 건강하길 빌며, 제 아내 김영채에게도 고마움과 사랑을 전합니다.

| 차례 |

➜ 독서 흥미에 관한 질문지 (저학년) ------------ 2

➜ 독서 흥미에 관한 질문지 (고학년) ------------ 5

➜ 독서 태도에 관한 질문지 (저학년) ------------ 9

➜ 독서 태도에 관한 질문지 (고학년) ------------ 12

➜ 독서 태도 점수표 ---------------------- 13

➜ 독서 태도 점수 계산법 ------------------ 15

| 일러두기 |

1. '독서 흥미에 관한 질문지'는 아이가 평소에 책 읽기에 어느 정도 흥미를 갖고 있는지 확인해 보기 위한 것으로, 별도의 평가 기준이나 점수 계산법이 없습니다. 독서에 관한 아이의 생각과 생활 습관을 알아보는 자료로 활용하세요.

2. '독서 태도에 관한 질문지'로 검사를 마친 후, '독서 태도 점수 계산법'(15쪽)을 참조하여 아이의 독서 태도를 진단해 보세요. '독서 태도 점수표'(13쪽)를 이용하면 훨씬 쉽게 점수를 매겨볼 수 있습니다.

3. 본 검사지는 한국독서인증(주) 리딩웰(www.readingwell.co.kr)에서 제공했습니다.

독서 흥미에 관한 질문지
| 저학년 |

_____ 학년 _____ 반 이름 : _____ 성별 : _____

※ 아래의 문항을 잘 읽고 자신의 생각과 맞는 번호에 O표시를 하세요.

1. 학교 공부가 끝난 뒤나 쉬는 시간에 가장 즐겨 하는 일은 다음 중 무엇입니까?
   ( ) ❶ TV 시청   ( ) ❷ 컴퓨터 게임
   ( ) ❸ 책 읽기   ( ) ❹ 친구와 놀기
   ( ) ❺ 그냥 쉬기   ( ) ❻ 운동하기
   ( ) ❼ 기타 _____

2. 평소에 책을 어느 정도 좋아하고 읽고 있습니까?
   ( ) ❶ 아주 좋아해서 거의 매일 읽는다.
   ( ) ❷ 좋아해서 자주 읽는 편이다.
   ( ) ❸ 보통이며 기회가 생기면 읽는다.
   ( ) ❹ 싫어하지만 어쩔 수 없이 가끔 읽는다.
   ( ) ❺ 아주 싫어해서 거의 안 읽는다.

3. 한 달에 교과서 이외의 책을 몇 권 정도 읽습니까?
   ( ) ❶ 1-2권   ( ) ❷ 3-5권
   ( ) ❸ 6권 이상   ( ) ❹ 몇 달에 1권

4. 집에서 부모님은 여러분의 독서를 어떻게 도와주고 있습니까?

　　( ) ❶ 읽을 책을 골라서 소개해 주시며 읽어보라고 하신다.

　　( ) ❷ 읽을 책을 골라서 항상 읽어주신다.

　　( ) ❸ 읽을 책을 골라서 가끔 읽어주신다.

　　( ) ❹ 부모님이 책을 읽어주시지 않는다.

5. 책은 어떻게 구해서 읽나요?

　　( ) ❶ 도서관이나 친구에게 빌려 읽는다.

　　( ) ❷ 부모님이 직접 골라주신다.

　　( ) ❸ 내가 직접 고른다.

　　( ) ❹ 부모님과 의논하여 고른다.

　　( ) ❺ 기타 _____

6. 재미없는 책을 보면 어떻게 하나요?

　　( ) ❶ 재미없어도 끝까지 읽는다.

　　( ) ❷ 일단 읽다가 중단한다.

　　( ) ❸ 중간 중간 읽는다.

　　( ) ❹ 읽지 않는다.

　　( ) 5) 기타 _____

7. 책을 읽다가 모르는 낱말이나 내용이 나오면 어떻게 하나요?

　　( ) ❶ 어른들께 묻는다.

　　( ) ❷ 사전을 찾는다.

　　( ) ❸ 그냥 넘어간다.

　　( ) ❹ 기타 _____

8. 만화는 어느 정도 읽고 있습니까?

   ( ) ❶ 1주일에 1-2권   ( ) ❷ 1주일에 3-5권

   ( ) ❸ 1주일에 6권 이상   ( ) ❹ 거의 읽지 않는 편이다.

9. 어떤 내용의 책을 좋아하나요? 좋아하는 분야를 3개만 골라 표시해 보세요.

   ( ) ❶ 자연·과학에 관한 책

   ( ) ❷ 인물에 관한 책

   ( ) ❸ 스포츠에 관한 책

   ( ) ❹ 역사에 관한 책

   ( ) ❺ 옛이야기

   ( ) ❻ 모험·추리에 관한 책

   ( ) ❼ 기계나 기술에 관한 책

   ( ) ❽ 창작 동화

   ( ) ❾ 시집

   ( ) ❿ 무서운 이야기

   ( ) ⓫ 기타 _____

독서 흥미에 관한 질문지
| 고학년 |

_____ 학년 _____ 반 이름: _____ 성별: _____

※ 아래의 문항을 잘 읽고 자신의 생각과 맞는 번호에 ○표시를 하세요.
  기타에 해당하는 경우에는 직접 써주세요.

1. 시간 여유가 있을 때 가장 즐겨 하는 일은 다음 중 무엇입니까?
   (　) ❶ TV 시청   (　) ❷ 전자오락
   (　) ❸ 읽기   (　) ❹ 놀기
   (　) ❺ 그냥 쉬기   (　) ❻ 운동하기
   (　) ❼ 음악 듣기   (　) ❽ 영화 보기
   (　) ❾ 기타 _____

2. 평소에 책을 어느 정도 좋아하고 읽습니까?
   (　) ❶ 아주 좋아해서 거의 매일 읽는다.
   (　) ❷ 좋아해서 자주 읽는 편이다.
   (　) ❸ 보통이며 기회가 생기면 읽는다.
   (　) ❹ 싫어하지만 어쩔 수 없이 가끔 읽는다.
   (　) ❺ 아주 싫어해서 거의 안 읽는다.

3. 한 달에 교과서 이외의 책을 몇 권 정도 읽습니까?
   (　) ❶ 1-2권   (　) ❷ 3-5권
   (　) ❸ 6권 이상   (　) ❹ 몇 달에 1권

4. 집에서 부모님은 여러분의 독서를 어떻게 도와주고 있습니까?

   ( ) ❶ 읽을 책을 골라서 소개해 주시며 읽어보라고 하신다.

   ( ) ❷ 읽을 책을 골라서 항상 읽어주신다.

   ( ) ❸ 읽을 책을 골라서 가끔 읽어주신다.

   ( ) ❹ 부모님이 책을 골라주거나 읽어주시지 않는다.

5. 새로운 정보나 지식을 얻고자 할 때 다음 중 어디서 찾겠습니까?

   ( ) ❶ 책   ( ) ❷ 신문, 잡지

   ( ) ❸ 인터넷   ( ) ❹ 영상물

   ( ) ❺ 만화   ( ) ❻ 백과사전

6. 만화는 어느 정도 읽고 있습니까?

   ( ) ❶ 1주일에 1-2권   ( ) ❷ 1주일에 3-5권

   ( ) ❸ 1주일에 6권 이상   ( ) ❹ 거의 읽지 않는 편이다.

7. 만화를 읽을 때 어떤 종류의 만화를 즐겨 읽습니까?

   ( ) ❶ 탐정, 추리, 모험 만화

   ( ) ❷ 역사, 학습 만화

   ( ) ❸ 연애, 순정 만화

   ( ) ❹ 무협, 판타지 만화

   ( ) ❺ 기타 _____

8. 잡지는 어느 정도 읽고 있습니까?

   ( ) ❶ 정기적으로 매월 1-2권씩 읽는다.

   ( ) ❷ 가끔 빌려서 본다.

   ( ) ❸ 거의 읽지 않는다.

9. 잡지를 읽을 때 어떤 내용의 잡지를 즐겨 읽습니까?

    ( ) ❶ 연예, 오락, 게임에 관한 잡지

    ( ) ❷ 자연, 과학에 관한 잡지

    ( ) ❸ 논술, 시사 등 학습에 관한 잡지

    ( ) ❹ 음악, 예술에 관한 잡지

    ( ) ❺ 기타 _____

10. 컴퓨터 게임은 얼마나 하고 있습니까?

    ( ) ❶ 매일 30분 정도 한다.

    ( ) ❷ 매일 1시간 정도 한다.

    ( ) ❸ 매일 2시간 이상 한다.

    ( ) ❹ 1주일에 3회 정도 한다.

    ( ) ❺ 주말에만 한다.

    ( ) ❻ 전혀 안 한다.

11. 다음 중 어떤 형태의 책을 좋아하십니까?

    ( ) ❶ 옛날이야기, 동화, 소설 등 이야기 형식의 책

    ( ) ❷ 역사, 과학 등 사물이나 현상을 설명해 놓은 책

12. 다음에 나온 책 중 읽고 싶은 책을 3개만 고르세요.

    ( ) ❶ 정치 · 시사 · 외교에 관한 책

    ( ) ❷ 생활 정보에 관한 책

    ( ) ❸ 경제 · 경영에 관한 책

    ( ) ❹ 직업에 관한 책

    ( ) ❺ 스포츠에 관한 책

    ( ) ❻ 개인의 경험이나 느낌을 쓴 수필

(　) ❼ 역사소설

(　) ❽ 자서전 및 전기

(　) ❾ 고전·명작 소설

(　) ❿ 연애·순정 소설

(　) ⓫ 공상과학·미래에 관한 책

(　) ⓬ 역사적 사실에 관한 책

(　) ⓭ 십대의 문제에 관한 책

(　) ⓮ 범죄·추리에 관한 책

(　) ⓯ 모험·탐험에 관한 책

(　) ⓰ 기계 원리 등 기술 과학에 관한 책

(　) ⓱ 철학·종교에 관한 책

(　) ⓲ 음악·미술 등 예술에 관한 책

(　) ⓳ 자연에 관한 책

(　) ⓴ 의학 및 건강에 관한 책

(　) ㉑ 오락 및 유머에 관한 책

(　) ㉒ 창작 동화

(　) ㉓ 성(性)에 관한 책

독서 태도에 관한 질문지
| 저학년 |

_____ 학년 _____ 반 이름: _____   성별: _____

※ 다음 문장을 읽고 자신의 생각과 같다고 여기는 번호를 고르세요.

1. 휴일에 집에서 혼자 책을 읽는다면 어떤 기분일까요?
   ❶ 아주 좋다   ❷ 조금 좋다   ❸ 보통이다   ❹ 안 좋다

2. 학교에서 자유 시간이 주어졌을 때 책을 읽는다면 어떤 기분일까요?
   ❶ 아주 좋다   ❷ 조금 좋다   ❸ 보통이다   ❹ 안 좋다

3. 집에서 내가 좋아하는 책을 읽는다면 어떤 기분일까요?
   ❶ 아주 좋다   ❷ 조금 좋다   ❸ 보통이다   ❹ 안 좋다

4. 다른 사람들에게서 책을 선물로 받는다면 어떤 기분일까요?
   ❶ 아주 좋다   ❷ 조금 좋다   ❸ 보통이다   ❹ 안 좋다

5. 여행을 갈 때 책을 챙겨가는 것을 어떻게 생각하나요?
   ❶ 아주 좋다   ❷ 조금 좋다   ❸ 보통이다   ❹ 안 좋다

6. 새로운 책을 읽을 때 어떤 기분이 드나요?
   ❶ 아주 좋다   ❷ 조금 좋다   ❸ 보통이다   ❹ 안 좋다

7. 서점이나 도서관에 가면 기분이 어떠한가요?

　❶ 아주 좋다　❷ 조금 좋다　❸ 보통이다　❹ 안 좋다

8. 노는 것 대신 책을 읽는다면 기분이 어떨까요?

　❶ 아주 좋다　❷ 조금 좋다　❸ 보통이다　❹ 안 좋다

9. 책을 읽고 내용을 상상할 때 어떤 기분이 드나요?

　❶ 아주 좋다　❷ 조금 좋다　❸ 보통이다　❹ 안 좋다

10. 선생님이나 부모님이 책에 대해 이야기해 주면 어떤 기분이 드나요?

　❶ 아주 좋다　❷ 조금 좋다　❸ 보통이다　❹ 안 좋다

11. 선생님이나 부모님이 여러분이 읽은 책에 대해 질문할 때 기분이 어떠한가요?

　❶ 아주 좋다　❷ 조금 좋다　❸ 보통이다　❹ 안 좋다

12. 교과서에 관련된 학습지나 참고서를 읽을 때는 어떠한가요?

　❶ 아주 좋다　❷ 조금 좋다　❸ 보통이다　❹ 안 좋다

13. 학교 수업 시간에 선생님이 교과서를 읽으라고 하면 기분이 어떠한가요?

　❶ 아주 좋다　❷ 조금 좋다　❸ 보통이다　❹ 안 좋다

14. 교실 책장에 꽂혀 있는 책들을 읽는 것에 대해 어떻게 생각하나요?

　❶ 아주 좋다　❷ 조금 좋다　❸ 보통이다　❹ 안 좋다

15. 학교 숙제를 하기 위해 책을 읽으면 어떤 기분이 드나요?

    ❶ 아주 좋다   ❷ 조금 좋다   ❸ 보통이다   ❹ 안 좋다

16. 관심 있는 주제에 대해 자세히 알기 위해 책을 읽는 것은 어떠한 가요?

    ❶ 아주 좋다   ❷ 조금 좋다   ❸ 보통이다   ❹ 안 좋다

17. 학교에서 독후감을 쓰기 위해 책을 읽으라고 할 때 어떤 기분이 드나요?

    ❶ 아주 좋다   ❷ 조금 좋다   ❸ 보통이다   ❹ 안 좋다

18. 공부하기 위해서 책을 읽어야 한다면?

    ❶ 아주 좋다   ❷ 조금 좋다   ❸ 보통이다   ❹ 안 좋다

19. 모르는 것이 있을 때 사전을 사용하는 것에 대해 어떻게 생각하나요?

    ❶ 아주 좋다   ❷ 조금 좋다   ❸ 보통이다   ❹ 안 좋다

20. 책을 읽은 다음 발표하라고 하면 어떤 기분이 드나요?

    ❶ 아주 좋다   ❷ 조금 좋다   ❸ 보통이다   ❹ 안 좋다

독서 태도에 관한 질문지
| 고학년 |

_____ 학년 _____ 반 이름 : _____ 성별 : _____

※ 아래의 질문을 잘 읽고 자신의 생각에 일치되는 정도를 표시해 보세요.

	매우 그렇다	대체로 그렇다	보통 그렇다	별로 안 그렇다	전혀 안 그렇다
1. 나는 때때로 읽기를 멈추고 싶지 않을 만큼 읽기에 푹 빠진다.	1	2	3	4	5
2. 신문 읽는 것이 흥미롭다.	1	2	3	4	5
3. 좋은 책에 대해 친구에게 말해 준다.	1	2	3	4	5
4. 책을 선물 받으면 기분이 좋다.	1	2	3	4	5
5. 나는 학교 밖에서도 혼자 책을 읽는다.	1	2	3	4	5
6. 관심 있는 것이 있으면 그것에 대한 책을 찾아 읽는다.	1	2	3	4	5
7. 내가 좋아하는 저자가 쓴 책은 한 권 이상 읽는다.	1	2	3	4	5
8. 나는 빨리 읽을 때 기분이 좋다.	1	2	3	4	5
9. 책을 읽으면 사람들이 왜 감동하고 왜 그렇게 행동하는지 배울 수 있다.	1	2	3	4	5
10. 노는 것보다는 읽는 것이 더 좋다.	1	2	3	4	5
11. 읽는 것은 신나는 일이다.	1	2	3	4	5
12. 책 읽기는 나와 다른 곳에 살고 있는 사람들의 삶의 방식을 알게 해준다.	1	2	3	4	5
13. 책을 많이 읽는 사람은 유식할 거라고 생각한다.	1	2	3	4	5
14. 나는 학교 수업 시간에 읽는 것들을 잘 이해한다.	1	2	3	4	5
15. 나에게 책 읽기는 매우 중요하다.	1	2	3	4	5
16. 나는 내가 유능한 독자라고 생각한다.	1	2	3	4	5

독서 태도 점수표

| 학년 | | 반 |

번호	이름 \ 문항	1	2	3	4	5	6	7	8	9	10	소계	11	12	13	14	15	16	17	18	19	20	소계	총점

독서 태도 점수표 |고학년|

학년 _____ 반 _____

번호	이름 \ 문항	1	2	3	4	5	6	7	8	9	10	11	12	13	14	15	16	총점

독서 태도 점수 계산법

| 저학년 |

총점은 80점이다. 각 문항의 선택지별 점수를 합산하여 백분율로 나타낸다.

❶ 4점   ❷ 3점   ❸ 2점   ❹ 1점

50% 이하는 낮은 독서 태도에 해당하고, 50-79%는 보통, 80-100%는 좋은 독서 태도에 해당한다.

▶ **문항별 독서 태도의 구분**

1번부터 10번 문항 → 즐거움을 위한 독서 태도
11번부터 20번 문항 → 학습을 위한 독서 태도

예를 들어 1번부터 10번 문항까지의 취득 점수가 11번부터 20번 문항까지의 취득 점수보다 높으면, 검사받은 학생은 책을 읽을 때 학습을 위한 독서보다는 재미를 위한 독서를 주로 하고 있다고 판단할 수 있다.

| 고학년 |

총점은 80점이다. 각 문항의 선택지별 점수를 합산하여 백분율로 나타낸다.

❶ 매우 그렇다 : 5점   ❷ 대체로 그렇다 : 4점

❸ 보통 그렇다 : 3점   ❹ 별로 안 그렇다 : 2점

❺ 전혀 안 그렇다 : 1점

50% 이하는 낮은 독서 태도에 해당하고, 50-79%는 보통, 80-100%는 좋은 독서 태도에 해당한다.

엄마와 함께하는
초등 독서의 모든 것
워크북 30

_____ 초등학교 _____ 학년

이름 : _____

차례

저학년을 위한 재미있는 독서놀이 15

| 그리기 |

1. 등장인물 그리기 ▸ 004
2. 명장면 그리기 ▸ 006
3. 독서 그림일기 ▸ 008

| 만들기 |

4. 상장 만들기 ▸ 010
5. 책 표지 만들기 ▸ 012
6. 책 안내장 만들기 ▸ 014

| 내용 이해하기 |

7. 나오는 사람 소개하기 ▸ 016
8. 중심 낱말로 연상하기 ▸ 018
9. 일어난 일 순서대로 쓰기 ▸ 020

| 짧은 글 쓰기 |

10. 책 속 낱말로 짧은 글 쓰기 ▸ 022
11. 본받을 점 쓰기 ▸ 024
12. 나의 결심 쓰기 ▸ 026

| 상상하기 |

13. 내가 만약 주인공이라면 ▸ 028
14. 찢어진 부분 상상하기 ▸ 030
15. 이야기 바꾸기 ▸ 032

고학년을 위한 자기주도 독서활동 15

| 그리기 |
1. 4컷 만화 그리기 ▸ 034
2. 포스터 그리기 ▸ 036
3. 책 속 그림 변형시키기 ▸ 038

| 만들기 |
4. 캐릭터 만들기 ▸ 040
5. 나만의 이야기 책 만들기 ▸ 042
6. 책 광고 만들기 ▸ 044

| 내용 이해하기 |
7. 독서 퀴즈 ▸ 046
8. 낱말 뜻풀이 쓰기 ▸ 048
9. 육하원칙으로 줄거리 간추리기 ▸ 050

| 긴 글 쓰기 |
10. 주인공에게 편지 쓰기 ▸ 052
11. 기사문으로 쓰기 ▸ 054
12. 연극 대본 쓰기 ▸ 056

| 상상하기 |
13. 등장인물 인터뷰하기 ▸ 058
14. 내가 만약 책이라면 ▸ 060
15. 내가 만약 서점 직원이라면 ▸ 062

저학년을 위한 재미있는 독서놀이
❶ 등장인물 그리기

오늘 읽은 책에는 누가 누가 나왔나요?
책 속에 나오는 사람이나 동물 중에 가장 마음에 드는 것을 골라 마음껏 그려보세요.
책을 보고 따라 그려도 좋아요!

이렇게 해요			
책이름	괴짜 탐정의 사건 노트		
지은이	하야미네 가오루	출판사	비룡소

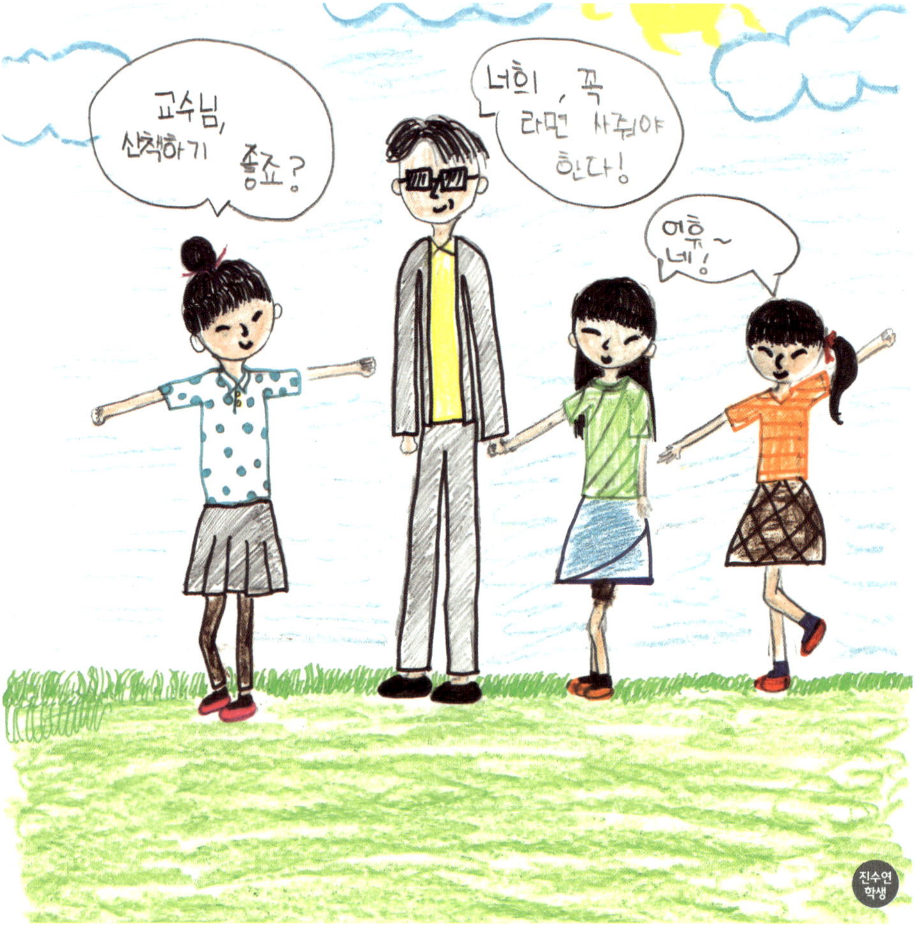

그리기

저학년을 위한 재미있는 독서놀이
❶ 등장인물 그리기

오늘 읽은 책에는 누가 누가 나왔나요?
책 속에 나오는 사람이나 동물 중에 가장 마음에 드는 것을 골라 마음껏 그려보세요.
책을 보고 따라 그려도 좋아요!

| 이렇게 해요 |

책이름			
지은이		출판사	

그리기

저학년을 위한 재미있는 독서놀이
❷ 명장면 그리기

어떤 책은 다 읽은 다음에도 오랫동안 마음속에 남아 있어요.
어떤 장면이 특히 기억에 남나요? 그 장면을 그리고, 어떤 내용인지 왜 기억에 남는지 써보세요.

이렇게 해요	
책이름	통조림에서 나온 소인들
지은이	정 위엔지에
출판사	웅진주니어

어떤 장면인가요?

쭈시시가 소인들을 발견하는 장면. 긴장감이 넘쳐서 기억에 남는다.

차준호 학생

저학년을 위한 재미있는 독서놀이
❷ 명장면 그리기

어떤 책은 다 읽은 다음에도 오랫동안 마음속에 남아 있어요.
어떤 장면이 특히 기억에 남나요? 그 장면을 그리고, 어떤 내용인지 왜 기억에 남는지 써보세요.

| 이렇게 해요 |

책이름			
지은이		출판사	

어떤 장면인가요?

그리기

저학년을 위한 재미있는 독서놀이
❸ 독서 그림일기

오늘 읽은 책으로 그림일기를 그려볼까요?
책 속에서 어떤 이야기가 나왔는지, 무슨 일이 벌어졌는지, 무엇을 느꼈는지 그림도 그리고 글도 써봅시다.

| 이렇게 해요 |

책이름	최열 아저씨의 지구촌 환경 이야기 2		
지은이	최열	출판사	청년사

정이화 학생

	산	성	비	는		대	기	오	염		물	질	을
줄	여	야	만		막	을		수		있	다	.		그	런
데		대	기	오	염		물	질	은		바	람	을
타	고		약	50	00	킬	로	미	터	까	지		퍼	지
기		때	문	에		한		나	라	의		힘	만	으
로	는		해	결	할		수		없	다	.		그	렇	기
때	문	에		전		세	계	가		나	서	서		함
께		노	력	해	야		한	다	.

그리기

저학년을 위한 재미있는 독서놀이
❸ 독서 그림일기

오늘 읽은 책으로 그림일기를 그려볼까요?
책 속에서 어떤 이야기가 나왔는지, 무슨 일이 벌어졌는지, 무엇을 느꼈는지 그림도 그리고 글도 써봅시다.

| 이렇게 해요 |

책이름			
지은이		출판사	

만들기	저학년을 위한 재미있는 독서놀이
	❹ 상장 만들기

책 속에 나오는 사람의 훌륭한 점을 생각해 보고,
꼭 주고 싶은 사람에게 상장을 만들어서 가족들 앞에서 전달해 보세요.

이렇게 해요

책이름	15소년 표류기		
지은이	쥘 베른	출판사	삼성출판사

상 장

이름 : 고든

위 사람은 다음과 같은 좋은 일을 하였기에
표창장을 수여합니다.

첫째, 도니팬과 브리앙의 싸움을 말린 것
둘째, 체어맨 섬의 첫 번째 지도자로서의 역할을 다한 것
셋째, 최고령자로서 아이들을 잘 지도한 것

서울신용산 초등학교 이름 : 이근찬

만들기

저학년을 위한 재미있는 독서놀이
❹ 상장 만들기

책 속에 나오는 사람의 훌륭한 점을 생각해 보고,
꼭 주고 싶은 사람에게 상장을 만들어서 가족들 앞에서 전달해 보세요.

| 이렇게 해요 |

책이름	
지은이	출판사

상 장

이름:

위 사람은 다음과 같은 좋은 일을 하였기에
표창장을 수여합니다.

첫째, _____
둘째, _____
셋째, _____

_____ 초등학교   이름: _____

만들기	저학년을 위한 재미있는 독서놀이
	❺ 책 표지 만들기

책을 읽고 내 맘대로 책표지를 다시 꾸며보세요.

이렇게 해요			
책이름	콩나물 병정의 모험		
지은이	정 위엔지에	출판사	웅진주니어

차준호 학생

만들기

저학년을 위한 재미있는 독서놀이
❺ 책 표지 만들기

책을 읽고 내 맘대로 책표지를 다시 꾸며보세요.

| 이렇게 해요 |

책이름			
지은이		출판사	

만들기

저학년을 위한 재미있는 독서놀이
❻ 책 안내장 만들기

재미있게 읽은 책이 생기면 친구들이나 선생님께 추천해 주고 싶어요.
어떤 점이 재미있는지, 왜 이 책을 읽어야 하는지 소개하는 책 안내장을 만들어보세요.

이렇게 해요			
책이름	과학 블로그 1		
지은이	과학노리	출판사	킨더 주니어

'우리가 살고 있는 지구의 탄생과 인류의 등장'
과학 블로그 1

★ 1부 – 대폭발 '빅뱅'에서부터 생물체들의 등장에 대한 내용

★ 2부 – 대륙의 이동에 대한 내용

★ 3부 – 지질시대, 공룡시대에 대한 내용

★ 4부 – 최초의 인류, 원시인에 대한 내용

재미있는 설명과 자세한 용어 정리~ ♪
이 책을 강력 추천합니다!

정이화 학생

저학년을 위한 재미있는 독서놀이

❻ 책 안내장 만들기

재미있게 읽은 책이 생기면 친구들이나 선생님께 추천해 주고 싶어요.
어떤 점이 재미있는지, 왜 이 책을 읽어야 하는지 소개하는 책 안내장을 만들어보세요.

| 이렇게 해요 |

책이름			
지은이		출판사	

내용 이해하기

저학년을 위한 재미있는 독서놀이
❼ 나오는 사람 소개하기

책 속에 나오는 사람 중에서 기억에 남는 사람을 고릅니다.
그 사람의 생김새와 특징을 간단히 그리고, 소개하는 글을 써보세요.

이렇게 해요			
책이름	엽기과학자 프래니 1		
지은이	짐 벤튼	출판사	사파리

서리겸 학생

16

저학년을 위한 재미있는 독서놀이
❼ 나오는 사람 소개하기

책 속에 나오는 사람 중에서 기억에 남는 사람을 고릅니다.
그 사람의 생김새와 특징을 간단히 그리고, 소개하는 글을 써보세요.

| 이렇게 해요 |

책이름			
지은이		출판사	

내용 이해하기

저학년을 위한 재미있는 독서놀이

❽ 중심 낱말로 연상하기

책 내용을 기억할 때 주인공의 이름이나 중심 사건과 관련된 낱말을 떠올리면 쉽게 기억할 수 있어요. 사건이 일어난 순서를 생각하며 떠오르는 낱말을 써보세요.

| 이렇게 해요 |

책이름	마당을 나온 암탉		
지은이	황선미	출판사	사계절

〈 마당을 나온 암탉 '잎싹'의 생애 〉

양계장 → 늙은 개 → 아카시아 나무 → 잎싹 →

→ 폐계 → 구덩이 → 청둥오리 → 족제비

→ 헛간 → 오리 → 수탉 부부 → 텃밭

→ 저수지 → 뽀얀 오리 → 야산자락 → 찔레 덤불

→ 알 → 병아리 → 마당 → 논둑

→ 초록머리 → 애꾸눈 족제비 → 잎싹의 죽음

저학년을 위한 재미있는 독서놀이
❽ 중심 낱말로 연상하기

책 내용을 기억할 때 주인공의 이름이나 중심 사건과 관련된 낱말을 떠올리면 쉽게 기억할 수 있어요. 사건이 일어난 순서를 생각하며 떠오르는 낱말을 써보세요.

| 이렇게 해요 |

책이름			
지은이		출판사	

〈   〉

내용 이해하기

저학년을 위한 재미있는 독서놀이
❾ 일어난 일 순서대로 쓰기

먼저 사건이 일어난 순서를 생각하며 줄거리를 간추려 보세요.
그 다음 각 사건에 대한 느낌을 써봅니다. 좀 더 자세한 느낌을 쓸 수 있을 거예요.

| 이렇게 해요 |

책이름	안네의 일기		
지은이	안네 프랑크	출판사	삼성출판사

1. 〈줄거리〉 1933년 안네의 가족이 히틀러의 유대인 차별 정책을 피해 네덜란드의 암스테르담으로 이사를 갔다. → 〈느낌〉 어린 나이에도 불구하고 유대인이라는 이유로 차별받던 안네가 안쓰럽다.

2. 1939년 제2차 세계대전으로 네덜란드가 독일에 항복하자 독일군은 네덜란드에서도 유대인들을 잡아가 학대하고 수용소에 가뒀다. → 유대인을 학대하던 그 당시 사회가 정말 불공평하다고 생각한다.

3. 1942년 독일군의 유대인 차별 정책이 심해지자 안네의 가족은 비밀 장소에서 숨어 살았다. → 안네의 가족이 숨어 지낼때 혹시라도 들킬까 불안하고 힘든 삶을 살았을 거라 생각한다.

4. 1944년 비밀 장소가 발각되어 안네의 가족과 함께 살았던 모두가 수용소로 끌려갔다. → 수용소에서도 용기와 정신력으로 자신에게 닥친 고통을 이겨낸 안네가 정말 대단하다.

5. 1945년 3월 초, 안네는 언니의 죽음으로 이제까지 버텨왔던 힘을 모조리 잃어버리고 열다섯 살의 나이로 세상을 떠났다. → 사람들이 왜 전쟁을 하는지, 왜 사이좋게 지내지 못하고 파괴를 일삼는지 이해하지 못했던 안네가 어린나이로 죽게 된 것이 정말 슬프고 안타깝다.

정이화 학생

내용 이해하기

저학년을 위한 재미있는 독서놀이

❾ 일어난 일 순서대로 쓰기

먼저 사건이 일어난 순서를 생각하며 줄거리를 간추려 보세요.
그 다음 각 사건에 대한 느낌을 써봅니다. 좀 더 자세한 느낌을 쓸 수 있을 거예요.

| 이렇게 해요 |

책이름			
지은이		출판사	

1.

2.

3.

4.

5.

21

짧은 글 쓰기

저학년을 위한 재미있는 독서놀이
⑩ 책 속 낱말로 짧은 글 쓰기

책 속에 나오는 낱말 중에 마음에 드는 것을 몇 개 골라, 그 낱말로 짧은 글을 지어봅시다.

이렇게 해요

책이름	아낌없이 주는 나무		
지은이	셸 실버스타인	출판사	시공주니어

낱말 → 나무, 사과, 숲, 그늘, 배

★ 은행나무, 단풍나무, 가을에는 '나무'가 알록달록 물든다.

★ 빨갛게 물든 동그란 '사과', 정말 맛있겠다.

★ '숲'에서 매미들이 맴맴 울어댄다.

★ 무더운 여름, '그늘'은 최고의 휴식처이다.

★ '배'를 타고 태평양을 건너 여행을 떠났다.

정이화 학생

짧은 글 쓰기

저학년을 위한 재미있는 독서놀이
❿ 책 속 낱말로 짧은 글 쓰기

책 속에 나오는 낱말 중에 마음에 드는 것을 몇 개 골라, 그 낱말로 짧은 글을 지어봅시다.

| 이렇게 해요 |

책이름			
지은이		출판사	

짧은 글 쓰기

저학년을 위한 재미있는 독서놀이
⑪ 본받을 점 쓰기

책에 나오는 인물 중에는 우리가 배워야 할 점이 참 많은 사람들이 있어요.
용기, 지혜, 긍정적인 태도 등 우리가 본받을 점과 앞으로 어떻게 할지 다짐을 써보세요.

이렇게 해요			
책이름	통조림에서 나온 소인돌		
지은이	정 위엔지에	출판사	웅진주니어

〈감명받은 부분〉

루시시가 소인들을 위해서 자신을 희생하는 등
비밀을 지켜주는 부분

〈본받고 싶은 점〉

나는 입이 그렇게 무겁지 않은데 루시시가
비밀을 꼭 지키는 것을 본받고 싶다.

〈나의 다짐〉

앞으로는 입이 무겁고 남에게 비밀을
잘 이야기하지 않는 사람이 되겠다!

차준호 학생

저학년을 위한 재미있는 독서놀이
⓫ 본받을 점 쓰기

책에 나오는 인물 중에는 우리가 배워야 할 점이 참 많은 사람들이 있어요.
용기, 지혜, 긍정적인 태도 등 우리가 본받을 점과 앞으로 어떻게 할지 다짐을 써보세요.

| 이렇게 해요 |

책이름			
지은이		출판사	

〈감명받은 부분〉

〈본받고 싶은 점〉

〈나의 다짐〉

짧은 글 쓰기	저학년을 위한 재미있는 독서놀이
	⑫ 나의 결심 쓰기

주인공이 착한 일, 용기 있는 일, 신나는 일 등을 하면 나도 주인공처럼 해보고 싶은 마음이 생겨요. 주인공을 통해 새롭게 결심한 내용을 써보세요.

| 이렇게 해요 |

책이름	별로 돌아간 소녀		
지은이	스에요시 아키코	출판사	사계절

〈인상적인 내용〉

교코가 자신과 아버지를 살리기 위해 몇 시간 몇 분이라도 돈을 벌기 위해 노력하는 장면이 인상적이었다.

〈나의 결심〉

나도 교코처럼 누군가를 위해서 살고 누군가를 도우며 살 것이다.

〈나의 실천〉

지금 굿네이버스를 통해 한 아이를 도와주고 있다.

저학년을 위한 재미있는 독서놀이
⑫ 나의 결심 쓰기

주인공이 착한 일, 용기 있는 일, 신나는 일 등을 하면 나도 주인공처럼 해보고 싶은 마음이 생겨요. 주인공을 통해 새롭게 결심한 내용을 써보세요.

| 이렇게 해요 |

책이름			
지은이		출판사	

⟨인상적인 내용⟩

⟨나의 결심⟩

⟨나의 실천⟩

상상하기

저학년을 위한 재미있는 독서놀이
⓭ 내가 만약 주인공이라면

책 속 주인공이 되고 싶다는 생각을 해본 적이 있나요?
재미있게 읽은 책의 주인공이 된다면 어떤 일을 할 건가요?
주인공이 되어 무엇을 어떻게 할 것인지 써보세요.

이렇게 해요			
책이름	강감찬		
지은이	김선태	출판사	중앙숲판사

'내가 만약 이 책의 주인공인 강감찬이 되면
하고 싶은 일'

① 왕을 만나 보기

② 전쟁터에 나가서 큰 공을 세우며 이기기

③ 고려의 여러 장군들을 만나서 함께 이야기하기

④ 고려의 서당 체험해 보기

⑤ 무술 훈련하기

| 왜 그런 상상을 했나요? |

강감찬은 고려시대에 살았는데 나도 그 시대를 체험해 보고 싶다.

차준호 학생

상상하기

저학년을 위한 재미있는 독서놀이
⓭ 내가 만약 주인공이라면

책 속 주인공이 되고 싶다는 생각을 해본 적이 있나요?
재미있게 읽은 책의 주인공이 된다면 어떤 일을 할 건가요?
주인공이 되어 무엇을 어떻게 할 것인지 써보세요.

| 이렇게 해요 |

책이름			
지은이		출판사	

| 왜 그런 상상을 했나요? |

29

상상하기

저학년을 위한 재미있는 독서놀이
⓮ 찢어진 부분 상상하기

좋아하는 책의 한 장면을 찢어서 붙이고, 찢어진 부분에 어떤 내용이 들어가면 더 재미있을지 새롭게 상상해서 이야기를 만들어보세요.

| 이렇게 해요 |

책이름	말 잘 듣는 약		
지은이	유지은	출판사	좋은책어린이

30

상상하기

저학년을 위한 재미있는 독서놀이
⓮ 찢어진 부분 상상하기

좋아하는 책의 한 장면을 찢어서 붙이고, 찢어진 부분에 어떤 내용이 들어가면 더 재미있을지 새롭게 상상해서 이야기를 만들어보세요.

| 이렇게 해요 |

책이름			
지은이		출판사	

상상하기

저학년을 위한 재미있는 독서놀이
⓯ 이야기 바꾸기

좋아하는 책을 골라서 내 맘대로 이야기를 바꿔봅시다.
주인공의 생김새를 바꿔도 좋고, 등장인물을 새로 만들어도 좋아요.
이야기의 마지막도 내 맘대로 바꿀 수 있어요!

| 이렇게 해요 |

책이름	흥부 놀부		
지은이	초록개구리 엮음	출판사	계림

흥부와 놀부 이야기는 결국 못된 놀부가 심술을 부리다 망신을 당하고,

그 잘살던 집이 망하는 것으로 막을 내렸다.

하지만 그 이야기는 끝난게 아니다.

반대로 흥부는 금은보화를 얻었는데 그렇게 돈이 많아지니

사치스럽고 욕심 많은 예전의 놀부처럼 변하였다.

하지만 놀부는 돈을 아끼며 착실하게 살아갔다.

그것을 본 까치는 놀부가 불쌍해져서 놀부에게 좋은 박씨를 가져다 주었다.

그것을 정성스럽게 키운 놀부는 얼마 후 그 박을 타 보았다.

그랬더니 그 안에선 금은보화가 쏟아져 나왔다.

때마침 흥부는 돈이 떨어져 갔다.

얼마 후 다시 흥부는 착한 마음씨를 되찾게 되었고,

둘은 사이좋고 행복하게 지냈다.

상상하기

저학년을 위한 재미있는 독서놀이
⓯ 이야기 바꾸기

좋아하는 책을 골라서 내 맘대로 이야기를 바꿔봅시다.
주인공의 생김새를 바꿔도 좋고, 등장인물을 새로 만들어도 좋아요.
이야기의 마지막도 내 맘대로 바꿀 수 있어요!

| 이렇게 해요 |

책이름			
지은이		출판사	

그리기

고학년을 위한 자기주도 독서활동
❶ 4컷 만화 그리기

책을 읽고 나서 가장 인상 깊었던 한 가지 사건을 만화로 나타내 보세요.

이렇게 해요			
책이름	팽이나무에 팽이 열렸네		
지은이	홍기	출판사	시공주니어

그리기

고학년을 위한 자기주도 독서활동
❶ 4컷 만화 그리기

책을 읽고 나서 가장 인상 깊었던 한 가지 사건을 만화로 나타내 보세요.

| 이렇게 해요 |

책이름	
지은이	출판사

고학년을 위한 자기주도 독서활동
❷ 포스터 그리기

책을 읽고 느낀 점이나 인상적인 장면을 한 장의 포스터로 그려보세요.
한 문장의 표어를 넣어도 좋아요.

이렇게 해요			
책이름	웃을 순 없잖아!		
지은이	바바라 파크	출판사	웅진주니어

차준호 학생

고학년을 위한 자기주도 독서활동
❷ 포스터 그리기

책을 읽고 느낀 점이나 인상적인 장면을 한 장의 포스터로 그려보세요.
한 문장의 표어를 넣어도 좋아요.

| 이렇게 해요 |

책이름			
지은이		출판사	

그리기

고학년을 위한 자기주도 독서활동

❸ 책 속 그림 변형시키기

좋아하는 책의 한 장면을 찢어서 붙이고, 등장인물의 모습이나 배경을 마음대로 바꿔보세요.
다른 책의 주인공 얼굴을 찢어 붙여도 좋고 새롭게 그려도 좋습니다.

이렇게 해요			
책이름	쏭내관의 재미있는 궁궐기행 + 한반도의 공룡		
지은이	송용진/EBS, 올리브스튜디오	출판사	지식 프레임/킨더주니어

고학년을 위한 자기주도 독서활동

❸ 책 속 그림 변형시키기

좋아하는 책의 한 장면을 찢어서 붙이고, 등장인물의 모습이나 배경을 마음대로 바꿔보세요.
다른 책의 주인공 얼굴을 찢어 붙여도 좋고 새롭게 그려도 좋습니다.

| 이렇게 해요 |

책이름			
지은이		출판사	

만들기

고학년을 위한 자기주도 독서활동
❹ 캐릭터 만들기

책 속에 나오는 주인공이나 등장인물을 만들어보세요.
색종이나 신문지를 잘라 붙여 마음껏 꾸며봅시다.

| 이렇게 해요 |

책이름	게으른 고양이의 결심		
지은이	프란치스카 비어만	출판사	주니어김영사

만들기	고학년을 위한 자기주도 독서활동

❹ 캐릭터 만들기

책 속에 나오는 주인공이나 등장인물을 만들어보세요.
색종이나 신문지를 잘라 붙여 마음껏 꾸며봅시다.

| 이렇게 해요 |

책이름			
지은이		출판사	

만들기

고학년을 위한 자기주도 독서활동
❺ 나만의 이야기 책 만들기

오늘 읽은 책과 똑같은 제목으로 나만의 이야기책을 만들어보세요.
내 맘대로 표지도 만들고 등장인물도 새롭게 바꿔봅시다. 이야기도 내 맘대로 꾸며보세요.

| 이렇게 해요 |

책이름	행복한 어린이날		
지은이	아스트리드 린드그렌	출판사	문학과지성사

행복한 어린이날

내일은 어린이날이다. 나는 벌써부터 선물이 기대된다.
작년에는 엄마가 재미있는 게임기를 선물해 주셨는데 이번엔 어떤 선물을 주실까?
어린이날 아침이 밝아왔다. 그런데 선물은커녕 아침부터 엄마의 잔소리가 이어졌다.
풀이 죽은 나는 놀이터로 향했다. 그곳에는 친구들이 가득했다.
그중 나의 친한친구에게 말을 걸었다. 그리고 나에게 방금 있었던 일을 설명했다.
이야기를 나눠 보니 그 친구도 나와 비슷한상황인 것 같았다.
그래서 우리들은 우리 둘만이라도 어린이날 파티를 벌이기로 했다.
우선 풍선과 폭죽을 준비했다. 그리고 놀이터에서 시작된 우리들의 파티는
그곳에 있었던 모든 아이들의 파티가 되었다.
그중 어떤아이는 집에 가서 남은 케이크 세 조각과 촛불을 들고 왔다.
또 어떤아이는 축하 노래를 불렀다. 파란 모자를 쓴 아이는 춤을 추었다.
이렇게 즐거웠던 파티가 끝나고 나는 집으로 돌아갔다.
엄마는 아깐 미안했다며 곰 인형을 선물로 주셨다.
오늘은 정말 행복한어린이날이다.

정이화 학생

만들기

고학년을 위한 자기주도 독서활동
❺ 나만의 이야기 책 만들기

오늘 읽은 책과 똑같은 제목으로 나만의 이야기책을 만들어보세요.
내 맘대로 표지도 만들고 등장인물도 새롭게 바꿔봅시다. 이야기도 내 맘대로 꾸며보세요.

| 이렇게 해요 |

책이름	
지은이		출판사	

| 만들기 | 고학년을 위한 자기주도 독서활동
❻ 책 광고 만들기 |

감동적인 책을 읽으면 친구들에게도 권해 주고 싶어요. 그 마음을 담아 책 광고를 만들어보세요. 책을 한마디로 설명할 수 있는 그림을 그린 다음 근사한 제목을 붙이면 오케이!

| 이렇게 해요 |

책이름	거북이는 왜 달리기 경주를 했을까?		
지은이	김경집 외	출판사	꿈결

정이화 학생

고학년을 위한 자기주도 독서활동
❻ 책 광고 만들기

감동적인 책을 읽으면 친구들에게도 권해 주고 싶어요. 그 마음을 담아 책 광고를 만들어보세요. 책을 한마디로 설명할 수 있는 그림을 그린 다음 근사한 제목을 붙이면 오케이!

이렇게 해요			
책이름			
지은이		출판사	

내용 이해하기

고학년을 위한 자기주도 독서활동
❼ 독서 퀴즈

나는 독서 퀴즈 출제 위원입니다. 내가 읽은 책 중에서 중요한 내용을 퀴즈로 만들어보세요.

이렇게 해요			
책이름	하루에 돌아보는 우리 궁궐		
지은이	손용해, 허균 외	출판사	주니어김영사

〈문제〉

1. 국보 244호로 지정된 '이것'은 경복궁에서 가장 큰 건물입니다. '이것'은 무엇인가요?
2. 왕이 생활하는 곳을 무엇이라고 부르나요?
3. 왕비가 생활하는 곳을 무엇이라고 부르나요?
4. 처마에 왜 단청을 칠할까요?
5. 경복궁의 정전은 무엇인가요?

〈정답〉

1. 경회루
2. 강녕전
3. 교태전
4. 나무로 세워진 건물을 보호할 수 있기 때문이다.
5. 근정전

 **내용 이해하기**

고학년을 위한 자기주도 독서활동

 **독서 퀴즈**

나는 독서 퀴즈 출제 위원입니다. 내가 읽은 책 중에서 중요한 내용을 퀴즈로 만들어보세요.

| 이렇게 해요 |

책이름			
지은이		출판사	

내용 이해하기	고학년을 위한 자기주도 독서활동
	❽ 낱말 뜻풀이 쓰기

책을 읽다가 어려운 낱말이 나오면 어떻게 하나요?
먼저 앞말과 뒷말에서 힌트를 얻어 스스로 그 뜻을 생각해 보세요.
그래도 모르겠으면 사전에서 찾아 노트에 옮겨 적어봅시다.

| 이렇게 해요 |

책이름	쏭내관의 재미있는 박물관 기행		
지은이	송용진	출판사	지식 프레임

〈낱말〉

1. 폐단
2. 항구적
3. 수렵
4. 숙명적
5. 집대성

〈뜻〉

1. 어떤 일이나 행동에서 나타나는 옳지 못한 경향이나 해로운 현상
2. 변하지 아니하고 오래가는 (유의어 → '영구적')
3. 사냥 (총이나 활 또는 길들인 매나 올가미 따위로 산이나 들의 짐승을 잡는 일)
4. 이미 정해진 운명에 의한
5. 여러 가지를 모아 하나의 체계를 이루어 완성함

| 어떤 낱말이 가장 어려웠나요? |

'항구적'이 가장 어려웠다.

정이화 학생

내용 이해하기	고학년을 위한 자기주도 독서활동

❽ 낱말 뜻풀이 쓰기

책을 읽다가 어려운 낱말이 나오면 어떻게 하나요?
먼저 앞말과 뒷말에서 힌트를 얻어 스스로 그 뜻을 생각해 보세요.
그래도 모르겠으면 사전에서 찾아 노트에 옮겨 적어봅시다.

| 이렇게 해요 |

책이름			
지은이		출판사	

〈낱말〉

1.
2.
3.
4.
5.

〈뜻〉

1.
2.
3.
4.
5.

| 어떤 낱말이 가장 어려웠나요? |

49

내용 이해하기

고학년을 위한 자기주도 독서활동
❾ 육하원칙으로 줄거리 간추리기

책 내용을 누가, 언제, 어디서, 무엇을, 어떻게, 왜 하였는지 찾아서 줄거리를 요약해 보세요.

| 이렇게 해요 |

책이름	위풍당당 질리 홉킨스		
지은이	캐서린 패터슨	출판사	비룡소

〈육하원칙〉

언제 → 트로터 아줌마가 2층으로 올라갔을 때
어디서 → 트로터 아줌마네 집에서
누가 → 질리가
무엇을 → 돈과 가방과 자신의 짐을 챙겨
어떻게 → 거실 문을 지나 현관으로
왜 → 자신의 진짜 엄마를 찾아가기 위해서

〈줄거리〉

질리 홉킨스는 버려진 아이다. 벌써 세 번째로 위탁되는 질리가 맡겨질 곳은 바로 트로터 아줌마네 집! 몸집은 산만하고 목소리는 우렁찬 아줌마와 질리가 서로를 사랑하게 되는 이야기다.

진정연 학생

고학년을 위한 자기주도 독서활동

❾ 육하원칙으로 줄거리 간추리기

책 내용을 누가, 언제, 어디서, 무엇을, 어떻게, 왜 하였는지 찾아서 줄거리를 요약해 보세요.

| 이렇게 해요 |

책이름			
지은이		출판사	

〈육하원칙〉

언제 →

어디서 →

누가 →

무엇을 →

어떻게 →

왜 →

〈줄거리〉

51

긴 글 쓰기

고학년을 위한 자기주도 독서활동
⑩ 주인공에게 편지 쓰기

책을 읽다 보면 주인공과 친구가 된 느낌이 들어요.
주인공이 겪은 일, 속마음을 잘 알게 되니까 서로 만나서 이야기를 나눈 것처럼 느껴지지요.
그 마음을 담아 편지를 써보세요.

| 이렇게 해요 |

책이름	욕심돼지		
지은이	앤디 라일리	출판사	지식 프레임

욕심돼지에게

안녕? 나는 네가 너무 재미있다고 생각하는 이화라고 해.
너의 행동들은 모두 너무 엽기적이고 코믹해!
내가 가장 재미있다고 생각했던 장면은, 사람들이 행운의 분수 앞에서
소원을 빌며 동전을 넣고 있는데 네가 물 속에서 동전을 줍고 있는 장면이야.
난 이 장면을 보면서 이런 생각을 했어.
'정말 이렇게 한다면 하루 만에 엄청난 돈을 벌 수 있겠구나!'
두 번째로 재미있었던 장면은, 네가 한 꼬마아이와 주사위 게임을 하고 있는 장면이야.
너는 말판 위의 꼬불꼬불한 길을 일직선으로 만들었지. 넌 도대체 못하는 게 뭐니?
마지막으로 재미있었던 장면은, 네가 돼지 저금통을 망치로 부수면서
"개인적인 감정은 없어."라고 말하는 장면이야.
넌 역시 정말 재미있어! 앞으로 100번 이상 봐도 재미있을 것 같아.
나에게 이렇게 큰 웃음을 주어서 고마워.

- 너의 친구, 이화가

정이화 학생

긴 글 쓰기

고학년을 위한 자기주도 독서활동

⑩ 주인공에게 편지 쓰기

책을 읽다 보면 주인공과 친구가 된 느낌이 들어요.
주인공이 겪은 일, 속마음을 잘 알게 되니까 서로 만나서 이야기를 나눈 것처럼 느껴지지요.
그 마음을 담아 편지를 써보세요.

| 이렇게 해요 |

책이름			
지은이		출판사	

긴 글 쓰기

고학년을 위한 자기주도 독서활동
⑪ 기사문으로 쓰기

어린이 기자단이 된 것처럼 책의 내용을 신문 기사로 써보세요.
세상에 일어나는 많은 일들을 취재하는 기자처럼 책 속에서 벌어진 일들을 짤막한 기사문으로 정리해 봅시다.

| 이렇게 해요 |

책이름	아빠가 길을 잃었어요		
지은이	랑힐 닐스툰	출판사	비룡소

"에베리네와 로메오의 아빠, 길을 잃다!"

12월 첫째 주 월요일, 아빠인 글렌 칼 제바스티안젠의 가족이 이사를 갔다.

그날 아빠는 버스를 타고 회사로 출근했다.

그런데 어느 한 아이의 질문으로 고민하던 아빠는 버스에서 내리지 못했다.

머릿속이 텅텅 비게 된 아빠는 길을 잃게 되었고,

매일 같은 버스를 타고 계속 집을 찾지 못했다.

12월의 첫 번째 목요일 밤, 아빠는 카우보이를 만난 후,

다음 날 자신의 어머니의 집으로 갔다.

소녀의 도움으로 드디어 집을 찾아낸 아빠는 아이들과 행복하게 살았다.

차준호 기자

긴 글 쓰기

고학년을 위한 자기주도 독서활동
⓫ 기사문으로 쓰기

어린이 기자단이 된 것처럼 책의 내용을 신문 기사로 써보세요.
세상에 일어나는 많은 일들을 취재하는 기자처럼 책 속에서 벌어진 일들을 짤막한 기사문으로 정리해 봅시다.

| 이렇게 해요 |

책이름	
지은이	출판사

긴 글 쓰기	고학년을 위한 자기주도 독서활동
	⑫ 연극 대본 쓰기

책을 하나 골라서 친구들과 연극을 하려고 합니다.
그러려면 배역을 맡기고 대사가 적힌 대본을 만들어야 합니다.
좋아하는 책의 한 장면을 골라서 연극 대본을 써봅시다.

이렇게 해요			
책이름	일기 감추는 날		
지은이	황선미	출판사	웅진주니어

(주인공이 교실로 들어간다.)

경수 : 상진아, 받아! (공을 던진다.)
상진 : 오케이! 어? 동민아, 맞았니? 미안해. (금세 사과한다.)
동민 : (손을 내저으며) 아니야, 괜찮아!
경수 : 상진아, 그냥 놀기나 하자!

(상진이는 중얼거린다.)

상진 : (작은 목소리로) 이거 누구 편을 들어야 해? 에라, 모르겠다!
   (공을 던지며) 경수야, 받아!
동민 : (마음속으로) 경수, 쟤는 사과도 안 하나? 양심도 없어!

(교실은 더욱 난장판이 되고, 동민이는 자리에 앉는다.)

긴 글 쓰기

고학년을 위한 자기주도 독서활동
⓬ 연극 대본 쓰기

책을 하나 골라서 친구들과 연극을 하려고 합니다.
그러려면 배역을 맡기고 대사가 적힌 대본을 만들어야 합니다.
좋아하는 책의 한 장면을 골라서 연극 대본을 써봅시다.

| 이렇게 해요 |

책이름			
지은이		출판사	

상상하기 고학년을 위한 자기주도 독서활동
⑬ 등장인물 인터뷰하기

책 속 인물들에게 궁금한 점이 많지요?
직접 만나서 물어보면 좋겠지만 그럴 수 없으니 상상 인터뷰를 해보세요.
책 속의 등장인물에게 궁금한 점을 물어보고 답도 직접 써봅시다.

이렇게 해요	

책이름	레오나르도 다 빈치		
지은이	제나로 토스카노	출판사	소년한길

인터뷰 대상 → '레오나르도 다 빈치'

질문 1. 레오나르도 다 빈치 님께서는 언제 어디에서 태어나셨나요?
대답 : 1452년 4월 15일 '빈치'라는 마을에서 태어났습니다.

질문 2. 레오나르도 다 빈치 님께서는 '스푸마토' 기법을 통해 그림 속 세계에 환상적인 느낌을 준 최초의 화가라고 하는데, '스푸마토' 기법이란 어떤 기법인가요?
대답 : '스푸마토' 기법은 그림에 뚜렷한 윤곽선이 없어 인물, 산, 건물 등이 모두 주변 공기 속에 녹아들어 있는 느낌을 줍니다. 그래서 관람자는 그림 속의 풍경들과 거리감을 느끼게 되죠.

질문 3. 1503년 레오나르도 다 빈치 님께서는 아주 중요한 주문을 받았다고 하던데, 어떤 주문이었나요?
대답 : 팔라초 베키오 대회의실 오른쪽 벽면에 앙기아리 전투를 그려달라는 주문이었습니다. 그때 미켈란젤로는 왼쪽 벽면에 카시나 전투 장면을 그려달라는 부탁을 받았었죠.

정이화 학생

고학년을 위한 자기주도 독서활동

⓭ 등장인물 인터뷰하기

책 속 인물들에게 궁금한 점이 많지요?
직접 만나서 물어보면 좋겠지만 그럴 수 없으니 상상 인터뷰를 해보세요.
책 속의 등장인물에게 궁금한 점을 물어보고 답도 직접 써봅시다.

| 이렇게 해요 |

책이름			
지은이		출판사	

인터뷰 대상 →

질문 1.

대답 :

질문 2.

대답 :

질문 3.

대답 :

상상하기

고학년을 위한 자기주도 독서활동
⑭ 내가 만약 책이라면

> 책 속으로 들어가 아예 주인공이 되었다고 생각해 봅시다.
> 여러분에게 어떤 일이 벌어질까요? 그 내용을 써봅시다.

이렇게 해요			
책이름	토끼와 거북이		
지은이	라 퐁테느	출판사	보림

내가 만약 주인공 거북이였다면?

나는 열심히 달렸다. 다른 사람들이 보기에는 걷는 것보다 더 느리다고 생각했겠지만, 나는 전속력으로 뛰었다. 처음에 토끼가 나에게 시합을 걸어왔을 땐 정말 당황스러웠다. 하지만 그래도 시합을 제안받은 이상, 한번 해보고 싶었다. 물론 마음속으로는 이기고 싶었지만 그럴 수 없을게 분명했다. 그런데 어느 정도 가다 보니 이게 웬일인가? 저기 앞에 토끼가 누워 있었다. 멀리서 보니 누워서 자는 것인지, 너무 힘들어서 탈진한 것인지 구분이 가질 않았다. 그래서 일단 그쪽으로 가보았다. 토끼는 쿨쿨 자고 있었다. 나는 토끼를 힘껏 흔들어 깨웠다. 토끼가 깜짝 놀라며 일어났다. 토끼는 내가 벌써 여기까지 왔으리라고는 생각도 못한 눈치였다. 나와 토끼는 이제 승부에 연연하지 않았다. 그리고 서로 사이좋게 결승점에 도착했다. 이후 토끼와 나는 좋은 친구가 되었다.

상상하기

고학년을 위한 자기주도 독서활동
⑭ 내가 만약 책이라면

책 속으로 들어가 아예 주인공이 되었다고 생각해 봅시다.
여러분에게 어떤 일이 벌어질까요? 그 내용을 써봅시다.

| 이렇게 해요 |

책이름			
지은이		출판사	

상상하기

고학년을 위한 자기주도 독서활동
⑮ 내가 만약 서점 직원이라면

서점 직원이 되었다고 생각하고 이 책을 멋지게 소개해 봅시다.
어떤 점이 훌륭한지, 어떤 부분이 재미있고 유익한지 설명하면서 이 책을 살 사람들에게 마음껏 홍보해 보세요!

| 이렇게 해요 |

책이름	어린이를 위한 불편한 진실		
지은이	앨 고어	출판사	중앙북스

지구 온난화의 위기를 알려주는 환경 교과서
〈어린이를 위한 불편한 진실〉

★ 이 책의 유익한 점 ★

지구를 지키자 ♥

- 환경 오염의 대처 방법에 대해 알려준다.
- 지구를 지키는 행동과 지구를 해롭게 하는 행동에 대해 알려준다.
- 지구 온난화의 문제점에 대해 알려준다.
- 우리에게 노력하고 삶의 방식을 바꾸면 환경오염을 줄일 수 있다고 알려준다.

Help Me!

정이화 학생

고학년을 위한 자기주도 독서활동

⑮ 내가 만약 서점 직원이라면

서점 직원이 되었다고 생각하고 이 책을 멋지게 소개해 봅시다.
어떤 점이 훌륭한지, 어떤 부분이 재미있고 유익한지 설명하면서 이 책을 살 사람들에게 마음껏 홍보해 보세요!

| 이렇게 해요 |

책이름			
지은이		출판사	